Ullstein Sachbuch

Susanne Päch

Detektiv im weißen Kittel

Aus den Akten der Gerichtsmedizin

Mit 19 Abbildungen

Ullstein Sachbuch

Ullstein Sachbuch
Ullstein Buch Nr. 34357
im Verlag Ullstein GmbH,
Frankfurt/M – Berlin

Ungekürzte Ausgabe

Umschlagentwurf und Illustration:
Hansbernd Lindemann
Alle Rechte vorbehalten
Mit freundlicher Genehmigung der
Econ Verlags GmbH,
Düsseldorf und Wien
© 1984 by Econ Verlag GmbH,
Düsseldorf und Wien
Printed in Germany 1986
Druck und Verarbeitung:
Ebner Ulm
ISBN 3 548 34357 0

November 1986

CIP-Kurztitelaufnahme
der Deutschen Bibliothek

Päch, Susanne:
Detektiv im weißen Kittel: aus d. Akten
d. Gerichtsmedizin / Susanne Päch. –
Ungekürzte Ausg. – Frankfurt/M; Berlin:
Ullstein, 1986.
    (Ullstein-Buch; Nr. 34357:
    Ullstein-Sachbuch)
    ISBN 3-548-34357-0
NE: GT

Gewidmet dem Andenken an meinen
Urgroßonkel Karl Meixner

DANKSAGUNG

Für aktive Mithilfe beim Zustandekommen dieses Buches bin
ich Herrn Professor Dr. Rainer Henn sowie seinen Mitarbeitern
am Institut für Gerichtsmedizin in Innsbruck zu Dank verpflichtet. Weiter danke ich Herrn Professor Dr. Wolfgang
Spann und Herrn Professor Dr. Walter Krauland für nützliche
Hinweise und Ratschläge.

INHALTSVERZEICHNIS

KAPITEL 1

Spurensicherung:
Mit Lupe und Skalpell

*Wenn Ray Millands Telefonanruf auf sich
warten läßt und der Mörder sich bereits an-
schickt, die Wohnung wieder zu verlassen,
ohne Grace Kelly umgebracht zu haben,
dann denkt man: »Hoffentlich wartet er noch
einen Moment!«*

Alfred Hitchcock über eine Szene aus
»Bei Anruf: Mord«

Der vergiftete Tampon

Die Affäre begann vor wenigen Jahren, sie ereignete sich in dem idyllischen bayerischen Kurort Bad Tölz. Doch bis heute sind die genauen Umstände des Vorfalls nicht endgültig geklärt.

Sicher ist nur, daß die siebenunddreißigjährige Marieluise Zellkes am 17. März 1978 morgens in ihrer Wohnung einen merkwürdigen Anfall erlitt; sie starb wenig später im Krankenhaus. Die Obduktion der Leiche wurde routinemäßig von Professor Wolfgang Eisenmenger vom Münchner Institut für Gerichtsmedizin durchgeführt. Doch sie brachte Erstaunliches zutage: Marieluise Zellkes war keines natürlichen Todes gestorben; sie starb an einer Blausäurevergiftung! Blut-, Magen-, Nieren-, Leber- und Hirnproben wurden entnommen und in das toxikologische Institut gebracht. Ihre sterblichen Überreste wurden inzwischen in aller Stille auf dem Friedhof von Lenggries beigesetzt.

Die Wahrscheinlichkeit sprach nun für einen Selbstmord, denn rund 90 Prozent aller zum Tode führenden Vergiftungen mit Zyankali, das im Körper die gefährliche Blausäure erzeugt, fügen sich die Opfer selbst zu. Doch die toxikologische Untersuchung ließ daran Zweifel aufkommen: Im Magen fanden sich die geringsten Spuren von Blausäure; das Gift konnte also nicht über den Mund in den Körper gelangt sein! Von einer Minute zur anderen war Mord nicht mehr ausgeschlossen.

Das Interesse der Kriminalpolizei und der Staatsanwaltschaft an diesem Fall stieg. Doch wem konnte der Tod Marieluise Zellkes', einer unscheinbaren alleinstehenden Verkäuferin mit wenig Vermögen, nutzen? Nicht einmal ein Liebhaber war anfangs bekannt. Bei den weiteren Ermittlungen stieß man dann auf einen mysteriösen Anrufer, der die Hausbesitzerin von Marieluises Zweizimmerwohnung darum bat, seine an Marieluise gerichteten Liebesbriefe sowie einen Diafilm zu vernichten. Die Hausbesitzerin, der dieses Telefonat verständlicherweise irgendwie merkwürdig vorkam, erfüllte den Wunsch des Anrufers nur zum Teil. Sie vernichtete zwar den Film, nicht aber die Briefe. Diese nun führten die Polizei direkt zu dem Anrufer, der sich unter falschem Namen gemeldet hatte: zu Sebastian Killer, einem verheirateten Mittfünfziger, der zu Marieluise Zellkes, wie sich nun herausstellte, schon seit acht Jahren eine intime Verbindung hatte.

Der Inspektor ließ den Verdächtigen zu einem ersten Verhör in sein Büro bringen.

»Bitte setzen Sie sich!« ließ er sich nicht ohne eine gewisse Strenge vernehmen.

»Herr Killer« – der Name ließ ihn immer noch etwas ins Stokken geraten –, »Herr Killer, Sie wissen, daß Sie verdächtigt werden, Frau Marieluise Zellkes umgebracht zu haben. Sie wissen auch, daß alles, was Sie hier sagen, vor Gericht gegen Sie verwendet werden kann. Möchten Sie einen Anwalt sprechen?«

Sein Gegenüber schüttelte nur den Kopf. Das Verhör konnte beginnen.

»Stimmt es, daß Sie die Hausbesitzerin der Wohnung Ihrer Freundin unter falschem Namen angerufen haben und sie darum baten, ihre an Frau Zellkes gerichteten Liebesbriefe sowie einen Film zu vernichten?«

»Ja.«

»Finden Sie nicht, daß das sehr verdächtig ist?«

»Na ja, nachdem ich erfahren hatte, daß Marie tot war, wollte ich verhindern, daß ihre Eltern von unserem Verhältnis erfahren . . . ich bin ein verheirateter Mann . . . das wäre für sie ein Schock . . .«

»Vielleicht wollten Sie auch, daß Ihre eigene Familie davon nichts erfährt?« unterbrach ihn der Inspektor eher fordernd als fragend.

»Hm . . . Sie können sich das vielleicht vorstellen . . . meine Frau hätte mir große Schwierigkeiten gemacht!«

»Ob ich mir das vorstellen kann, tut nichts zur Sache. Im übrigen: Vielleicht wollten Sie auch ein Verbrechen vertuschen.«

»Nein, nein, um Gottes willen. Ich habe mich mit Marie doch immer gut verstanden.«

»Ja, ja, ich weiß. Wir konnten nichts Gegenteiliges feststellen: Wann haben Sie Ihre Freundin das letztemal gesehen?«

»Am Tag ihres Todes.«

»Am . . . wann?«

»Am Tag ihres Todes!«

»Aber soviel mir bekannt ist, war niemand in ihrer Wohnung, als Frau Zellkes vom Krankenwagen abgeholt wurde!«

»Ja, das stimmt schon. Aber ich war die Nacht über bei ihr. Wir haben am Abend die Wim-Thoelke-Show angesehen und sind dann früh zu Bett gegangen. Marie klagte über starke Kopfschmerzen – wie so oft, wenn sie ihre Tage hatte. Am Morgen bin ich als erster aufgestanden. Während ich im Bad war, bekam sie diesen Anfall. Ich habe die Hausbesitzerin telefonisch verständigt und gebeten, einen Krankenwagen zu rufen. Aber als er kam, bin ich davongelaufen.«

»Davongelaufen?«

»Ich hatte einfach Angst wegen der ganzen Sache. Ich wollte doch nicht, daß mein Verhältnis mit Marie bekannt wird.«

»Das klingt ja höchst verdächtig! Diese Aussage kann Sie belasten, wissen Sie das? Man könnte ja meinen, Sie wollten ihre Spuren verwischen!«

Es entstand eine kleine Pause, in der der Inspektor sein Gegenüber fragend anschaute, als ob er ein Geständnis erwarte. Doch dann fuhr er fort:

»Kommen wir zu einem weiteren Punkt. Sie arbeiten in einer Galvanisierungsfirma?«

»Ja, seit vielen Jahren.«

»Wie mir berichtet wurde, gibt es dort giftige Substanzen, mit denen gearbeitet wird. Zyankali gehört auch dazu. Sie hätten sich leicht welches beschaffen können. Haben Sie Gift mit in die Wohnung ihrer Freundin genommen?«

»Nein, nein, ich habe doch schon gesagt, daß ich sie nicht umgebracht habe!«

»Leider fehlt uns im Moment noch ein Motiv.«

Immerhin war Killer bei der Polizei schon seit längerem als Alkoholiker bekannt. »Vielleicht waren sie ihrer plötzlich überdrüssig geworden . . .« – und mehr zu sich selbst fügte er hinzu: »Wir werden schon noch ein Motiv finden!«

Der Inspektor ließ Sebastian Killer abführen und wählte die Nummer des Staatsanwalts. Das Gespräch dauerte nicht lange, beide waren sich einig, welcher Schritt als nächster in Angriff genommen werden mußte: Die Leiche mußte exhumiert und erneut einer genauen gerichtsmedizinischen Obduktion unterzogen werden. Die aktuelle Sachlage, die einen Mord nicht mehr ausschließen konnte, zwang, die Frage zu klären, wie das Gift tatsächlich in den Körper Marieluise Zellkes' gelangt war.

Nach kaum mehr als zwei Wochen lag der leblose Körper erneut auf dem Seziertisch des Instituts. Wieder trat Professor Eisenmenger an die ihm schon vertraute Leiche. Aber er wußte nun, wonach er suchen mußte, nach dem Weg, den das Gift im Körper genommen hatte. Zuerst wurde die Lunge untersucht; es fanden sich keine Spuren, die dafür gesprochen hätten, daß das Gift eingeatmet wurde. Auch Injektionsstiche fehlten völlig. Dagegen fand sich eine starke Konzentration des Gifts im Unterleib. Und dann endlich hatte man die Tatwaffe entdeckt: einen vergifteten Tampon! Er war bei der ersten Obduktion zwar gefunden, aber nicht näher untersucht worden, denn einen vergleichbaren Fall hat es in der Geschichte der Gerichtsmedizin noch nicht gegeben.

Kriminalpolizei und Staatsanwalt sahen darin eine Bestätigung ihrer Auffassung: Mord! Auch das Gutachten des Giftexperten Dr. Gustav Drasch bestärkte sie. Er hatte nicht nur die Giftspuren im Körper der Toten nachgewiesen, sondern auch in ihrer Wohnung mit einem speziellen Gasspürgerät nach Resten gesucht. Er erläuterte in seinem Gutachten, daß das Opfer nach Einführung des Tampons innerhalb von wenigen Sekunden handlungsunfähig gewesen sein mußte, also kaum in der Lage, die Spuren selbst zu beseitigen. Tatsächlich fand sich jedoch kein Anzeichen für Zyankali in der Wohnung. Sah das nicht ganz nach der Beseitigung verdächtiger Spuren aus, die Killer ja auch sonst so offensichtlich verfolgte?

Nach gut einjährigen Ermittlungen begann der Prozeß gegen den Belasteten.

Der Verteidiger, von der Unschuld seines Mandanten überzeugt, ließ keine Chance ungenutzt, die er für seine Sache einsetzen konnte. Es gelang ihm, das wesentlichste Verdachtsmoment für einen vorsätzlichen Mord zu entkräften: Er setzte sich mit einem der führenden Blausäurespezialisten in Verbindung. Wenn es gelänge nachzuweisen, daß das Opfer nicht sofort handlungsunfähig wurde, sondern noch in der Lage gewesen sein könnte, die restlichen Spuren selbst zu vernichten, etwa in der Toilette herunterzuspülen, dann wäre ein wichtiger Pfeiler der gegnerischen Anklage erschüttert.

Professor Nikolaus Wegers Antwort ermutigte ihn: Ja, es hätte vereinzelt Fälle gegeben, in denen das Gift nicht sofort lähmend gewirkt habe. Ob man dies nicht mit einem Versuch untermauern könnte, wollte der Anwalt daraufhin wissen. Man einigte sich schließlich auf einen spektakulären Tierversuch vor den Augen des Schwurgerichts: Der Hündin Silvia wurde ein Tampon mit entsprechender Menge Zyankali eingeführt. Es zeigte sich, daß sie durchaus nicht sofort handlungsunfähig wurde, obwohl Hunde auf dieses Gift ähnlich wie Menschen reagieren. Erst nach knapp zehn Minuten beunruhigte sich das Tier merkbar, verlor nach zwei weiteren Minuten das Gleichgewicht, blieb aber bis zur zwanzigsten Minute immerhin ansprechbar – und konnte in letzter Minute gerettet werden.

Damit brach ein entscheidender Eckpfeiler der Anklage zusammen. Es kam, wie es kommen mußte: Das Gericht entschied auf eine zweijährige Freiheitsstrafe wegen fahrlässiger Tötung. Man hielt es für erwiesen, daß Killer den Tampon »vergiftet« habe – jedoch nicht, um seine Freundin damit umzubringen, schon eher, um sie möglicherweise sexuell anzuregen. Da Killer bis heute kein Geständnis abgelegt hat, liegen die tatsächlichen Umstände, die zur Affäre Zellkes führten, weiterhin im dunkeln.

Fortschritt im viktorianischen Stil

Mord oder nicht Mord – das war hier die Frage; sie zieht sich wie ein roter Faden durch die Geschichte der Gerichtsmedizin. Heute gehören gerichtsmedizinische Gutachten zum Alltag der Gerichtsbarkeit. Ihre enge Verbindung mit der Aufklärung von Verbrechen brachte diese vergleichsweise junge Sparte medizinischer Forschung schnell in den Sog des öffentlichen Interesses.

Gerichtsmediziner haben daher nicht selten eine Ader für spektakuläre Auftritte, wissen, wie sie sich am besten in Szene setzen – das trifft zumindest für viele der Großen dieser Disziplin zu, und speziell von ihnen handelt dieses Buch.

Verbrechen haben seit urdenklichen Zeiten den Menschen gleichzeitig abgestoßen wie fasziniert, ja in ihren Bann geschlagen. Speziell Mördern haftet das Odium des Geheimnisumwitterten an, besonders wenn sie ihre Opfer auf heimtückische und durchtriebene Weise umgebracht haben.

Es ist nun einmal so: Mörder erlangen eine Popularität und Presseresonanz, wie sie sie unter normalen Umständen, also als »stinknormale«, durchschnittliche Bürger, kaum erhalten könnten. Dazu die folgende Geschichte: Mitte der sechziger Jahre zeichnete ein bis dato völlig unbekannter Maler einen Christuskopf, den Kritiker als völlig wertlos einstuften. Dafür wollte unser Künstler zwanzig Mark, die er jedoch nicht bekam. Da reifte in ihm ein Plan . . . Wenige Monate später war es vollbracht: In Hamburg wurde der Christuskopf um 18 000 Mark ersteigert, ein Händler in München bot gar 30 000 Mark – und die Preise kletterten weiter! Was war inzwischen geschehen? Was machte aus einem kitschigen Christuskopf über Nacht ein Kunstwerk? Zwei Morde! Besagter Maler namens Jürgen Rosteck hatte zwei Frauen erschlagen, die ihr Mißfallen über das Bild zu laut artikuliert hatten . . .

Leider liegt die Sachlage bei den Gerichten normalerweise nicht so offensichtlich zutage, denn meistens versucht der Angeklagte ja die Tatsache, daß er der Mörder ist, im Hinblick auf die dann anstehende Strafe zu vertuschen. Die Gerichtsmedizin hat deshalb im Lauf der letzten Jahrzehnte ein riesiges Arsenal von Methoden aus anderen Disziplinen für sich nutzbar gemacht, die zur Klärung eines Verbrechens beitragen können.

Die Themen, mit denen sich die gerichtliche (auch forensisch genannte) Medizin beschäftigt, sind bis heute eigentlich die gleichen geblieben wie vor rund 300 Jahren, als die ersten Ansätze dazu sichtbar wurden. Ein Katalog von Fragen, denen Paolo Zachias im 16. Jahrhundert nachzugehen versuchte, zeigt das: Da finden sich Darstellungen verschiedenartigster Wunden – durch Schüsse, Hiebe und Stiche hervorgerufen –, Kriterien zur Unterscheidung von Erdrosseln und Erwürgen, auch zum Problemkreis Selbstmord oder Mord, über Sexualverbrechen, Kindstötung sowie geistige Störungen – alles Themen, mit denen auch die moderne Gerichtsmedizin noch zu tun hat.

Und je ausgefeilter die Verfahren der Gerichtsmedizin werden, desto mehr Rafinesse bringen Verbrecher bei der Beseitigung ihrer Spuren auf. Eine Spirale ohne Ende? Im Mittelalter hatte es ein Verbrecher bei der Vertuschung seiner Tat sicher leichter als heute; andererseits ist die Gefahr, als Unschuldiger verurteilt zu werden, inzwischen geringer geworden, da früher Verdächtige aufgrund von Zeugenaussagen und durch Folter erzwungener Geständnisse abgeurteilt wurden, nicht durch die Fakten der Gerichtsmedizin. Darüber hinaus öffneten die geheim abgehaltenen Gerichtsverhandlungen jeglicher Willkür Tür und Tor, fehlte doch der öffentliche Druck auf Richter und Geschworene, der mit der Verbreitung von Illustrierten und anderer Massenblättern weiter zugenommen hat. Allerdings wird die meist einseitige Berichterstattung einschlägiger Gazetten häufig sogar schon als unerwünschter Zwang für die Urteilsfindung betrachtet.

Dabei sahen Boulevardblätter darin seit jeher eine wichtige »öffentliche Aufgabe« – und man kann kaum bezweifeln, daß sie ihnen zu ihrem Verkaufserfolg verhilft: Crime and Sex – so lautet die massenträchtige Devise. Die magische Anziehungskraft der Verbrechen hatte schon immer einen gewissen Unterhaltungswert, verbreitete wohlig-schaurige Stimmung. Nebenbei bemerkt beweist das auch die einschlägige Fernsehsendung »Aktenzeichen XY . . . ungelöst«, die einmal im Monat ins Wohnzimmer flimmert. Eduard Zimmermanns Freitagabend-Show verbindet dabei das Vergnügliche mit dem Nützlichen. Durch Hinweise von Zuschauern sind zahlreiche Kriminalfälle geklärt worden, andererseits bieten die filmischen Szenen kriminalistische Kurzweil. Die Sendung – die anfangs als Wagnis empfunden wurde – ist nachgerade zu einer Institution geworden, die als verlängerter Arm der Kriminalpolizei operiert.

Will man es zynisch sagen, dann wohl so: Verbrechen schafft Arbeitsplätze. Ganze Berufszweige wären sonst überflüssig – von der Kriminalpolizei über den Gerichtsmediziner bis hin zu den gerichtlichen Berichterstattern der Presse.

Oder, um mit Marx zu sprechen: »Ein Philosoph produziert

Ideen, ein Poet Gedichte, ein Pastor Predigen, ein Professor Kompendien usw. Ein Verbrecher produziert Verbrechen . . . Der Verbrecher produziert nicht nur Verbrechen, sondern auch das Kriminalrecht und damit auch den Professor, der Vorlesungen über das Kriminalrecht hält, und zudem das unvermeidliche Kompendium . . . Der Verbrecher produziert ferner die ganze Polizei und Kriminaljustiz, Schergen, Richter, Henker, Geschworene usw . . . Der Verbrecher produziert einen Eindruck, teils moralisch, teils tragisch, je nachdem, und leistet so der Bewegung der moralischen und ästhetischen Gefühle des Publikums einen ›Dienst‹. Er produziert nicht nur Kompendien über das Kriminalrecht, nicht nur Strafgesetzbücher und damit Strafgesetzgeber, sondern auch Kunst, schöne Literatur, Romane und sogar Tragödien.«

Marx hat durchaus recht! Tatsächlich profitieren gerade Kriminalschriftsteller nicht unerheblich von den Taten der Verbrecher. Allerdings wollen wir der Gerechtigkeit halber doch hinzufügen, daß ein guter Kriminalschriftsteller selbst Ideen entwickelt, phantasiert. Und ein Blick in die Geschichte des Genres zeigt, daß man hier auf zahlreiche Vorstellungen trifft, die sich in der Wirklichkeit kaum realisieren lassen. Vor allem, was das Ausdenken von Mordsituationen betrifft, haben Autoren viel Mühe aufgewandt: Neben den »alltäglichen« Methoden wie Gift, Schlag, Schuß oder Dynamitexplosion finden wir vergiftete Zahnfüllungen, vergiftete Matratzen, einen Dolch aus Eis, bei dem die Mordwaffe unauffindbar ist, einen elektrischen Schlag durchs Telefon, in die Adern injizierte Luftblasen, Erfrieren in flüssiger Luft oder aus einem Luftgewehr abgeschossene exotische Gifte. Nur das wenigste davon läßt sich allerdings für den »realen« Einsatz gebrauchen.

Mord als Denksport!

Es ist sicher kein Zufall, daß die ersten Detektivgeschichten genau in jener Zeit entstanden sind, die auch für die Geschichte der Gerichtsmedizin von einschneidender Bedeutung sein sollte: die erste Hälfte des 19. Jahrhunderts.

In einer Epoche politischer Wirren, eines wachsenden Nationalismus, bürgerlicher und sozialer Revolution begann das Zeitalter der technischen Fortschritte: 1807 stellte der Amerikaner Robert Fulton die Dampfkraft in den Dienst der Schiffahrt;

zehn Jahre später schnaubte das erste Dampfschiff über den Ozean. Louis Stephenson erfand 1814 die erste Lokomotive, 1830 wurde mit der Strecke zwischen Liverpool und Manchester der Eisenbahnverkehr eröffnet. Nur wenige Jahre später wurde auch die Telegrafie dem Menschen dienstbar gemacht; 1833 wurde der erste Telegraf von Gauß und Weber in Göttingen hergestellt. All diese Erfindungen hatten natürlich auch ihren Einfluß auf die Verbrechensbekämpfung, die nun erstmalig weltweit geführt werden konnte und zur Entstehung der berühmten Behörden wie Scotland Yard beitrug. Parallel dazu entpuppte sich die Aufklärung von Verbrechen – unterstützt durch die aufkommende Massenpresse – als öffentliche Angelegenheit, deren Mißlingen zunehmend Einfluß auf die Beförderung von Polizeibeamten nahm.

Von einschneidender Bedeutung für die Gerichtsmedizin war ein weiterer Faktor: Das 19. Jahrhundert brachte eine Zeit der aufbegehrenden Naturwissenschaften, die auch der Medizin zu unerwartetem Aufstieg verhalf. Die Scheu wurde abgelegt, selbst die »Krone der Schöpfung« einer genaueren Untersuchung auszusetzen, anatomische Forschungen drangen zu jenen Feinheiten vor, die die Medizin bald zu einer bedeutenden Hilfswissenschaft der Justiz werden ließ. In diesen Jahrzehnten begann sich die experimentelle Methode in allen Bereichen der klassischen Naturwissenschaften durchzusetzen und verdrängte das hochfliegende, aber oft unergiebige, weil letztlich nicht nachweisbare Gedankenkonstrukt. Nicht mehr die »allumfassende Weltschau« nach dem Ding, was die Welt im Innersten zusammenhält, sondern die Klärung sehr spezieller und konkreter Forschungsfragen rückte in den Mittelpunkt der Forschung.

Es ist daher nur logisch, daß all das im Bereich der Medizin zu schwerwiegenden Meinungsverschiedenheiten führen mußte. Bis dahin galt der Mensch als ein unantastbares Gotteswesen, dessen leibliche Auferstehung zumindest für möglich gehalten wurde. Zwar schwand dieser Unsterblichkeitsglaube im Lauf des 19. Jahrhunderts, doch schien vielen die Obduktion von Leichen noch als gotteslästerliche Tat – als »Schnittstelle« im doppelten Sinn des Wortes, an der sich das weitere Schicksal der Gerichtsmedizin entscheiden sollte.

Wie unvorstellbar aus heutiger Sicht die Bedingungen waren, unter denen Gerichtsmediziner selbst am Ende des vorigen Jahrhunderts noch arbeiten mußten, mag das folgende Zitat von Professor Liman belegen: »In einem schmutzigen, finsteren und nicht ventilierten Keller [an Kühlschränke war damals sowieso noch nicht zu denken!] waren bekannte und unbekannte Leichen gemeinsam ausgestellt, die Kleidungsstücke derselben hingen auf Leinen umher . . . Die Unterrichtsanstalt . . . bestand aus einem einzigen Zimmer, in welchem die Sektionen verrichtet wurden, und einem schmalen, daneben gelegenen Zimmer, welches als Arbeitsraum für den Direktor des Instituts, für seine Assistenten, für die Richter und die Zeugen ausreichen mußte.«

Und das zu einer Zeit, in der die allgemeine Stimmung gerichtsmedizinischen Forschungen aufgeschlossener als jemals zuvor gegenüberstand. Immerhin konnten sie inzwischen schon auf die Klärung zahlreicher Verbrechen hinweisen, die ohne sie kaum hätte erreicht werden können.

3000 Jahre forensische Medizin

Obwohl bei den alten Kulturvölkern des Orients die Heilkunde teilweise hoch entwickelt war, reichte sie doch kaum aus, um bei Rechtsfragen Entscheidungshilfen zu geben; und so findet sich auch nirgends ein Hinweis darauf. Einzig bei den Hebräern ließen sich gerichtsmedizinische Ansätze finden: Jedes Gericht beschäftigte eine Art Amtsarzt, der mit seinem Gutachten bei Prozessen zu Rate gezogen wurde.

Ganz anders war die Situation zur gleichen Zeit in Griechenland. Ein Gesetz, nach dem Ermordete sofort beerdigt werden mußten, erstickte gerichtsmedizinische Untersuchungen schon im Keime. Nur ganz vereinzelt sind uns Fälle überliefert, in denen eine ärztliche Expertise bei einem Rechtsentscheid maßgebend war – so wird zum Beispiel von Äschines erzählt, daß er für seine Krankmeldung Bruder, Neffen und einen Arzt eine eidesstattliche Erklärung abgeben ließ. Nebenbei bemerkt, die Krankschreibung verhinderte, daß Äschines als Gesandter zu König Philipp von Makedonien gehen mußte, was möglicherweise die Ursache für sein plötzliches Unwohlsein war!

Auch in der römischen Rechtspflege vermissen wir jegliche gerichtsmedizinische Beratung. Überhaupt sah man in diesen Jahrhunderten mit Geringschätzung auf die Medizin herab: Man überließ die ärztliche Kunst den Sklaven! Selbst später, als sich durch die eingewanderten griechischen Mediziner der Wissensstand leicht besserte und hie und da Staatsärzte herangezogen wurden, blieb das richterliche Interesse an der Materie doch noch äußerst mäßig. Dafür ausschlaggebend waren neben den öffentlich ausgetragenen Disputen auch die wirklich mangelhaften anatomischen Kenntnisse: Das religiös-sittliche Ehrgefühl verbot jede Leichenzergliederung. Und als der brühmte Arzt Galen mit seiner Schrift »Über das Erkennen der Simulation« im zweiten nachchristlichen Jahrhundert die erste gerichtsmedizinische Schrift überhaupt verfaßte – zumindest nach unserem heutigen Wissensstand –, dachte er keinen Moment darüber nach, daß und ob diese Arbeit irgendeine rechtliche Bedeutung erlangen könnte. Auf Indizienbeweise legte man keinen Wert. Selbstjustiz und Blutrache – auf dieser Ebene spielten sich die wirksamen Abschreckungsverfahren jener Epoche ab.

Erst am Beginn des Mittelalters wurde die Befragung eines Arztes allmählich zu einer gerichtlichen Gepflogenheit. Noch immer aber war man von einer Leichenobduktion meilenweit entfernt. Zwar findet sich im normannischen Recht des 13. Jahrhunderts ein Hinweis darauf, daß Leichen vor dem Begräbnis dem Richter vorgeführt werden müssen, doch daraus kann man keine fachlich qualifizierte Leichenschau ableiten. Dagegen hätte auch ein Gesetz von Papst Bonifatius VIII. gesprochen, das zu dieser Zeit jegliche Sektion von Toten aus religiösen Gründen untersagte und für das gesamte Heilige Römische Reich gültig war. Ärzte wurden üblicherweise nicht einmal zur äußeren Begutachtung hinzugezogen.

Die deprimierende Situation hielt sich bis in das 16. Jahrhundert. Den ersten Schritt in die richtige Richtung brachte das Gesetzbuch, das 1507 vom Bischof von Bamberg erlassen und von Freiherr Johann von Schwarzenberg ausgearbeitet wurde, auch, wenn in dieser »Bamberger Halsgerichtsordnung« –

wohlklingender: »Constitutio Bamberginensis Criminalis« – nur festgehalten war, daß in Fällen von Kindsmord und Körperverletzung sowie dem Verdacht auf ärztliche Kunstfehler ein Mediziner zu Rate gezogen werden sollte. Immerhin waren damit die damals am häufigsten nachweisbaren Delikte erfaßt. Aus dieser Schrift ging 1521 das von Kaiser Karl V. ins Leben gerufene Strafbuch, die »Constitutio Criminalis Carolina«, hervor. In ihm war zudem angeordnet, daß Wunden von Ermordeten zum Zweck richterlicher Beweisführung erweitert werden durften – um Verlauf und Tiefe besser erkennen zu können.

Plötzlich brach der Bann – in einem Jahrhundert, das für den weiteren Fortgang wissenschaftlicher Erkenntnis, nicht nur medizinischer Art, in vielerlei Hinsicht zu einschneidenden Neuerungen führte. Der englische Gelehrte Francis Bacon propagierte, daß Wissenschaft und Technik die Welt weit mehr beeinflußt hätten als Religion und Philosophie. Wahrlich ein herausfordernder Gedanke, der erst Jahrhunderte später in seinem vollen Umfang erfaßt wurde! Bacons Zeitgenosse Nikolaus Kopernikus trat zur gleichen Zeit mit der umstürzlerischen Theorie an die Öffentlichkeit, daß die Sonne, nicht die Erde, im Mittelpunkt des Universums stehe, und Galilei fordert gar, sich nicht mehr nur auf gedankliche Philosophiererei zu verlassen, sondern die Fakten am Experiment zu erproben. Das hieß Wasser auf die Mühlen der Mediziner gießen. Sie waren ja längst schon der Ansicht, man müsse den Körper des Menschen eingehend untersuchen. Und so durchbrach der junge Arzt Vesalius als erster das Verbot der Leichenöffnung und erzählte das auch noch jedem, der es hören wollte! Er setzte den bis dahin gültigen, abseits der Wirklichkeit angesiedelten Spekulationen über das Innere des Menschen ein Ende, nahm exakte anatomische Untersuchungen vor – auch über Anzeichen gewaltsam herbeigeführten Todes.

Was Vesalius hier säte, fiel bald auf fruchtbaren Boden. Immer mehr Ärzte setzten sich über tradierte Auffassungen hinweg, ließen ihrem Forscherdrang ungehemmten Lauf. Man mag ihnen nachsehen, daß ihre Meinungen den alten mystischen Vorstellungen nicht immer zur Gänze entwachsen sind. Man betrat Neuland – mit den bloßen Händen in verwesenden

Leichen nach Wissen suchend. Das Italien der Renaissance und das absolutistische Frankreich vor allem waren jene Gebiete, in denen wissenschaftliche Forschungen vorangetrieben wurden; beide Nationen brachten im 16. und 17. Jahrhundert bedeutende Mediziner hervor, die den Grundstein für spätere gerichtsmedizinische Aspekte legten.

1571 verfaßte der damals fünfundfünfzigjährige Ambroise Paré, ein französischer Chirurg, sein »Tractatus de renunciationibus et cadaverum embaumatibus«, in dem er über die Lehre von Wunden, verschiedene Todesarten, besonders bei Neugeborenen, Auskunft gab. Wenige Jahre vor seinem Tod verfaßte er eine Anleitung zur Erstellung medizinischer Gutachten. Battista Codronchi, der zur gleichen Zeit in Imola wirkte, ist Autor eines kleinen gerichtsmedizinischen Werks über vorgetäuschte Krankheiten, über Wunden – und hier speziell solche, die durch vergiftete Pfeile herrühren! –, über Vergiftungen sowie Abtreibungsmittel, Schwangerschaft und Jungfräulichkeit. Beobachtungen über gewaltsame Todesursachen wie Erhängen, Ertränken finden sich in der Arbeit des italienischen Mediziners Fortunatus Fidelis; er weiß schon 1598, daß der plötzliche Tod meist durch Herzversagen hervorgerufen wird, und widerlegt die alte Meinung, daß die Glieder der vom Blitz Erschlagenen zerbrechen würden und ihre Leichen nicht faulten. Auch der Römer Paulo Zacchia läßt in seinen »Quaestiones medico-legales« aus der ersten Hälfte des 17. Jahrhunderts unter seltsam mystischem Wust richtige Erkenntnisse erahnen: In einem Atemzug hört man von Menschen, die sich auf wundersame Weise selbst entzünden, und von Wundsymptomen, die Rückschlüsse auf diejenigen Gegenstände zulassen, mit denen sie erzeugt worden waren.

Sogar noch einige Jahre früher, 1614, veröffentlichte der aus einer jüdisch-portugiesischen Familie stammende Roderich von Castro, der in Hamburg praktizierte, ein speziell für die deutsche Entwicklung epochales Werk, das mehrfach aufgelegt wurde. Viele sehen in ihm den Begründer der deutschen Gerichtsmedizin. Castro hat sich eingehend mit den Aufgaben der Gerichtsmedizin auseinandergesetzt. Vier Arbeitsgebiete forensischer Forschung zählt er auf:

○ Vergiftungen,

○ die Beurteilung von Verletzungen,
○ Feststellung der Jungfräulichkeit und der sterilen Ehe
   in Scheidungsprozessen,
○ die Untersuchung gekaufter Sklaven.

Den nächsten wichtigen Impuls gab die Französische Revolution an der Wende des 18. zum 19. Jahrhundert. Inzwischen standen Amtsärzte in vielen Ländern dem Gericht bei der Aufklärung krimineller Tätlichkeiten beratend zur Seite, während an Universitäten erste Kurse Kriterien für deren Beurteilung vermittelten. Es ist wohl nicht übertrieben zu behaupten, daß mit Napoleons neuer Prozeßordnung »Code d'instruction criminelle« das Zeitalter der modernen Gerichtsmedizin eingeläutet wurde. Darin war die Folter als Zwangsmaßnahme für Geständnisse abgeschafft und an ihre Stelle ein öffentlich zugängliches Gerichtsverfahren gesetzt. Damit gewannen Indizienhinweise schlagartig an Bedeutung – und mit ihnen gerichtsmedizinische Gutachten.

Das französische Vorbild machte bald in anderen europäischen Ländern Schule; gerichtsmedizinische Forschungen wurden forciert.

Doch der Lehrbetrieb hinkte erst einmal mächtig hinterher. Es mangelte am wichtigsten Anschauungsmaterial: an Leichen, die von öffentlicher Stelle freigegeben werden mußten. Gerichtliche Obduktionen fanden unter Ausschluß der Öffentlichkeit, auch der Studenten, statt. Neben theoretischen Erörterungen war man auf die seltenen Fälle angewiesen, in denen die Polizeibehörde den Universitäten eine Leiche zuwies.

Nicht alle Professoren wollten sich da auf die Gnade der Behörden verlassen; sie griffen gelegentlich zur Selbsthilfe, wenn es die üble Lage erzwang. »Aus ängstlicher Sorge um ein ausreichendes Leichenmaterial« haben sie die unentgeltliche Behandlung von Armen nur unter »gewissen Bedingungen« vorgenommen – nämlich dem Einverständnis, daß im Falle ihres Ablebens ihre Leiche seziert werden dürfe, »zur Bereicherung der Wissenschaft, vor wenigen Schülern«. Das war zwar gegen das Gesetz, aber nur selten gelang ein Nachweis, was mehr als verständlich ist: Die Toten konnten keine Anklage mehr erheben, die wieder Gesundeten lebten in der Gewißheit, wieder einmal ärztliche Hilfe zu benötigen . . . das System funktionierte prächtig! Ganz vereinzelt gab es Schauprozesse gegen solche Methoden der »Leichenbereicherung«; sie endeten mit mehr oder weniger hohen Geldstrafen für die Ärzte.

Die mißliche Lage an den Universitäten war mit ein Grund dafür, daß die ersten umfassenden Handbücher der modernen Gerichtsmedizin noch einige Jahrzehnte auf sich warten ließen. Das früheste Standardwerk erschien paradoxerweise in jenem Land, das damals hinter dem restlichen Europa so sehr nachhinkte: in England. Dort markierte das von Alfred Swaine 1833 verfaßte Werk »Principle and Practice of Medical Jurisprudence« den ersten Lichtschimmer am sonst noch dunklen Horizont. Zur Ehrenrettung des europäischen Festlands, das damals auf den verschiedensten einschlägigen Gebieten Fortschritte erarbeitet hatte, sei bemerkt: Swaine hatte seine Kenntnisse aus Paris bezogen, wo er mehrere Jahre mit den bedeutendsten Vertretern dieser neuen Disziplin gewirkt hatte.

Rund zehn Jahre später war es dann auch in Deutschland soweit: Der Berliner Arzt Johann Ludwig Casper veröffentlichte 1856 das »Praktische Handbuch der gerichtlichen Medizin«, das für die nächsten Jahrzehnte in Deutschland bahnbrechend wurde und viele Mediziner dazu veranlaßte, sich dieser neuen Forschungsrichtung zuzuwenden.

Die forensische Medizin rührte sich mit Nachdruck. Im Lauf dieses Jahrhunderts eroberte sie sich einen festen Platz unter den medizinischen Teildisziplinen. 1879 entstand das erste europäische Institut für Gerichtsmedizin. Die Einführung des Mikroskops in diese Forschung eröffnet eine neue Dimension des menschlichen Körpers. Sie dringt zu immer feineren Strukturen vor; Gewebe- und Muskelpartien werden unter das Okular gelegt. Auch Blutuntersuchungen kommen nun endlich zum entscheidenden Durchbruch, profitieren von dem künstlichen Hilfsmittel, mit dem das menschliche Auge in den Mikrokosmos einzudringen versteht. Eine bis dahin unbekannte Welt wird im wahrsten Sinn des Wortes »sichtbar«. Schnell bringen solche Methoden die ersten sensationellen Erfolge bei der Entlarvung von Verbrechern – wie etwa beim Fall Crippen, der ganz England um 1910 in Atem hielt.

Wie Henry Hawley Crippen Alfred Hitchcock half

Eigentlich drehte es sich bei diesem Fall um ein klassisches Thema: Ehrbarer Bürger ermordet seine lasterhafte Ehefrau, die ihm das Leben zur Hölle gemacht hat. Kompliziert wurde die Angelegenheit vor allem dadurch, daß der Mörder als Zahnarzt genügend medizinische Kenntnisse besaß, um eine Identifizierung der Leiche letztlich zwar nicht zu verhindern, aber doch erheblich zu erschweren. Außerdem verscharrte er sie für alle Fälle – an einem, wie er glaubte, völlig sicheren Ort: in seinem Keller. Die Sache geriet allerdings etwas außer Kontrolle, als sich nicht alle Freunde mit seiner Behauptung zufriedengaben, seine Frau Cora sei bei einer Reise nach Los Angeles an einer Lungenentzündung gestorben.

Vor 70 Jahren hatte der neue Kontinent so gut wie keinen Kontakt mit dem alten Europa: keine ausgebauten Telefon- und Fernschreiberverbindungen, mit denen man, möglicherweise über Satellit verbunden, einfach und schnell solchen Behauptungen nachgehen konnte. Der Witwer zeigte allerdings kaum Zeichen von Trauer, ganz im Gegenteil: Bald trat an seiner Seite seine ehemalige Sekretärin auf, die nicht viel später in sein Haus einzog und sich offensichtlich in der Rolle der Hausherrin schnell zurechtfand.

Ein Freund der Verstorbenen schaltete Scotland Yard ein.

Chefinspektor Dew fuhr in Crippens Praxis in der Oxford Street, wo ihm eine freundliche Helferin öffnete, und nach seinen Wünschen fragte.

»Chefinspektor Dew von Scotland Yard. Ich hätte gern Herrn Doktor Crippen gesprochen.«

Das Mädchen konnte ihre Überraschung kaum verbergen. Es war ihr klar, was das Vorsprechen eines Scotland-Yard-Beamten bedeutete: Die Kriminalpolizei interessierte sich für das Verschwinden Cora Crippens.

»Einen Moment, bitte. Wenn Sie hier Platz nehmen möchten? Doktor Crippen behandelt gerade noch einen Patienten. Es wird nicht mehr lange dauern.« Sie ließ ihn in dem Wartezimmer allein. Fünf Minuten später betrat Doktor Crippen den Raum.

»Guten Tag, Herr Chefinspektor!«

»Guten Tag, Herr Doktor!«

»Was kann ich für Sie tun?«

»Herr Doktor, ich nehme an, daß Sie sich denken können, weshalb ich hier bin. Herr Nash kam zu mir und berichtete davon, daß Ihre Frau seit einiger Zeit verschwunden ist. Ich kann nicht unerwähnt lassen, daß die Erklärung, die Sie dazu abgegeben haben, Herrn Nash nicht befriedigte. Er kam zu Scotland Yard und bat uns, der Sache nachzugehen.«

»Ja, Herr Chefinspektor. Es ist wohl besser, wenn ich gleich die Wahrheit sage . . . Was ich in unserem Bekanntenkreis gesagt habe, ist nicht wahr!«

Inspektor Dew zog die Augenbrauen hoch. »Wie darf ich das verstehen?«

»Nun, ich weiß nicht, wieweit sie über die Beziehung von mir und meiner Frau informiert sind. Als ich sie heiratete, war sie erst siebzehn. Ich lernte sie bei einer Amerikareise kennen. Sie hatte eine kleine Rolle am Theater, träumte aber davon, einst ein großer Star zu werden. Cora ging mit mir nach London, wo sie sich eine Karriere erhoffte. Dieser Traum ging leider nicht in Erfüllung. Ihre Verbitterung darüber wollte sie durch eine größere Zahl von Liebhabern vor sich selbst verbergen. Jedenfalls, mit einem ihrer Verehrer ist sie auf und davon. Sie verstehen, ein Mann in meiner gesellschaftlichen Position . . . ich hätte mich dem Gespött der Öffentlichkeit preisgegeben, wenn man erfahren hätte, daß mich meine junge, hübsche Frau verlassen hätte.«

»Das heißt also, daß Sie den Tod ihrer Frau nur erfunden haben?«

»Ja, ich gebe es zu. Ich glaube, sie hat England nicht einmal verlassen.«

»Aha, das würde die Situation klären. Allerdings wäre es mir doch ganz angenehm, wenn ich einmal Ihr Haus besichtigen dürfte. Reine Routine, versteht sich!«

»Aber selbstverständlich! Ich begleite Sie.«

Er öffnete die Tür einen Spalt und rief: »Fräulein Sanders, ich fahre mit Chefinspektor Dew kurz in mein Haus. Ich bin bald wieder zurück.«

Dew besichtigte alle Räume. Natürlich konnte er nichts Auffälliges oder gar Verdächtiges feststellen. Im übrigen machte

Crippen auf ihn einen integren, seriösen Eindruck, ohne jedes Anzeichen von Angst. Je länger er darüber nachdachte, desto unwahrscheinlicher kam ihm die Behauptung vor, Crippen habe seiner Frau etwas angetan. Als er sich verabschiedete, hatte er keinen Grund, Crippens Darstellung der Dinge zu mißtrauen. Wieder im Büro angelangt, machte er sich sogleich über den Bericht, um die Akte zu schließen.

Doch das wußte Crippen nicht. Für ihn war die Situation mehr als bedenklich; die Polizei hatte sich für ihn zu interessieren begonnen. Es wär höchste Zeit, etwas zu unternehmen . . .

Dew tippte gerade seinen Bericht, als er merkte, daß ihm noch das genaue Datum fehlte, an dem Cora Crippen verschwand; auch ihr Geburtstag war ihm nicht bekannt. Als er drei Tage später sowieso in der Gegend von Crippens Haus zu tun hatte, stand er an der Wohnungstür, um sich die Daten zu besorgen. Zu seiner großen Überraschung erfuhr er, daß Crippen mit seiner Geliebten London schon vor zwei Tagen in großer Eile verlassen hätte; das Mädchen konnte nicht sagen, wohin.

Dews Mißtrauen erwachte; er beschaffte sich einen Hausdurchsuchungsbefehl. Sämtliche Räume wurden genau inspiziert. Was er fand, übertraf all seine Erwartungen oder – besser gesagt – seine schlimmsten Befürchtungen: eine blutige, ekelerregende Masse aus Menschenfleisch und Bekleidungsstücken – unter einer losen Bodendiele im Keller.

Dew ließ sofort Augustus Joseph Pepper holen, der als Chirurg und Pathologe für gerichtsmedizinische Gutachten zuständig war. Der ordnete sofort an, daß der grausige Fund in sein Institut gebracht würde. Am besten erhalten war ein Damenbekleidungsstück, das – wie sich schnell herausfinden ließ – Cora Crippen gehörte. Doch das besagte nicht allzuviel; zumindest genügte das Stück nicht als Beweis, daß die aufgefundene Leiche tatsächlich die vermißte Cora Crippen war. Pepper wußte das nur zu gut. In seiner langjährigen und ausgesprochen erfolgreichen Karriere, in der er durch seine medizinischen Kenntnisse zu der Aufdeckung von mehr als einem Mord beigetragen hatte, hatte er ein Gespür dafür entwickelt, was von Bedeutung sein könnte. Er machte sich auf die Suche.

Der Mörder hatte offensichtlich ganze Arbeit geleistet – was den Schluß zuließ, daß er über ein gerüttelt Maß medizinischer Kenntnisse verfügen mußte: Sämtliche Knochen waren entfernt worden, so daß eine Identifikation über das Skelett nicht mehr möglich war; zerstört waren auch die Fingerkuppen; nicht einmal Rückschlüsse auf das Geschlecht des menschlichen Torsos waren dem ersten Anschein nach zu treffen.

Pepper packte der Ehrgeiz; irgendwo mußte der Mörder doch einen Fehler gemacht, irgend etwas übersehen haben. Das einzige, was mit einiger Gewißheit ersichtlich wurde: Das Opfer starb nicht an Gift, denn die inneren Organe zeigten keinerlei Anzeichen dafür. In wochenlanger Kleinarbeit untersuchte er jeden Millimeter, stieß dabei auf eine winzige behaarte Hautstelle. Es sah ganz danach aus, als könnte sie von einem Unterleib herrühren. Peppers besonderes Interesse daran galt einer Hautfalte, die ihn stark an eine Narbe erinnerte.

Inzwischen hatte der zu seiner Zeit sehr bekannte Chefinspektor Richard Muir den Fall Crippen übernommen. Von Pepper wurde er sofort von dem Verdacht einer Operationsnarbe in Kenntnis gesetzt. Es dauerte nicht lange, da hatte Muir von Coras Freunden erfahren, daß sie tatsächlich eine Unterleibsoperation durchgemacht hatte.

Jetzt gab Muir eine Fahndung aus. Es dauerte nicht lange, bis Crippen mit seiner Freundin gefaßt wurde: auf dem Dampfer »Matrose«, der sich auf dem Weg nach Kanada befand. Um einer Entlarvung vorzubeugen, hatte er sich unter falschem Namen eingetragen; seine Geliebte war als Knabe verkleidet, erregte aber die Aufmerksamkeit des Kapitäns wegen ihres im Gegensatz zur Kleidung bemerkenswert weiblichen Auftretens. Die über die neue Erfindung der Funktelegrafie an alle Schiffe weitergeleitete internationale Suchmeldung im Hinterkopf, meldete er seine Passagiere nach London. An Bord eines Schnellboots eilten Dew und ein Mitarbeiter herbei und nahmen beide noch vor der Landung in Quebec fest.

Noch aber war nicht bewiesen, daß es sich bei der gefundenen Leiche tatsächlich um Cora Crippen handelte. Im Lauf der weiteren Ermittlungen drehte sich alles nur noch um das von Pepper sichergestellte Stückchen menschlicher Haut, an dem sich wieder einmal ein gerichtsmedizinischer Disput ersten Ranges entwickelte – an dessen Ende es Sieger und Verlierer, aber auch einen Verurteilten gab.

Pepper mußte den Beweis liefern, daß diese Hautpartie tatsächlich vom Unterleib stammte. Die Haare besagten letztlich nichts. Er mußte irgendwelche für diesen Körperteil typischen Sehnen- oder Muskelgewebe finden. Inzwischen hatte die toxikologische Untersuchung der Organproben, die Peppers Kollege William Willcox vorgenommen hatte, ergeben, daß die Leiche mit einem Pflanzengift umgebracht worden war. Aber wer war das Opfer? War es zu vermessen, darauf zu hoffen, aus diesem Gewebe Klarheit in dieser Frage zu erlangen?

Pepper zog seinen ehemaligen Schüler und Freund Bernard Spilsbury zu Rate. Er hatte sich eingehend mit mikroskopischen Gewebeuntersuchungen beschäftigt, eine medizinische Forschungsrichtung, die zu dieser Zeit noch sehr jung war. Am Ende der gemeinsamen Untersuchungen stand für sie fest: Die Falte rührte von einer Operationsnarbe her, zeigte die typischen Merkmale einer chirurgischen Schnittwunde, mit dem Fehlen von Talgdrüsen beispielsweise, die bei der Durchtrennung der Haut verletzt werden und absterben.

Die Taktik der Verteidigung vor Gericht war die übliche: Man ließ ein Gegengutachten erstellen, um so die Argumentation der Anklage zu erschüttern. Der Anwalt Crippens gewann dafür zwei Pathologen des London Hospitals, die die Erfolge ihrer Kollegen am St.-Mary's-Krankenhaus neidvoll beobachteten. Es war klar, daß sie sich dem Urteil von Pepper und Spilsbury aus Prinzip verschließen würden. Die Rechnung ging auf; beide traten vor Gericht gegen die These auf, es handle sich bei dem Hautstück überhaupt nicht um eine Partie aus der Unterleibsregion. Sie stamme aus dem Oberschenkel, gaben sie einhellig zu Protokoll.

Womit die Verteidigung allerdings nicht rechnen konnte, war der Auftritt Bernard Spilsburys, der bis dahin vor Gericht ein unbeschriebenes Blatt Papier war. Der Fall Pepper brachte ihn zum erstenmal ins Rampenlicht der Öffentlichkeit, und die Art und Weise, wie er seine Gegner souverän und argumentativ förmlich zu Boden schmetterte, führte zu Beifall im Saal. Eine Persönlichkeit war geboren! Sie setzte einen Meilenstein in der gerade erst erwachenden englischen Gerichtsmedizin, die bis dahin den Schlaf der Gerechten schlief. Ein Erfolg, der leider ohne besondere Resonanz bei den Ungerechten des Landes blieb!

Der amerikanische Regisseur Alfred Hitchcock hat in einem Gespräch mit seinem französischen Kollegen François Truffaut zugegeben, daß er einige Anregungen für einen seiner besten Streifen, »Fenster zum Hof«, durch diesen und einen weiteren Fall der englischen Kriminalgeschichte gesammelt habe. Natürlich darf man nicht erwarten, daß Hitchcock Anregungen platt oder direkt übernommen hätte. Ein Detail sei genannt: Hitchcock las, daß der Verdacht gegen Crippen im Freundeskreis hauptsächlich dadurch ausgelöst wurde, daß seine neue Geliebte mit den Kleidern und Schmuckstücken der angeblich verschwundenen Cora zu sehen war. Hitchcock machte daraus in diesem Film, der ebenfalls die Geschichte eines Ehemords erzählt, folgendes: Bei Nachforschungen findet sich der Ehering. »Wenn die Frau wirklich auf Reisen gegangen wäre, hätte sie bestimmt ihren Ehering mitgenommen«, so Hitchcock.

Der ehrenhafte Coroner und der schlaue
Sherlock Holmes

Man bedenke: Das erste gerichtsmedizinische Institut in London entstand erst 1942. Keith Simpson, erster Professor für Gerichtsmedizin an der Londoner Universität, begann sein Amt unter wahrhaft unannehmbaren Umständen – in einem winzigen Raum, der so klein war, daß man »nicht einmal eine Katze am Schwanz im Kreis schwingen konnte«, um mit Simpsons eigenen, reichlich plastischen Worten zu sprechen.

Die Ursache dafür, daß die gerichtsmedizinische Forschung in Großbritannien so weit hinter der Entwicklung auf dem Festland nachhinkte, lag in einer Eigentümlichkeit der englischen Gerichtsbarkeit, die bis in unser Jahrhundert hinein aufrechterhalten blieb: die Person des Coroners. Sie war seit vielen Jahrhunderten für die Überwachung und Untersuchung überraschender oder verdächtiger Todesfälle zuständig und stammte aus einer Zeit, in der es keine gerichtsmedizinischen Experimente gab. Er wurde in freier Wahl ins Amt gehoben und dabei von sieben bis elf Geschworenen unterstützt, die als Jury bei der öffentlichen Untersuchung derartiger Sterbefälle fungierten, aber meist ebenfalls keine Ahnung von Medizin hatten. Ursprünglich war der Coroner sogar ein Beauftragter des englischen Königshauses, der dafür zu sorgen hatte, daß das Vermögen von Verurteilten oder Selbstmördern (die ebenfalls den Status eines Verbrechers einnahmen) in Richtung Buckingham-Palast geleitet wurde. Der Coroner war also eher ein traditioneller Beamter als ein Mediziner. Selbst als er sich in das gewandelte Tätigkeitsfeld einarbeitete, empfand man es in England durchaus als selbstverständlich, daß der Coroner keine medizinische Ausbildung erfahren mußte – von gerichtsmedizinischen Kenntnissen ganz zu schweigen. »Ehrenhaftigkeit« war das allein geforderte Qualifikationsmerkmal.

Ohne jemals eine Autopsie durchgeführt zu haben, entschieden Coroner ausschließlich aufgrund der flüchtigen Besichtigung der Leiche und von Zeugenaussagen. Wurde wirklich einmal ein Arzt hinzugezogen, so handelte es sich um einen Praktiker, dessen Urteil in speziellen Fällen auch nicht von besonderer Fachkenntnis zeugen konnte. So vegetierte die englische Gerichtsmedizin vor sich hin, zusätzlich behindert dadurch, daß bis zum Jahr 1873 überhaupt keine Registrierung von Sterbefällen vorgenommen wurde. Und auch, als per Gesetz 1874 die Meldung von Geburten und Sterbefällen eingeführt war, gab es keine wirksamen Kontrollen der Angaben. Noch 1893 kam ein Prüfungskomitee zu folgendem Urteil: »Um es kurz zu sagen: Das bestehende Verfahren begünstigt das Verbrechertum.«

Tatsächlich muten die Zahlen dieser Zeit grotesk an: Angeblich soll es damals jährlich rund 11 000 Morde gegeben haben, eine Welle von Gewalt und Gesetzlosigkeit über das Land gefegt sein. Zwar wurde 1842 das Detective Department eingerichtet, aber es kam nicht selten vor, daß diese Behörde parallel oder sogar gegen den Coroner arbeitete, weil die Aktionen beider staatlicher Stellen nicht koordiniert wurden.

Kritiker forderten daher, daß in unklaren Fällen der Rat eines Pathologen eingeholt werden müsse, wenn schon der Coroner selbst kein Mediziner war. Doch auch mit den Pathologen war das anfangs so eine Sache: Sie waren geschult im Umgang mit natürlichen Todesursachen, es haperte aber mit dem Wissen um gewaltsam herbeigeführte Sterbefälle, deren Klärung im Hinblick auf Versicherungs- und Versorgungsfragen immer dringender wurde. Als 1903 der Stadtrat von London die großen Krankenhäuser der Hauptstadt aufforderte, für die Untersuchung von Verbrechen immer einen Pathologen bereitzustellen, sah man das als großen Fortschritt an; und wie sich zeigte, trugen diese Ansätze alsbald Früchte, brachten einen Pepper, einen Spilsbury hervor.

Um so erstaunlicher war es, was man bei einem wenig erfolgreichen Arzt nachlesen konnte, der schon vor der Jahrhundertwende zahlreiche Arbeiten veröffentlichte, in denen er den Weg zur naturwissenschaftlich orientierten Verbrechensbekämpfung aufzeigte: Dr. Arthur Conan Doyle (1859–1930) in seinen Geschichten um den Super-Detektiv Sherlock Holmes. Die von Holmes ausgeübte Methode stand in krassem Gegensatz zur Wirklichkeit und entsprach in keinem Punkt seiner Zeit.

Anzumerken sei jedoch, daß Doyle seinen Helden nicht aus der Luft gegriffen hat. Es ist autobiographisch verbürgt, daß er sie Joe Bell, dem Chefarzt für Chirurgie am Krankenhaus in Edinburgh, nachgezeichnet hat, dessen Privatsekretär Doyle für wenige Jahre gewesen war. Bells analytisches Denken, seine Fähigkeit, aus Kleinigkeiten richtige Folgerungen abzuleiten, das alles hat Doyle beeindruckt und ihn zur Charakterisierung seines Sherlock Holmes inspiriert. So soll Bell beispielsweise einen Patienten einmal gefragt haben, ob ihm der Spaziergang über den Golfplatz im Süden der Stadt gutgetan habe. Natürlich zeigte sich der Angesprochene über diese Äußerung erheblich irritiert, worauf ihm Bell erklärte, daß an dieser Feststellung überhaupt nichts Geheimnisumwittertes läge. Ganz im Gegenteil! Schließlich gäbe es den roten Lehm, der sich an solch regnerischen Tagen wie diesem an die Schuhe hängt, nur an einem Ort: auf einem Golfplatz im Süden von Edinburgh. Wer erkennt hier nicht die Handschrift Sherlock Holmes' . . .

Diese Manie, aus den kleinsten Kleinigkeiten bedeutsame

Schlüsse zu ziehen, ist die auffälligste Eigenheit des Meisterde-
tektiven Holmes geworden – dessen Erfinder übrigens bald genug von seinem Helden hatte. An einen Freund schrieb er: »Ich
habe ihn so satt wie Leberpastete, von der ich einmal zu viel
gegessen habe, so daß mir selbst heute noch allein bei der Vor-
stellung daran übel wird.« Dieses Urteil hat er nun wirklich
nicht verdient!

Wir wollen nun einmal den großen Schlüsszieher bei einem
seiner typischen Fälle begleiten und uns mit Dr. Watson, seinem treuen Begleiter, verblüffen lassen:

Die Sachlage in »Das Geheimnis von Boscombe Valley«
sprach eigentlich ganz eindeutig gegen den Angeklagten: James McCarthy sollte seinen Vater Charles umgebracht haben.
Besonders belastend war, daß von einem kleinen Mädchen an
der Mordstelle beobachtet wurde, wie beide in einen handgreiflichen Streit gerieten. Sie eilte davon, ohne das Ende abzu-
warten. Die Fakten sprachen also gegen McCarthy junior – das
war eine Ausgangslage, wie sie Sherlock Holmes liebte. Natürlich ging er davon aus, daß der Verdächtige unschuldig war,
daß er den Schauplatz verließ und erst nach einem marker-
schütternden Schrei seines Vaters wieder dorthin zurückeilte.
Aber was hatte sich in dieser kurzen Zeit ereignet?

Holmes besichtigte den Ort des Geschehens. Dort sprühte
jenes Feuerwerk der logischen Folgerungen, das wir an allen
Holmesschen Erzählungen so schätzen; auch die obligatori-
schen Seitenhiebe auf die Polizei dürfen nicht fehlen! »Holmes
war wie verwandelt. Wer nur den ruhigen Logiker und Denker
der Baker Street kannte, hätte ihn jetzt nicht wiedererkannt.
Er hielt den Kopf, ja sogar die Schultern, gesenkt, die Lippen
zusammengepreßt. Er war so ausschließlich auf die Spur, die
er verfolgte, konzentriert, daß er eine Frage oder eine Bemerkung entweder überhaupt nicht hörte oder aber nur mit einem
ungeduldigen Knurren beantwortete.

Der Boden war feucht und schlammig. Es gab viele Fußspuren, sowohl auf dem Pfad wie auch auf dem kurzen Gras zu
beiden Seiten . . . Lestrade zeigte uns die Stelle, wo die Leiche
gefunden worden war. Der Boden war so aufgeweicht, daß ich
noch deutlich die Spuren erkennen konnte, die der Sturz des
unglücklichen Mannes hinterlassen hatte. Holmes, das konnte

ich an seinem gespannten Gesicht und den leuchtenden Augen sehen, schien noch mehr von dem zertrampelten Gras abzulesen. Er rannte im Kreis herum wie ein Hund, der eine Fährte sucht. Endlich wandte er sich an Inspektor Lestrade.

»Was hatten Sie im Teich zu suchen?«

»Ich fischte mit einem Rechen darin herum. Ich dachte, vielleicht die Waffe oder sonst eine Spur darin zu entdecken. Aber wie in aller Welt . . .?«

»Oh, schon gut! Ich habe jetzt keine Zeit. Ihr linker Fuß hat einen leichten Einwärtsdrall; der Abdruck findet sich über dem ganzen Platz hier. Hier verschwindet er im Schilf. Wie einfach wäre das doch gewesen, ehe diese Büffelherde alles zertrampelt hat. Hier standen die Leute, die mit dem Pförtner kamen; sie haben in einem Umkreis von etwa fünf Metern um die Leiche herum alle Spuren zerstört. Aber hier sind drei verschiedene Spuren, die alle drei von den Schuhen einer Person stammen.«

Er zog ein Vergrößerungsglas heraus und legte sich in seiner ganzen Länge auf seinen Regenmantel, um besser sehen zu können.

Es dauerte nicht lange, und Holmes hatte seine Untersuchung des Tatorts abgeschlossen – erfolgreich, wie sich versteht!

Einen Stein, den er im Moos gefunden hatte, identifizierte er als Mordwaffe. Inspektor Lestrade antwortete:

»Ich sehe keine Spuren daran.«

»Es gibt keine.«

»Woher wollen sie es dann wissen?«

»Es wuchs Gras darunter, also lag er erst seit ein paar Tagen dort. Und außerdem war keine Stelle zu entdecken, wo er vorher gelegen haben könnte. Die Form des Steins stimmt mit den Verletzungen überein!«

»Und der Mörder?«

»Ist ein großer Mann, Linkshänder, hinkt mit dem rechten Bein. Er trägt dicksohlige Jagdstiefel und einen grauen Mantel, benützt Zigarrenspitze und hatte ein stumpfes Federmesser in der Tasche. Es gibt noch andere Hinweise, aber diese reichen aus für unsere Untersuchung.«

Natürlich wird genau aufgeklärt, wie Holmes zu seinen

überzeugenden Schlüssen gelangte: Aus den Fußspuren konnte er über die Stiefel und – indirekt – eine etwaige Angabe über die Größe machen, daß der rechte Abdruck dabei immer schwächer als der linke war, ließ das Hinken vermuten. Die Linkshändigkeit wiederum erklärte er seinem Freund Dr. Watson so:

»Du warst selbst erstaunt über die Art der Verletzung, wie sie aus dem Bericht des Gerichtsarztes hervorging. Der Schlag wurde direkt hinter ihm ausgeführt, und zwar auf der linken Seite. Wie läßt sich das nun zusammenreimen, es sei denn, ein Linkshänder hat ihn geführt? Während der Unterhaltung zwischen Vater und Sohn stand er hinter dem Baum. Er hat dort sogar geraucht. Ich fand die Asche einer Zigarre, und als ich weitersuchte, fand ich auch noch den Stummel . . . Es war eine indische Zigarre, eine Sorte, die in Rotterdam gerollt wird.«

»Und die Zigarrenspitze?«

»Ich sah, daß er das Ende nicht im Mund gehabt hatte. Also hatte er eine Spitze benutzt. Die Zigarre war vorne abgeschnitten – nicht abgebissen! Aber da der Schnitt nicht exakt war, schloß ich auf ein stumpfes Federmesser.«

Sherlock Holmes hatte – wie meist – recht!

Gab schon die Situation vor der Jahrhundertwende in England kaum Anlaß zu übertriebenem Optimismus, war sie in den USA noch weitaus verfahrener und eklatanter. Auch hier hatte sich nach dem Vorbild des Mutterlands ein Coroner-System etabliert. Auf sonderbare Weise verband sich hier des öfteren die Person des Coroners mit der des Leichenbestatters, der im Zweifelsfall ein einträgliches Geschäft der schlüssigen Aufklärung eines Verbrechens vorzog. Da Verwandte in der dafür nötigen Autopsie eine »Orgie des Schlachtens« sahen und ihnen eine ordnungsgemäß aufgebahrte, unverletzte Leiche eindeutig lieber war, kann man sich vorstellen, wieviel hier unter den Tisch gekehrt wurde. Andere Coroner waren im Hauptberuf gar Politiker – und es liegt auf der Hand, daß sie ihr Amt nach Maßgabe politischer Interessen ausübten. Im übrigen sammelten sich in der Berufsgruppe des Coroners viel fragwürdiges Gelicht und einfaches Gemüt.

Wenn Ärzte überhaupt in dieser Position tätig waren, handelte es sich um verkrachte Existenzen, um Trinker oder sonstwie auf die schiefe Bahn geratene Berufskollegen. Es soll ein offenes Geheimnis gewesen sein, daß beispielsweise mancher Coroner von New York dafür bezahlte, daß die so zahlreich zwischen Brooklyn und Queens treibenden Wasserleichen auf seine Seite hinübergestoßen wurden – denn jede Untersuchung brachte bis zu fünfzig Dollar aus der Staatskasse ein. Ganz abgesehen davon war bekannt (jedenfalls in einschlägigen Kreisen), mit welcher Summe manch ein Coroner zum Schweigen gebracht werden konnte. Dieser bedauernswerte Zustand hielt sich in Amerika bis weit in unser Jahrhundert hinein, und es ist nicht schwer, sich auszumalen, welch stimulierende Wirkung er auf das Verbrechertum haben sollte.

Vorreiter der gerichtsmedizinischen Idee waren in den USA zwei Städte: Boston und New York. Hier wurden aufgrund einer wahren Flut von Morden die Posten des Coroners durch die eines »Medizinischen Gutachters« ersetzt, dem die Aufgabe zukam, jeden Toten zu untersuchen, bei dem die Todesursache nicht zweifelsfrei feststand. Wollte er eine richtige Autopsie vornehmen, brauchte er allerdings die Genehmigung des Staatsanwalts.

Selbst bis in die Mitte des 20. Jahrhunderts hinein kam der amerikanischen Gerichtsmedizin so gut wie keine Bedeutung zu. Es gab nur einen einzigen herausragenden Vertreter dieser Berufsgruppe: Charles Norris, der 1918 sein Amt als »Medical Examiner« in New York antrat. Er hatte bei den Größen des europäischen Kontinents gelernt – bei Virchow in Berlin und dem nicht minder profilierten Wiener Gerichtsmediziner Eduard von Hofmann. Doch Norris war ein einsamer Kämpfer in der Wüste, beziehungsweise: in der Weite des amerikanischen Kontinents. Trotz seiner charismatischen Begabung gelang es ihm nur unter Schwierigkeiten, die üble Situation in seiner Heimat zu verbessern. Ab 1918 bearbeiteten er und seine Mitarbeiter jährlich etwa 20 000 Fälle, nahmen bis zu 6 000 Autopsien vor. Das von Norris gegründete Zentralbüro hatte einen Telefondienst rund um die Uhr, im Herzen von Brooklyn entstand ein Zweigbüro. Dies konnte er sich nur erlauben, weil er die kargen öffentlichen Gelder durch eigenes Vermögen nicht unbeträchtlich aufstockte.

Immerhin gelang es ihm, so etwas wie ein Institut für Gerichtsmedizin an der New Yorker Universität einzurichten – kurz vor seinem Tod im Jahr 1934. Doch der Erfolg ließ auf sich warten; in den ersten Jahren verirrten sich nur wenige Mediziner in dieses Orchideenfach. Wozu auch, waren doch die beruflichen Aussichten gleich Null?

Norris war ein Besessener, der für seine Idee kämpfte – aber in der Öffentlichkeit auf Unverständnis, ja Ablehnung stieß. Die Ignoranz seiner Umwelt brachte den etwas cholerisch veranlagten Mann mehr als einmal in Rage. Die Presse schätzte ihn, weil er nie ein Blatt vor den Mund nahm. So soll er einmal gesagt haben: »Wir haben in diesem Land mehr Intelligenz und Kultur als sonst irgendwo in der Welt. Wir haben einen Unternehmungsgeist, um den uns die Alte Welt beneiden könnte. Aber wir sind nicht gebildet. Wir nennen uns frei. Aber wir sind frei, um Esel aus uns zu machen!«

KAPITEL 2
Beispiel Innsbruck:
Der Gang der Geschichte

Verbrechen sind häufig, Logik ist selten!
Sherlock Holmes (Conan Doyle)

Man muß eine heiße Spur haben, solange die Leiche noch warm ist!

Die Aufgaben, mit denen die moderne Gerichtsmedizin betraut ist, reichen von Verletzungsbegutachtungen über Vaterschaftsnachweise und Spurenuntersuchungen bis hin zum Problem Alkohol im Straßenverkehr oder sportlichen Dopingkontrollen. Das für den Außenstehenden prickelndste Arbeitsfeld des Gerichtsmediziners ist und bleibt aber sicherlich die Mithilfe an der Aufklärung von Verbrechen. Da liegt ein Toter, der sagt nichts mehr – doch die Gerichtsmedizin kann ihn zum Sprechen bringen. Diesem Thema, das innerhalb der gesamten gerichtsmedizinischen Arbeit an und für sich nur einen kleinen Prozentsatz ausmacht, ist das vorliegende Buch gewidmet – zumindest auf den ersten Blick. In letzter Instanz jedoch, um eine juristische Vokabel zu gebrauchen, soll es das Werden einer jungen wissenschaftlichen Diziplin nachzeichnen, die, seit knapp 150 Jahren im Dienst der Öffentlichkeit stehend, in den unterschiedlichsten Teilgebieten eine schier unglaubliche Entwicklung erfahren hat und trotzdem etwas im Schatten steht. Es ist beinahe symptomatisch, daß viele Gerichtsmediziner noch während ihres Studiums niemals im Sinn hatten, diesen Beruf einmal zu ergreifen, sondern durch Zufälle dorthin verschlagen wurden und ihr Fach erst dann liebengelernt haben.

Zu diesen Männern gehört auch Professor Dr. Rainer Henn, Vorstand des Innsbrucker Instituts für Gerichtsmedizin. Eigentlich wollte er Hirnchirurg werden. Neben einem abgeschlossenen Medizinstudium hat er auch ein Psychologiestudium abgeschlossen. Zehn Jahre war er als Arzt tätig, bevor er sich zum Neurochirurgen ausbilden ließ. Dann, ganz überraschend, kam ein Telefonanruf. Wolfgang Spann war auf den Lehrstuhl für Gerichtsmedizin in Freiburg gerufen worden; nun war er auf der Suche nach fähigen Mitarbeitern und fragte, ob Henn, den er schon bei einigen Untersuchungen als Spezialisten hinzugezogen und schätzengelernt hatte, nicht zu ihm nach Freiburg käme. Innerhalb von zehn Minuten hat Henn diese schwerwiegende Entscheidung getroffen: Ja! Damit war der vorgezeichnete wissenschaftliche Weg abrupt abgebrochen worden, führte in eine völlig andere Richtung.

Mit Spann, der nach wenigen Jahren den Lehrstuhl in München übernahm, siedelte auch er, inzwischen habilitiert, in die bayerische Hauptstadt über. 1974 bekam er dann den Ruf nach Innsbruck – als erstem Ausländer wurde ihm die Stelle des Institutsvorstehers angeboten. Henn nahm an. Unter seiner Ägide verdreifachte sich die Zahl der wissenschaftlichen Mitarbeiter auf zwölf; er war es auch, der zusammen mit dem Gerichtschemiker Dr. Battista eine moderne chemisch-toxikologische Abteilung aufbaute und Innsbrucks langjährigen Ruf als wichtige Forschungsstätte neu belebte. Seine persönlichen Vorlieben sind durch seine neurochirurgische Ausbildung bestimmt: Methodische Forschungen des Gehirns, seien es Verletzungen durch Gewalteinwirkung, seien es Veränderungen durch Gift, bilden seinen Arbeitsschwerpunkt.

All das wußte ich noch nicht, als ich an einem klaren, aber kalten Dezembertag das Innsbrucker Institut für Rechtsmedizin zum erstenmal besuchte. Hier war ich nicht nur auf der Suche nach sensationellen Fällen aus der Geschichte, denn hierher verbanden mich familiäre Beziehungen. Mein Urgroßonkel, Hofrat Professor Dr. Karl Meixner, den ich selbst nicht mehr kennenlernen konnte, weil er im März 1955 wenige Tage vor meiner Geburt starb, der mir aber trotzdem aus den Schilderungen meiner Mutter in »lebhafter« Erinnerung ist, hatte diesem Institut viele Jahre als Ordinarius vorgestanden. So wandelte ich hier auf den Spuren meines Vorfahren, und deshalb überkam mich doch ein seltsames Gefühl, als ich in das Gebäude in der Müllerstraße 44 ging und den Lift in den dritten Stock nahm.

Von Professor Henn bin ich herzlich empfangen worden: Er berichtete mir einiges aus dem alten und neuen Institutsleben. Und natürlich muß ich zugeben, daß es mich besonders freute, als er äußerte, er fühle sich durchaus in der Tradition Meixners – familiäre Eitelkeit, wenn man es so nennen will. Auch wenn er nicht sein Schüler gewesen sei, ließe sich doch von ihm zu seiner wissenschaftlichen Tätigkeit heute eine direkte Linie ziehen. Wenn ich also im vorliegenden Kapitel speziell die Geschichte dieses Instituts beleuchte, nicht das historisch bedeutsamere Berliner oder Wiener Institut, so möge man mir diese aus rein privater Vorliebe getroffene Entscheidung verzeihen.

Im übrigen dokumentiert sich natürlich auch hier, wie überall, der stete Fortschritt, den das Fach im Lauf der Jahrzente genommen hat. Und es sei darauf hingewiesen, daß in dieser Forschungsstätte manch Grundstein für neue Erkenntnisse gelegt wurde, manch später großer Name hier erste Erfahrungen sammelte. Denn in Innsbruck blickt man auf eine alte Tradition zurück, die weit in das 19. Jahrhundert hineinreicht. Um so mehr litt man doch im stillen daran, immer im Schatten der berühmten Wiener Lehrkanzel zu stehen.

In Wien wurde schon 1804 ein Lehrstuhl für die damals noch »gerichtliche Arzneykunde und medizinische Polizeywissenschaft« gegründet. Beide Fächer sah man unter dem ihnen gemeinsamen Aspekt der »öffentlichen Gesundheit«. Zum einen sollten diese Amtsärzte die polizeiliche Aufklärungsarbeit von Verbrechen unterstützen, zum anderen über die hygienischen Verhältnisse Wache halten. Das war auch nötig, denn die aufkommende Massengesellschaft gab zu Sorge Anlaß: Die industrielle Revolution, die so viele Menschen in die Städte trieb, führte zu ausgedehnten Seuchen, die man kaum in den Griff bekommen konnte. Hygienische Vorsorgemaßnahmen taten not. Für solcherlei Arbeit wurde der Vorstand mit einem Jahressalär von 1000 Gulden entlohnt – für damalige Verhältnisse ein ganz erkleckliches Sümmchen. Sein Wirken umfaßte natürlich auch die universitäre Lehrtätigkeit; es war von ihm gefordert, »dass derselbe alle Tage mit Ausnahme des Sonnabends und des Sonntags eine Stunde Vorlesungen zu halten habe«. In diesem Fach ist von Arbeitszeitverkürzung nichts zu merken: heute muß der Vorstand – zumindest nominell – täglich zwei Stunden geben.

In Innsbruck kam es erst mehr als 60 Jahre später, 1869, zur Gründung eines unabhängigen Instituts für »Staatsarzneykunde«. Allerdings konnten sich Studenten hier auch schon früher über das Fach informieren – im Rahmen des medizinisch-chirurgischen Studiums, in dem von Karl Dantscher, Professor für Anatomie, eine einschlägige Vorlesung gehalten wurde. Erster Vorstand des neuerrichteten Lehrstuhls wurde Eduard von Hofmann, 1839 in Prag geboren; in seiner Heimatstadt studierte und habilitierte er sich und erhielt dort (Prag gehörte damals ja noch zur österreichisch-ungarischen Monarchie) seinen Ruf nach Innsbruck. Das kleine Städtchen am Inn wurde für ihn der Anfang einer großen Karriere. Hier keimte auch die Idee, ein umfassendes Lehrbuch der gerichtlichen Medizin zu verfassen, das dann in seiner ersten Auflage zwei Jahre nach seiner Berufung in Wien erschien. Dieses grundlegende Lehrbuch, das von Nachfolgern mehrfach überarbeitet und auf den letzten Stand der Entwicklung gebracht wurde, erlebte annähernd zehn Auflagen. Und das, obwohl es in der Regel einfacher ist, ein Lehrbuch völlig neu zu konzipieren, als ein altes umzuschreiben. Es war Hofmanns Verdienst, daß die von ihm geschilderten Grundlagen selbst über Jahrzehnte hinweg nichts an wissenschaftlicher Substanz eingebüßt hatten. So blieb es bis in die Mitte des 20. Jahrhunderts hinein ein Standardwerk der Fachliteratur.

Schon in Innsbruck gelang es Hofmann, sich zu profilieren. Persönlichkeiten wie er benötigte das Fach dringend, noch längst nicht konnte man davon sprechen, daß sich die Gerichtsmedizin als eigenständiges Fach etabliert hätte. Hofmann kämpfte dafür mit Engagement und seiner ganzen würdevollen Erscheinung. Unverdrossen wehrte er sich gegen all jene Mediziner, die glaubten, »dass, wenn sonst tüchtiges medizinisches Wissen vorhanden sei, sich dessen Anwendung für forensische Zwecke von selbst ergebe«.

Wie sehr es damals an ausgebildeten Gerichtsmedizinern mangelte, dokumentiert die Zeit nach dem Weggang Hofmanns von Innsbruck nach Wien im Jahr 1875: Die Übergabe der Geschäftsleitung an den Anatomen Ferdinand Schott, die eigentlich nur als Interimsphase gedacht war, dauerte ganze zwölf Jahre. Erst 1887 erhielt die Lehrkanzel in dem jungen Julius Kratter einen hauptamtlichen Chef. Er blieb jedoch nur fünf Jahre in Innsbruck, ehe er als Nachfolger seines Lehrers an das Grazer Institut zurückkehrte. Auch er hat sich später mit der Veröffentlichung eines zweibändigen Lehrbuchs hervorgetan. War Hofmann – der für seine Verdienste in den Ritterstand erhoben wurde, ein eher verschlossener und ernster Mensch, der in seinen wissenschaftlichen Forschungen gänzlich aufging, so stellte Kratter einen ganz anderen Typ dar: weltoffen und zugänglich, durch sein gewinnendes Wesen allseits beliebt. Menschen wie er, pragmatisch, souverän und trotzdem populär, taten und tun heute noch viel für das Ansehen der Gerichtsmedizin in der Öffentlichkeit.

Nach einem kurzen, nur zweijährigen Ordinariat Paul Dittrichs folgte 1894 Karl Ipsen dem Ruf nach Innsbruck. Er war damals noch jung an Jahren und sollte dem Institut nicht weniger als 33 Jahre vorstehen. Ipsen hatte in Innsbruck fast seine gesamte Studienzeit verlebt und sah den Ruf als Ruf zurück in die Heimat an. Ihm verdankt die Innsbrucker Gerichtsmedizin sehr viel: Er führte beispielsweise Vorlesungen für Juristen über das einschlägige Fachgebiet ein, um auch sie mit den grundlegenden Methoden vertraut zu machen. 1893 konnte er eine Erweiterung der Institutsräume durchsetzen. Wie seinem Lehrer Kratter galt seine besondere Vorliebe chemisch-toxikologischen Untersuchungen, die er am liebsten selbst durchführte, auch wenn es ihm von Chemikern gelegentlich den Vorwurf des Dilettantismus einbrachte.

Es ist verständlich, daß die persönlichen Vorlieben eines Vorstands gerade in so kleinen Instituten – bis in die siebziger Jahre gab es nur vier wissenschaftliche Mitarbeiter – an solchen Forschungsstätten besonders kräftig durchschlagen: Wenn man so will, war der Chef das Institut. Und dieser Chef war trotz seiner Milde gegenüber den Studenten doch nicht sonderlich beliebt. Als Prinzipienmensch war er einerseits zwar unbestechlich, andererseits aber auch schwer zugänglich, wirkte »in der Verachtung konventioneller Höflichkeit oft schroff« – so jedenfalls liest man in einer kleinen Chronik des Instituts. Trotzdem hatte er bei der Durchsetzung seiner Wünsche, die er vor den Gremien immer mit Entschlossenheit vortrug, ausschließlich das Wohl des Instituts im Sinn. Als er am Anfang des Jahrhunderts einen Institutsneubau forderte, konnte er die Regierung von der Notwendigkeit des Vorhabens überzeugen; doch den Wirren des Ersten Weltkriegs fiel dieser Plan schließlich zum Opfer.

Ipsens Interesse für die historische Entwicklung des noch so jungen Fachs, aber auch seine Einsicht, daß junge Menschen vor allem durch die Vermittlung realer Erfahrungen das theoretische Rüstzeug mit auf den Weg gegeben werden kann – am besten durch die Anschauung am Objekt –, ließ ihn in einem Raum des Instituts ein kleines »Museum« einrichten. Der für die Öffentlichkeit aus gutem Grunde nicht zugängliche Raum enthielt neben Tötungswaffen, Skeletten und Strangwerkzeugen auch anatomische Präparate wie eingeschlagene Köpfe, abgetriebene Föten und all jene Scheußlichkeiten, mit denen sich die Gerichtsmedizin seit ihren ersten Anfängen befassen muß. Dieses Kabinett menschlicher Grausamkeiten ist bis auf den heutigen Tag nicht nur erhalten geblieben, sondern von allen folgenden Lehrstuhlinhabern Stück für Stück erweitert und auf den »neuesten Stand« der Verbrechenstechnik gebracht worden.

Von weit her kommen Forscher, um einen Blick in diese Raritätenkammer zu werfen. Im übrigen hat man einige Exponate, auf die man in Innsbruck ausgesprochen stolz ist – wie beispielsweise jene in Fachkreisen weltweit berühmte, weil einmalige Gletscherleiche, die, ehe sie gefunden wurde, 29 Jahre in gefrorenem Zustand in den Bergen gelegen hatte und dort nicht verwest, sondern durch die Kälte extrem gut konserviert worden war. Unter Glas kann man sie heute in Innsbruck liegen sehen; sogar ein Teil der Skikleidung ist noch voll erhalten. Wer aber glaubt, solche Ausstellungsstücke wären dazu da, makabre Gelüste von Gerichtsmedizinern zu befriedigen, der sei eines Besseren belehrt. All diese zum Objekt gewordenen Subjekte dienen allein der Lehre und dem Fortschritt der noch jungen Wissenschaft.

Bei meinem Besuch in Innsbruck habe ich es mir natürlich nicht nehmen lassen, diese einmalige Zusammenstellung zu besichtigen. Zugegebenermaßen mußte ich dazu schon meinen gesamten Mut zusammennehmen. Wenn man als sonst doch wohlbehütetes Wesen mit dieser Ballung von Brutalität Auge in Auge konfrontiert wird, ist man doch etwas niedergeschlagen. Hier begegnete ich auch einem Asservat – dem in Formaldehyd konservierten Kopf Max Halsmanns –, das uns am Ende dieses Buches noch eingehend beschäftigen wird. Es gab Anlaß zu dem wohl spektakulärsten Prozeß, an dem das Innsbrucker Institut jemals beteiligt war.

Als im Jahre 1927 Karl Ipsen starb und der Lehrstuhl neu besetzt werden mußte, trat der damals achtundvierzigjährige Karl Meixner sein Erbe an.

Ein Forscherschicksal

Karl Meixner, der älteste von fünf Söhnen, wurde 1879 geboren. Als sein Vater 1893 ganz überraschend einer schweren Infektion erlag, war es seine Pflicht, den jüngeren Brüdern die Stelle des Vaters zu ersetzen, so gut das eben ging. Die Mutter versuchte, durch Einrichtung einer Studentenpension im Familienhaus der Meixners, das im angesehenen Stadtteil Döblin gelegen war, ihren Söhnen eine angemessene Ausbildung zu sichern. Karl Meixner gab seinen Plan, Maler zu werden, in Anbetracht der finanziellen Situation auf und entschloß sich, in Wien Medizin zu studieren.

Schon im dritten Semester wurde er als Schriftführer bei gerichtlichen Leichenöffnungen tätig, später arbeitete er an diesem Institut auch als Demonstrator. Die Arbeit war ursprünglich nur dazu angetan, die knappen finanziellen Mittel etwas aufzubessern; Meixner hatte durchaus nicht im Sinn, Gerichtsmediziner zu werden. Doch diese eher zufällige Vermittlung sollte sein Leben entscheidend beeinflussen. Am gerichtsmedizinischen Institut war nach dem Tode von Hofmanns der Pathologe Alexander Kollisko auf den Wiener Lehrstuhl gekommen; Meixner wurde sein erster und eigentlicher Schüler. Ihm verdankte er die Einführung in die Gedankenwelt des pathologisch orientierten Gerichtsmediziners.

Als Meixner 1903 sein Studium abgeschlossen und sich auf Anraten Kolliskos in einigen Spezialdisziplinen wie Chirurgie, Geburtshilfe und Pathologie praktisch weitergebildet hatte, ging er zunächst für ein Jahr als Schiffsarzt auf Reisen. Mit dem österreichischen Lloyd, der ja damals über Triest noch Anschluß an die Weltmeere besaß, reiste er durch das Rote Meer bis nach Bombay und kehrte dann Ende des Jahres 1908 als dritter Assistent an das Wiener Institut für gerichtliche Medizin zurück. Die breite Ausbildung war für seine späteren wissenschaftlichen Arbeiten von unschätzbarem Wert. Schon 1912 folgte seine Habilitation mit einer Arbeit über den »Glykogengehalt der Leber beim plötzlichen Tode aus natürlicher Ursache und verschiedenen gewaltsamen Todesarten«. Zu diesem Zweck hat er in einer achtjährigen Forschung unzählige Tierversuche durchgeführt und nicht weniger als 218 Leichen seziert und untersucht. Auf einen einfachen Nenner gebracht, fand er folgendes heraus: Wenn die Obduktion eines Toten keine besonderen gesundheitlichen Schädigungen zeigt, sich aber im Kern der Leberzellen kein Glykogen nachweisen läßt, so muß das Individuum ganz plötzlich gestorben sein – durch ausgedehnte Gewalteinwirkung oder durch schnelle Verblutung. Zu den Einflüssen, die das Glykogen der Leber am stärksten abbauen, gehören Erstickung, Herzinsuffizienz und zahlreiche stark wirkende Gifte. Allerdings gestatten, so Meixner, nur der Nachweis großer Mengen Glykogen oder ein absolut negativer Befund bestimmte gerichtsmedizinische Schlüsse.

1919 wurde er zum außerordentlichen Professor ernannt und vertrat seinen Chef Albin Haberda schon früh bei vielen wichtigen Kriminal- und Zivilprozessen vor Gericht. Neben Kollisko, den er als »Leitstern für sein Schaffen« titulierte, lobte er bei seiner Antrittsrede in Innsbruck auch seinen zweiten Lehrer, Haberda, mit den Worten: »Das innerste Wesen des Faches und alle Beziehungen der Heilkunde zum Recht sind wohl in keinem so lebendig, so allgegenwärtig, wie in ihm.«

Meixner, der in Wien jahrelang die Laboratoriumsarbeit leitete, war für seine Gründlichkeit bekannt. Die Notwendigkeit zur exakten Prüfung von Befunden versuchte er auch seinen Studenten immer wieder nahezubringen. Kurz nach Meixners Weggang aus Wien wurde eine Geschlechtszugehörigkeit an einem aus der Donau gefischten Unterschenkel falsch bestimmt. Das brachte dem Institut einige boshafte Schlagzeilen in der Wiener Presse. Haberda veranlaßte das zu der Äußerung: »Ja, wenn der Meixner noch dagewesen wäre, dann wäre uns das nicht passiert!« Daß gerade nebensächliche Befunde den Schlüssel für die Aufklärung von Tatzusammenhängen bilden können, hat er seinen Zuhörern durch seine umfangreiche Gutachtertätigkeit illustrieren können. Obwohl er fest dem naturwissenschaftlichen Denken verhaftet war, bekräftigte er, daß man die naturwissenschaftlichen Ergebnisse immer in Zusammenhang mit den anderen Faktoren sehen, sie damit kontrollieren und gegebenenfalls damit zu einer neuen Synthese verarbeiten sollte.

Auch zu Meixners Zeit war das Innsbrucker Institut personell mager besetzt: Mit zwei Assistenten, einer Sektretärin, einer Putzfrau und zwei Obduktionsgehilfen ließ sich wahrhaftig kein Staat machen. Demgegenüber waren die Vorlesungen damals schon gut besucht, denn Meixner wußte fesselnd zu berichten. Im Gegensatz zu anderen Instituten und der Arbeitsweise seines Vorgängers war er der Meinung, daß die Gerichtsmedizin nur in der Beschränkung Aussicht auf Eigenständigkeit habe. Er verzichtete deshalb auf die forensische Psychiatrie, die lange Zeit von den Gerichtsmedizinern ausgeübt wurde – heute eine Selbstverständlichkeit. Auch in anderen Punkten zeigte Meixner Weitblick: Wegen der ständig zunehmenden Forschung in allen Bereichen der Gerichtsmedizin hielt er es schon damals für ausgeschlossen, daß es einem Gerichtsmediziner selbst bei bester Begabung und ebensolchem Fleiß möglich wäre, das gesamte Gebiet wissenschaftlich, akademisch und praktisch voll zu beherrschen. Speziell alle Fragen, die nur unter Zuziehung von Hilfswissenschaften wie der Chemie gelöst werden könnten, dürften nicht Aufgabe des Gerichtsmediziners sein, sondern müßten von Fachkräften analysiert werden. Das hinderte ihn jedoch nie, die daraus gewonnen Fakten selbst in die Gesamtbeurteilung eines Falles zu integrieren.

Alle seine vier Assistenten haben es weit gebracht: Franz Josef Holzer wurde sein Nachfolger in Innsbruck, auch die anderen – Erich Fritz, Herbet Elbel und Walter Krauland – schlossen ihre Karriere als Ordinarien ab, in Hamburg, Bonn und Berlin; so wurde die »Schule Meixner« im gesamten deutschsprachigen Gebiet wirksam.

Obwohl sich Meixner Tirol mit seinen Bergen sehr verbunden fühlte, blieb es doch immer sein heimlicher Wunsch, den Lehrstuhl in Wien zu erhalten. Als im Jahr 1933 das Amt des Wiener Dekans nach dem Tod Haberdas frei wurde, stand er auch zusammen mit dem Wiener Gerichtsmediziner Fritz Reuter an erster Stelle auf der Liste für die Neubesetzung. Doch im politischen Zeitgeschehen war Reuter der Glücklichere.

Auf dem Holzerweg

Als ihm nach seiner Emeritierung 1950 Franz Holzer auf dem Lehrstuhl nachfolgte, war klar, daß er zwar das Werk seines

Lehrers fortführen, aber doch seine eigenen Schwerpunkte setzen würde. Holzers Interesse galt der Serologie. Sein ausgeprägter Forschungsdrang ließ ihn fast Tag und Nacht im Labor stehen, wann immer es ihm seine Tätigkeit erlaubte; nur ungern deligierte er solche Aufgaben. Auch bei ihm war der Weg zur Gerichtsmedizin nicht vorprogrammiert. Als ausgesprochen anspruchsloser und bescheidener Mensch hatte er vor, nach Abschluß seiner medizinischen Doktorarbeit im Jahr 1928 noch Chemie zu studieren. In der Zeit, in der er die obligatorische gerichtsmedizinische Vorlesung besuchte, die jeder Medizinstudent im letzten Teil seines Studiums belegen mußte, erzählte er Meixner von seinen Chemieplänen. Diese Begegnung war für Holzer von großer Bedeutung. Meixner fragte ihn nur kopfschüttelnd, ob er denn sein ganzes Leben nun in »Röhrln«, also Reagenzgläser, schauen wolle. Das könne er bei ihm viel besser tun, denn das gerichtsmedizinische Institut brauche unbedingt ein modernes Laboratorium für die Blutgruppenserologie. Da ließe sich doch beides vereinigen. Nur wenige Wochen später hatte Holzer seine Assistentenstelle.

Meixner hat die Anfänge der Blutgruppenforschung in Wien hautnah miterlebt; Landsteiner hatte während Meixners Assistenten- und Dozentenzeit mit den ersten Versuchen zur Blutgruppenbestimmung begonnen – im pathologischen Institut, das im gleichen Gebäude untergebracht war wie die Gerichtsmedizin. Meixner kannte Landsteiner nicht nur persönlich, sondern hat mit eigenen Blutspenden seinen Beitrag zum Nobelpreis geleistet, den Landsteiner später für seine Verdienste zur Blutgruppenbestimmung A,B und 0 erhielt. Meixner wußte um die große Bedeutung, die diese Forschungen vor allem für die Spurenkunde und für die Vaterschaftsuntersuchung haben würden; er nahm diese Kenntnisse mit nach Innsbruck und wollte hier ein modernes spurenkundliches Laboratorium aufbauen. Holzer kam ihm da mit seinem Hang zur Chemie gerade recht; er regte ihn zu weiterführenden serologischen Forschungen an und ermöglichte ihm, ein Jahr bei dem nach New York übersiedelten Landsteiner am Rockefeller-Institut zu arbeiten.

Holzers Forschungen führten ihn direkt zu einem neuen Verfahren, mit dem man nun auch eingetrocknete Blutspuren richtig bestimmen konnte, was vorher nur sehr ungenau möglich war. Viele seiner Forschungen nahm er an Beweismitteln aus dem Museum vor, wo er auf geradezu ideale Objekte stoßen mußte: auf alte, vertrocknete Blutspuren an Messern, Kleidern, Knochen und Pflanzen! Schon im Herbst 1930 hatte er annähernd 400 Einzeltests vorgenommen, wollte aber mit den Ergebnissen noch immer nicht so recht an die Öffentlichkeit. Professor Meixner veranlaßte ihn mit sanfter Gewalt, seine Erfahrungen nun publik zu machen. Das neue Verfahren fand sofort großen Anklang in der Fachwelt und wurde umgehend praktisch angewandt, als es darum ging, den »Altacher Doppelmord« zu bearbeiten.

Als am Morgen des 29. September 1946 die Feuerwehr des kleinen Ortes Altach zum Wohnhaus des Fabrikbesitzers Giesinger gerufen wurde, war nicht mehr viel zu retten; das Haus lag schon in Schutt und Asche. Die letzten Flammen konnten schnell gelöscht werden. Bei der Inspektion der niedergebrannten Räume im Erdgeschoß entdeckte man die stark verkohlte Leiche der Elisabeth Giesinger. Von ihrem Ehemann fehlte jegliche Spur.

Teile des Brandtorsos wurden dem Institut übergeben. Wie die Sektion zeigte, war die junge Frau schwanger; aus der geplatzten Gebärmutter ragte ein zehn Zentimeter langer abgebrochener Fötus. Für die kriminalistische Seite wichtig war der negative Befund von Kohlenoxid im Blut und das Fehlen von Ruß in den Luftwegen. Daraus war zu folgern, daß die Frau nicht mehr lebte, als es brannte: War man einem Verbrechen auf der Spur, das nachträglich verschleiert werden sollte? Allerdings zeigten die durch die Hitze stark geschrumpften Lungen keine Stich- oder Schußverletzungen. Leider waren insbesondere Kopf und Hals der Leiche arg zerstört, so daß sich an diesen Hauptzielen gewaltsamer Tötungen kaum irgendwelche Spuren finden ließen. In noch relativ gut erhaltenem Zustand waren die Innereien, vor allem der Magen- und Darmtrakt. Die Analyse des Inhalts ergab, daß die Verdauung bei Eintritt des Todes bereits fortgeschritten war; der Mageninhalt war bereits in den oberen Dünndarm übergetreten.

Ein Verdacht lag äußerst nahe: Hatte der unauffindbare Ehemann seine Frau umgebracht, das Haus angezündet und sich nach der Tat irgendwo versteckt? Dagegen stand, daß das kinderlose Paar in geordneten Verhältnissen gelebt und offensichtlich eine gute Ehe geführt hatte. Was konnte Leonhard Giesinger zu dieser Schandtat getrieben haben? Die Polizei war ratlos.

Um überhaupt etwas zu tun, das die Ermittlungen weiterbringen könnte, beschloß man, das umliegende Gelände äußerst gründlich zu durchkämmen. Zwei Tage vergeblicher Mühe führten beinahe zum Abbruch der Aktion; erst am dritten Tag machte ein Mitglied des Suchtrupps eine grauenerregende Entdeckung: In einem Wassergraben auf freiem Feld fand er die gut versteckte Leiche Leonhard Giesingers! Einige Kürbisranken, die zur Tarnung über dem Toten ausgebreitet waren, hätten beinahe die gewünschte Wirkung erzielt. Der Tote lag auf dem Rücken, vollständig bekleidet; sogar die Fahrradspangen hatte er noch an den Hosenbeinen. Auf der dem Graben anschließenden Wiese entdeckte man eine zertretene Stelle, die mit Blut besudelt war. Eine vom Boden entnommene Blutspur wurde wie die Leiche selbst umgehend ins Innsbrukker Institut gebracht.

Der leblose Körper Giesingers wurde entkleidet und auf den Sektionstisch gelegt. Die Untersuchung dauerte nicht lange, schnell wußten die erfahrenen Obduzenten: Der Tod war durch innere Verblutung eingetreten; auf das Opfer war jemand mit zahlreichen Stichen losgegangen. Vornehmlich vier Bruststiche und vier Stiche in den Rücken waren tief eingedrungen und hatten den inneren Organismus zerstört. Zwei große, klaffende Wunden am linken Unterarm waren offenbar durch die Abwehr des Opfers bei einem Kampf entstanden. Sämtliche Stichwunden rührten von einem messerartigen Werkzeug her. Der Zufall ermöglichte aber einen wichtigen Hinweis: Bei der Sektion konnte in der Wirbelsäule die fünf Zentimeter lange Spitze einer Messerklinge sichergestellt werden. Sie zeigte einen eigentümlichen Befund am Rücken, wo sie offensichtlich im nachhinein zugeschliffen worden war, so daß sie wie eine zweischneidige Klinge wirkte.

Die in den Schnittwunden des linken Arms gefundenen Fliegenmaden von einem Zentimeter Länge ließen den Schluß zu, daß der Tote schon einige Tage im Graben gelegen haben mußte. Damit war der Sektionsteil der Leiche abgeschlossen, aber es waren noch einige Laboruntersuchungen vonnöten – beispielsweise auch hier die Analyse des Mageninhalts, der maßgeblichen Hinweis auf die Tatzeit geben konnte. Nach Zeugenaussagen hatten beide Eheleute am Abend des Brandes geröstete Kartoffeln gegessen, Giesinger zudem noch Äpfel. Diese Aussage konnte im Labor bestätigt werden. Der Magen Giesingers befand sich zur Tatzeit im Zustand der Verdauung; von den Speisen war noch nichts bis in den Zwölffingerdarm vorgedrungen. Damit aber war gleichzeitig erwiesen, daß Giesinger vor seiner Frau gestorben war.

Holzer ging nach der Sektion sofort an die Analyse der Bodenprobe. Das Blut erwies sich der Blutgruppe 0 zugehörig und war mit dem der Leiche identisch. Am Ende gab es keinen Zweifel mehr, daß Giesinger auf der Wiese überfallen, niedergestochen und dann in den Graben geworfen worden war.

Für die Polizei mußte Giesinger nun als Tatverdächtiger im Mordfall seiner Frau ausgeschlossen werden. Wer aber konnte Interesse am Tod des Ehepaares gehabt haben? Oder war das zeitliche Zusammentreffen der beiden Bluttaten nur ein Zufall?

Als der Besitzer einer Autoreparaturwerkstatt im nahe gelegenen Hohenems Meldung wegen des Ausbleibens seines Lehrlings Egon Ender machte, ahnte noch niemand, daß hier eine Verbindung zum Doppelmord von Altach vorliegen könnte. Man erkundigte sich beim Arzt und erfuhr, daß Ender am 30. September, also am Tag nach dem Brand, bei ihm erschienen war. Die rund vier Zentimeter lange Wunde am linken Oberschenkel, so erklärte er, habe er sich in der vergangenen Nacht zugezogen, als er über einen Eisenrechen stolperte. Seither war Ender nicht mehr zur Arbeit erschienen. Als der Werkstättenbesitzer mitteilte, ihm sei neben einem Kanister Benzin auch ein Messer abhanden gekommen, wurde die Polizei erstmals hellhörig. Er konnte eine detaillierte Beschreibung des Messers geben; es wurde nach dieser Zeugenaussage von einem Schnitzer nachgebildet. Die Übereinstimmung mit der im Rücken des Toten gefundenen Spitze war verblüffend.

Damit stand zwar die Täterschaft Enders so gut wie fest, doch ohne Motiv nutzte das recht wenig. Bisher fehlte aber jegliche Andeutung, warum Ender das Ehepaar umgebracht haben könnte. Welche geheime Verbindung bestand zwischen Ender und den Giesingers? Von einem Durchsuchungsbefehl der Wohnung Enders erhoffte man sich weitere Hinweise. Tatsächlich fand man ein stark belastendes Beweisstück: die Kleiderkarte Giesingers; solche Karten wurden nach dem Zweiten Weltkrieg an alle Bürger zur Rationierung von Kleidungsstükken ausgegeben, ähnlich den Lebensmittelkarten.

Ender legte, auf diese Weise überführt, sofort und bereitwillig ein volles Geständnis ab. Er stand mit Giesinger wegen des Schwarzkaufs eines Motorrades in Verhandlung; er hatte vorgegeben, einen Kauf in der Nachbargemeinde Götzis vermitteln zu können. Unter diesem Vorwand lockte er Giesinger um zehn Uhr abends aus dem Haus. An der Tatstelle verlangte er von dem jungen Fabrikbesitzer Geld. Ender rechnete damit, daß Giesinger das Geld für den Kauf bei sich hätte; doch dieser stritt ab, Bares bei sich zu tragen. So entstand eine Rauferei, in dessen Verlauf Ender selbst verletzt wurde. Dem Toten, den er in den Graben gewälzt hatte, raubte er Geld und Hausschlüssel. Dann kehrte er zum Haus der Giesingers zurück und sagte der Frau ins Gesicht: »Dein Mann kommt nicht mehr!« Anschließend hat er Elisabeth Giesinger mit einem Beil erschlagen. Auch sie setzte sich verzweifelt zur Wehr, was zur Folge hatte, daß beide die Stiege hinunterkollerten. Die Frau mußte offensichtlich sterben, um sie als Zeugin auszuschalten und das Haus nach Wertsachen auszuplündern zu können. Daß der Mord schon Tage vorher geplant war, zeigt die Tatsache, daß Ender bereits zwei Tage zuvor Benzin von seiner Arbeitsstelle entwendet hatte.

Im Juni des Jahres 1947 wurde dem einundzwanzigjährigen Ender der Prozeß gemacht. Wie Holzer in seinem Bericht schreibt, machte seine schmächtige Gestalt nicht den Eindruck eines »verkommenen Doppelmörders, vielmehr den eines verweichlichten, haltlosen jungen Menschen«. Mit zwölf Jahren war er aus ärmlichsten Verhältnissen zu einer reichen Familie nach Norddeutschland gekommen, die ihn adoptieren wollte. »Der Zwölfjährige bekam zwei eigene Zimmer und wurde verwöhnt. Die fünfunddreißigjährige Frau des sechzig Jahre alten Gutsbesitzers war sehr lebenslustig. Bei Festlichkeiten schloß sich die Frau im Nebenzimmer mit Männern ein und liebte auch den Alkohol. Der Junge sah die Morschheit dieser Familie. Das dreiundzwanzigjährige Dienstmädchen hatte überdies den Jungen sexuell durch Wort und Tat aufgeklärt. Aus dem Luxusleben dieses Hauses wurde der Bursche wieder in die ärmlichen Verhältnisse zu seinen Pflegeeltern zurückversetzt.«

Er wurde des Meuchelmordes für schuldig befunden und zum Tod durch den Strang verurteilt; er starb, wie die Chronik berichtet, »reumütig«.

KAPITEL 3

Giftmörder: Na, denn Prost, Herr Sokrates!

Hinterher war Roger Sheringham zu glauben, daß der Gift-Konfekt-Fall, wie die Zeitungen ihn nannten, vielleicht der am vollkommensten geplante Mord war, den er je erlebt hatte. Das Motiv war zwar unübersehbar, wenn man erst wußte, wonach man zu suchen hatte – aber man wußte es eben nicht; die Methode war zwar so einleuchtend, wenn man die wesentlichen Punkte erkannt hatte – aber man erkannte sie einfach nicht; die Spuren waren zwar so leicht zu lesen, wenn man herausgefunden hatte, was sie verdeckte – aber man fand es nicht.

Anthony Berkeley: Der rächende Zufall

Giftschlangen

Bei jeglicher Art von Greueltaten ist die griechische Mythologie immer eine sichere Quelle. Und so erfahren wir im Zusammenhang mit Giftanschlägen ein Ereignis, das sich auf der wundersamen Reise des Helden Odysseus abspielte, der nach gelungener Schlacht auf den Meeren umherirrte und nicht mehr nach Hause fand. Auf einer seiner unfreiwilligen Ausflüge stieß er auf Kirke, die ihn, wie es sich für sie gehörte, mächtig »bezirzte«. Doch damit nicht genug: Sie verwandelte Odysseus' Gefährten allesamt durch einen von ihr gebrauten Saft in Schweine! (Sie wird wohl gewußt haben, warum sie nur die Gefährten, nicht aber Odysseus malträtierte.) Jedenfalls, Ende gut, alles gut, konnte sie unser Held, auf welche Weise auch immer, davon überzeugen, daß diese Tat wieder rückgängig gemacht werden müsse.

Gifte waren in der Antike nicht nur weit verbreitet, sondern wurden tatsächlich auch zu den unterschiedlichsten Zwecken eingesetzt. Die Medizin kannte einerseits schon die Heilwirkung bestimmter giftiger Substanzen, wenn sie in geringen Mengen verabreicht werden, aber es entwickelten sich auch rege höfische Vergiftungsaktivitäten, um lästige Rivalen und Widersacher aus dem Weg zu räumen. Gift diente auch zur Findung eines Gottesurteils: Erbrach der Beschuldigte das eingenommene Mittel und blieb am Leben, war seine Unschuld hinlänglich bewiesen. Außerdem dienten Gifte – am bekanntesten das Schierlingsgift – in der Athener Polis zur Vollstreckung von Todesurteilen.

Der Tod des Philosophen Sokrates im Jahre 399 v. Chr. ist uns dafür bis heute als berühmtestes Beispiel überliefert. Er war von einem gänzlich unbedeutenden jungen Dichter namens Meletos, dessen Name ausschließlich aufgrund dieser Angelegenheit historisch in Erscheinung tritt, angeklagt, sich im Unterricht »durch die Leugnung der vom Staate anerkannten Gottheiten versündigt und sich ferner als Verführer der Jugend vergangen« zu haben. Es ist letztlich egal, was die Beweggründe des Meletos waren, ob er sich auf diese skrupellose Weise mit einem Schauprozeß gegen einen der geehrtesten lebenden Philosophen populär machen wollte oder ob er zu jenen fanatischen Gottesanbetern gehörte, die als antike Ajatollahs rücksichtslos gegen jede andere Meinung vorgingen. Jedenfalls gelang es ihm, in einem Schauprozeß mit 501 Richtern eine gewisse zweifelhafte Berühmtheit um seine Person zu schaffen.

Auf den Straßen von Athen gab es nur ein Tagesgespräch: Hatte der weise alte Mann wirklich gegen die Götter verstoßen, er, der ihre Jugend so viele Jahre herangezogen hatte und dessen Lieblingsschüler der kluge Platon war, dem viele eine große Zukunft voraussagten?

Sokrates trat in der Überzeugung seiner eigenen Unschuld vor Gericht; die Richter fällten einen anderen Spruch – auch hier mögen Neid und Mißgunst eine Rolle gespielt haben: Mit 300 : 201 Stimmen wurde er zum Tod durch den Schierlingsbecher verurteilt. Für Sokrates hätte es Möglichkeiten gegeben, gegen das Urteil zu intervenieren oder sich durch einen höheren Geldbetrag freizukaufen. Doch derartiges Verhalten war ihm fremd. Als er aus dem Gerichtssaal geführt wurde, blieb er ein letztes Mal vor dem Oberrichter stehen und sagte: »Nicht das Leben ist das zu erstrebende Ziel, sondern das gute Leben.« Das machte einige doch betroffen, die ihre Entscheidung vielleicht im sicheren Glauben gefällt hatten, daß Sokrates sich freikaufen würde.

Wesentliche Kenntnisse der Giftbereitung waren über den Orient nach Europa gedrungen. Meist gewann man die Gifte aus Kräutern und Pilzen, aber es waren auch schon mineralische Gifte wie Arsen, Quecksilber und Zinnober sowie tierische Gifte von Schlangen und Kröten bekannt.

Wie gesagt: Gift setzte man gern als privates, quasi außerrechtliches Mittel zur raschen Beseitigung von unliebsamen Personen ein. Vom letzten König Pergamons, Attalos III., wird berichtet, er habe Giftpflanzen in großem Stil gezüchtet und dafür sogar einen eigens angelegten Giftpflanzengarten unterhalten: Schierling, Bilsenkraut, Akonit und auch seltene Gifte fand man hier. Um für den Ernstfall gewappnet zu sein, erprobte man solche Gifte an Verurteilten und Sklaven. Um den Anschlägen etwaiger Gegner zu entkommen, entwickelte man andererseits mehr oder weniger wirksame Gegengifte, beispielsweise aus Quittenblüten und Zitronen. Sie alle basierten auf dem Versuch-und-Irrtum-Spiel, denn irgendwelche tiefergehende Kenntnisse besaß man nicht. Am beliebtesten und am teuersten gehandelt war das Allround-Gegenmittel »Theriak«, ein Mixgetränk aus bis zu 100 verschiedenen Ingredienzien, das zwar nicht sonderlich gut schmeckte, aber offensichtlich Wirkung zeigte. Römische Kaiser haben, so wissen wir, dieses Mittel aus prophylaktischen Gründen täglich eingenommen. Ein Herrscher, der aus Schwermut und wegen tragischer Schicksalsfügung sich und seine Familie vergiften wollte, überlebte als einziger den Freitod dank früherer Immunisierung – daran hatte er in seiner Verzweiflung nicht gedacht.

Auch die attraktive Cleopatra, selbst eine antike Giftschlange, bediente sich solcher Methoden in etlichen »Zwangslagen«: zum Beispiel, um ihren ihr lästig gewordenen Bruder-Gemahl Ptolemaios zu beseitigen, der ihr die Alleinherrschaft auf dem ägyptischen Thron verbaute. Zur Abrundung sei erwähnt, daß Cleopatra ihrem Leben standesgemäß selbst ein Ende bereitete: mit der Giftschlange am Busen.

Ein Giftring gefällig?

In bezug auf die Giftmischerei verdient das Mittelalter wirklich das Attribut »dunkel«, denn was sich auf diesem Gebiet so alles tat, spottet fast der Beschreibung. Nicht nur, daß die Methoden verfeinert, Gifte noch skrupelloser eingesetzt wurden als zuvor, noch immer fehlte jegliche Möglichkeit, einen Giftmord nachzuweisen.

Handschuhe wurden mit Arsen vergiftet und dem Feind zugespielt – eine Methode, die erst nach längerem Tragen tödlich wirkte. Auf diese Weise soll Kaiser Otto III., noch jung an Jahren, 1002 das Zeitliche gesegnet haben. Doch das war nur ein müdes Vorspiel zu dem, was in den nächsten Jahrhunderten noch kommen sollte. Es entwickelten sich ganze Geschlechter, die sich auf die Eliminierung von Gegnern durch Gifte spezialisierten: beispielsweise das der Borgias. Es belegt auch, welch lasterhafte Sitten selbst in kirchlichen Kreisen wüteten, denn Papst Alexander VI. war einer der Borgias und zu allen

Schandtaten bereit. Man erzählt sich, daß er im 15. Jahrhundert überhaupt nur auf den päpstlichen Stuhl gelangte, weil er die korrupten Wahlmänner bestach und sie mit hochtragenden Versprechungen einwickelte. Aber auch nach seiner Wahl setzte er sein vorheriges Luderleben fort, hielt sich mehrere Mätressen, von denen sich vier selbst als Giftmischerinnen hervortaten und die ihm eine reiche Zahl von Kindern schenkten. Sie alle schienen mit dem Papst-Vater wetteifern zu wollen um die Stellung des scheußlichsten Massengiftmörders. Der schlimmste Sohn war zweifellos Cesare, der seinen Vater an Skrupellosigkeit noch übertraf – und das will in diesem Fall wirklich etwas heißen, denn Papst Alexander beseitigte praktisch alle Kardinäle und hohen Würdenträger, die ihm widersprachen oder an deren Besitz er sich bereichern wollte. Am populärsten war dabei der »Giftbecher der Borgias«, mit dem man in diesem spanisch-italienischen Geschlecht Feinde üblicherweise schweigsam machte.

Abweichend von dieser »Regel« soll Papst Alexander für besondere Fälle auch einen Schlüsselring mit flüssigem Gift verwendet haben. Mit ihm ließ er seinen Widersacher die Tür zur päpstlichen prallgefüllten Schatzkammer aufschließen, um – wie er vorgab – dort die Besichtigung seiner berühmten Pretiosen zu gestatten. Doch in dem Augenblick, in dem das Opfer den Schlüssel im Schloß umdrehte, verletzte eine feine Hohlnadel die Haut, und einige Tropfen Gift gerieten so in die Blutbahn. Ein wahrlich schauerliches Schauspiel!

Der Mensch des Mittelalters und der beginnenden Neuzeit war diesen Attacken praktisch wehrlos ausgesetzt, und auch die Rechtsprechung konnte hier nicht schützend eingreifen, weil es einfach keine Möglichkeit gab, Giftmorde nachzuweisen. Noch immer schwieg die Toxikologie, die Wissenschaft der Gifte. Eine ganze Batterie heute als gesichert geltender Giftmorde von der Antike bis zur beginnenden Neuzeit hat der Toxikologe Louis Lewin in seinem Buch »Gifte« 1920 zusammengetragen. Mit wissenschaftlicher Akribie und toxikologischer Sachkenntnis zeichnet er schier unglaubliche Vorfälle nach und deutet sie anhand der überlieferten Symptome. Speziell weibliche Wesen entwickelten die Giftmischerei zu ihrer ureigenen »Kunst« trotz anderweitiger Nicht-Emanzipation stellten sie auf diesem Gebiet ihre männlichen Kollegen klar in den Schatten. Vielleicht lag hier auch ein Grund, daß sie zu diesen Zeiten leicht als Hexen verurteilt werden konnten.

Die berühmteste Giftmischerin des 17. Jahrhunderts war die Französin Madelaine Marquise de Brinvilliers – eine Dame vom Stande, aus adeliger Familie, was sie keineswegs daran hinderte, ihren meuchelmörderischen Gelüsten freien Lauf zu lassen. Man munkelte, sie sei schon mit fünf Jahren lasterhaft gewesen und soll mit sieben Jahren von ihrem ersten Liebhaber entjungfert worden sein. Später soll sie sogar mit ihren Brüdern sexuell verkehrt haben – aber das war damals weniger sensationell. Mit 21 endlich gelang es ihrem Vater, sie zu verheiraten, an einen zwar steinreichen, aber äußerst lasterhaften wie verschwenderischen Oberst, eben jenen Marquis de Brinvilliers.

Wie es damals in den aristokratischen Kreisen üblich war, frönte er allen erdenklichen Untugenden und führte seine Frau an derart langer Leine, daß auch sie nicht in geregelte Lebensbahnen geriet, sondern – ganz im Gegenteil – die gewährte Freiheit zu Ausschweifungen aller Art nutzte. Ihr Ehemann war es auch, der sie mit dem Rittmeister Sainte-Croix bekannt machte, für den sie schnell in Liebe entbrannte. Auch der bandelte nur zu gern mit ihr an, denn zu allem Überfluß war sie eine sehr schöne Frau.

Die Gerüchteküche begann sofort zu brodeln, und das Verhältnis der beiden war umgehend Gesprächsstoff Nummer eins der Pariser Aristokratie. Das wiederum erboste den Vater der Marquise, der um den guten Ruf seiner Familie fürchtete. Er ließ seine höfischen Beziehungen spielen, so daß Sainte-Croix in die Bastille geworfen wurde, aus der er erst nach elfjähriger Haft freikam. Dieser Schritt des Vaters brachte zwar kurzfristig Erfolg, doch er hatte nicht mit dem sich daraus entwickelnden folgenschweren Haß seiner Tochter gerechnet. Elf Jahre hindurch sann sie auf Rache und nahm das Verhältnis sofort nach der Freilassung des Rittmeisters wieder auf.

Wie das Leben manchmal so spielt, war Sainte-Croix in der Haft mit einem italienischen Mitgefangenen bekannt geworden, der ihn dort in die Grundbegriffe der Giftmischerei einweihte. Wieder in Freiheit, richtete er ein eigenes Laboratorium ein; die Marquise war hellauf begeistert und spornte ihren Liebhaber geradezu an, nach schwierig zu entdeckenden Giftzusammenstellungen zu suchen. Ohne viel Worte waren sie sich einig, daß die Familie der Marquise aus dem Weg geräumt werden müsse – was zudem den günstigen Nebeneffekt brachte, in den Besitz des Familienvermögens zu gelangen. Wie geplant, so getan!

Nach einigen »Testmorden« an Bediensteten und Kranken in Hospitälern rottete sie ihre Verwandten aus. Die Polizei schöpfte keinen Verdacht. Als sie schließlich ihren Ehemann unter die Erde bringen wollte, um den Weg für eine Heirat mit Sainte-Croix, dem bereitwilligen Giftlieferanten, frei zu haben, mußte sie erkennen, daß sich dieser zwar von ihr nicht abgewandt hatte, ihm aber der Sinn doch nicht nach Heirat stand. Er war als Playboy der Gesellschaft allseits gern gesehen. Also kam sie auf die Idee, dem Gift für den geehelichten Marquis ein Gegengift beizumischen, um Sainte-Croix zu irritieren. Für den Marquis muß es eine entsetzliche Zeit gewesen sein, »von beiden Ungeheuern, bald dem einen, bald dem andern, zugeschleudert, bald vergiftet, bald entgiftet und auf diese Weise bei seinem kläglichen Leben erhalten«, wie sich ein Zeitgenosse plastisch ausdrückte. Auf die Dauer hätte das der beste Organismus nicht ausgehalten, aber ehe es zum Exodus kam, wurde unser Rittmeister Opfer seiner eigenen Experimentierfreude. Er verlor nämlich bei einer unvorsichtigen Bewegung während des Hantierens seine Gesichtsmaske, atmete die giftigen Dämpfe ein und war auf der Stelle tot.

In seinem Nachlaß stieß man auf die Brinvilliers schwer belastende Aufzeichnungen; sie war inzwischen mit unbekanntem Ziel entflohen. Die Polizei, der die Zügel in Sachen Giftmorde längst aus den Händen geglitten war, hatte hier wieder einmal einen Beweis; man mußte die Spur aufnehmen, um der Sittenlosigkeit wenn schon kein Ende zu bereiten, so doch wenigstens einen Schlag zu verpassen. Sie setzte ihren befähigsten Mann an die Aufgabe. Nach jahrelangen Nachforschungen gelang es ihm endlich, die Marquise in einem einsamen Kloster aufzuspüren und sie der gerechten, der Todesstrafe zuzuführen.

Wieder in Paris leugnete sie natürlich alle Beschuldigungen

hartnäckig ab, rief aber dem Untersuchungsrichter erregt zu: »Unterstehen Sie sich nicht, mich zum Reden zu zwingen! Denn wenn ich sprechen würde, wäre die Hälfte der Stadt verloren, und zwar durchweg Leute vom Stand, selbst der höchsten Schichten!« Vielleicht hatte sie etwas übertrieben, aber im großen und ganzen hatte sie recht. Es half ihr indes nichts; die Staatsgewalt wollte mit ihr ein Exempel statuieren. Sie wurde für schuldig erklärt und 1676 enthauptet.

Angesichts solcher Mordorgien darf man sich nicht wundern, wenn auch absolut integere Menschen in den Verdacht der Giftmischerei gerieten – wie Herr von Vocaner aus Grenoble, der 1771 solchermaßen bezichtigt und sogar wegen angeblichen Mordes an einem Freund und versuchten Mordes an seiner Familie für schuldig befunden wurde. Er ist umgehend aus der Haft entflohen, arbeitete aus einem Versteck heraus an seiner Rehabilitation und kehrte schließlich als Sieger nach Grenoble zurück. Wie sich herausgestellt hatte, war der Sack für Rattengift, in dem noch ein kleiner Rest Arsen vorhanden war, versehentlich als Zuckersack verwendet worden; als der Vorrat zur Neige ging, mischte sich das Zuckermehl mit dem Arsenrest zu einer tödlichen Dosis. Nichtsahnend nahmen die Dienstboten daraus den Zucker für das verhängnisvolle Frühstück; und Herr von Vocaner, der das Frühstück auf das Zimmer des Freundes und der Familie brachte, wurde des Mordes angeklagt.

Daß massenhafte Giftmorde nicht nur in früheren Jahrhunderten florierten, zeigt der Kriminalfall um eine amtsenthobene Hebamme, die 20 Jahre hindurch im ungarischen Theißwinkel für mehrere hundert Vergiftungen verantwortlich war. Zusammen mit zwei Freundinnen hat sie aus Fliegenpapier einen arsenhaltigen wäßrigen Extrakt gebraut und ihn an zahlende Kundinnen verkauft. Abnehmerinnen waren vor allem Ehefrauen, die sich ihrer aus dem Ersten Weltkrieg heimkehrenden Ehemänner entledigen wollten – sei es, weil sie anderweitig gebunden waren, sei es, weil sie nicht an der Seite eines Invaliden ihr Leben fristen wollten. Erst anonyme Anzeigen machten die Behörden stutzig. Einige Opfer wurden exhumiert; der toxikologische Nachweis war um 1930 nicht mehr schwierig. Die Hebamme beging daraufhin Selbstmord.

Wir stoßen hier auf das größte Problem bei heutigen Vergiftungen: Zwar ist der gerichtsmedizinische Nachweis nicht mehr allzu problematisch, aber in vielen Fällen, in denen kein Verdacht geschöpft wird, stellt der Arzt seinen Leichenschein ohne gerichtsmedizinische Obduktion der Leiche aus. Aber Gifte lassen sich in der Regel nur durch eine chemisch-toxikologische Analyse von Magenproben, Blut- und Nierenuntersuchungen eindeutig nachweisen. Experten fürchten daher, daß die Dunkelziffer von Giftmorden heute bei nahezu 50 Prozent liegen könnte.

Tod durch Vergiftung

Leider hilft die Leichenöffnung bei Vergiftungsfällen in der Regel nur insoweit, als durch sie Proben der inneren Organe entnommen werden können, um sie der physikalisch- oder chemisch-toxikologischen Untersuchung zu unterziehen. Immerhin kann der erfahrene Gerichtsmediziner schon bei der äußeren Betrachtung der Leiche anhand bestimmter Erscheinungen eine Vergiftung vermuten. Knoblauchartiger Geruch ist bei Phosphor- und Arsenvergiftungen, Bittermandelgeruch bei Blausäure- und Zyankaliumvergiftungen feststellbar; ein abweichendes Erscheinungsbild der Hautfarbe und der Totenflecken, Verfärbungen der Fingernägel und Pupillenveränderungen sind meist untrügliche Anzeichen einer vorliegenden Vergiftung. Diese Kriterien sind heute durch jahrzehntelange Erfahrung im Umgang mit Vergifteten inzwischen zum gerichtsmedizinischen Allgemeingut geworden. Um sie aber überhaupt herausarbeiten zu können, mußten zuerst einmal Beweise für die eine oder andere Vergiftungsart vorgelegt werden; erst dann konnte man nach typischen äußeren Symptomen suchen.

Schon Fortunatis Fidelis hatte im 16. Jahrhundert versucht, Vergiftungserscheinungen durch Sektionen beizukommen; er forderte bei Verdacht auf Vergiftung eine Autopsie mit gründlicher Untersuchung von Brustraum und Unterleib. Kriterien für Vergiftung waren für ihn Ansätzungen, Fäulnisse, bösartige Geschwüre; wenn sie gehäuft auftraten, könne man mit

Sicherheit auf Vergiftung schließen. War seine Methode doch wenigstens vom analytischen Geist geprägt, rutschen andere gänzlich in mystisches Wirrwarr ab: So solle das Herz eines Vergifteten nicht brennen und Tiere vergiftete Personen nicht berühren, ihren Mageninhalt nicht fressen. Der Berliner Stadtarzt Georg Adolph Welper behauptete hingegen, Leichen von Vergifteten würden nicht faulen; ein Kollege hielt noch um die Wende des 18. zum 19. Jahrhundert die später als Totenflecken bekannten Hauterscheinungen für typische Anzeichen einer Vergiftung.

Immerhin – zwei Aspekte kannte man schon im 18. Jahrhundert, wenngleich man sie auch ohne moderne Methoden nicht sinnvoll einsetzen konnte: Die Untersuchung des Mageninhalts und das Erkennen des Gifts durch Geruch – dazu legte man den Darminhalt auf glühende Kohlen. Sonderte sich ein ungewöhnlicher Geruch oder Dampf ab, galt das als Beweis. Dieses Verfahren hat am Anfang des 18. Jahrhunderts der niederländische Arzt Hermann Boerhaave propagiert. Er war möglicherweise der erste, der dem Problem der Vergiftung auf chemische Weise beizukommen versuchte. Der schwedische Apotheker Carl Wilhelm Scheele fand 1775, daß das »beliebte« Arsenik, farb- und geschmacklos, wie jedermann wußte, durch Hinzufügen von Chlor, auf Zink gegossen, plötzlich ein übelriechendes Gas entwickelte. Im folgenden Jahrzehnt stellte Samuel Hahnemann fest, daß sich ein gelblicher Niederschlag bildete, wenn er etwas Salzsäure und Schwefelwasserstoff auf vergiftete Substanzen wie dem Mageninhalt goß. Die Meinung hatte sich inzwischen eingebürgert, daß die Untersuchung von Magen- und Darminhalt sowie den Eingeweiden der Schlüssel zur Lösung des Problems sein würde. Als einer der ersten zog der deutsche Mediziner Valentin Rose auch andere Organe als den Magen- und Darmtrakt zu Studien heran. Doch immer noch verharrte man in einem marginalen Zustand; der Weg bis zur modernen Toxikologie, der Lehre von den Giften, war mühsam. Er brachte erst im 19. Jahrhundert die entscheidenden Fortschritte.

Mit dem von Mathieu Joseph Bonaventura Orfila verfaßten epochalen Werk »Traité des poisons« begann 1813 das Zeitalter der modernen Toxikologie. Hier war erstmals das weitverstreute Wissen um Wirkung und Nachweis von Giften in komprimierter Form zusammengestellt worden. Der Kristallisationspunkt für weiterführende Forschungen war damit geschaffen.

Der erste chemische Nachweis aus dem Bereich der metallisch-mineralischen Gifte gelang dem etwas heruntergekommenen englischen Chemiker James Marsh; er löste das Problem 1833 auf so einfache Weise, daß es ihm einige der profilierten Ärzte angeblich sogar übelgenommen haben sollen, daß sie nicht selbst darauf verfielen. Mit dem als »Marshscher Apparat« bezeichneten Gerät mischte man die möglicherweise arsenhaltige Lösung, die man aus dem Magen oder den Eingeweiden gewonnen hatte, mit Zink und Schwefelsäure; dann ergab die chemische Reaktion Wasserstoff, der sich, sofern Arsen enthalten war, zu Arsenwasserstoff verband. Dieses entstehende Gas konnte entzündet werden; der Wasserstoff verbrannte, das Arsen ließ sich als Niederschlag auffangen. Dazu hielt Marsh eine Porzellanschale gegen die Flamme. Das metallische Arsen zeigte sich darauf als bläulichschwarzer Fleck. Diese Methode war äußerst wirksam; sie sprach bis auf Mengen von einigen tausendstel Milligramm an.

Die Euphorie der ersten Stunden hielt nicht lange an, als man herausfand, daß Arsen in geringen Mengen praktisch überall vorkommen kann, auch in der Erde. Die Forscher mußten sich nun darauf konzentrieren, das Problem des Mengennachweises zu klären, und einen Grenzwert für die tödliche Dosis festlegen. Eine halbwegs quantitative Analyse von Arsen gab es erst am Beginn unseres Jahrhunderts – durchgeführt von William Henry Willcox. Von durchschlagendem Erfolg war die Erkenntnis, daß sich Arsen auch in den Haaren nachweisen läßt, mit dem Haar aus der Haarwurzel herauswächst. Damit hatte man gleichzeitig und im wahrsten Sinn des Wortes einen »Maßstab«, ob es sich um eine »schleichende« oder eine »akute« Arsenvergiftung handelte. Bei der schleichenden Vergiftung sind vom Opfer über längere Zeit hinweg geringe Mengen aufgenommen worden. Legte man zugrunde, daß das menschliche Haar durchschnittlich eineinhalb Zentimeter im Monat wächst, muß man nur das arsenhaltige Haar abmessen und konnte das leicht in Wochen umrechnen. Andererseits zeigte sich rasch, daß eine Leiche, die im Grabe lag, das Arsen des Bodens anziehen und erst nach dem Tod in den Körper aufnehmen kann. Sidney Smith fand sogar, daß das menschliche Haar in der Lage ist, Arsen aus wäßrigen Lösungen »aufzusaugen«, so daß es einen höheren Arsengehalt als die es umgebende Flüssigkeit annehmen konnte. Doch diese Erkenntnisse wurden Jahre hindurch als »Ausnahme von der Regel« bagatellisiert und heruntergespielt.

Im Prozeß Marie Besnard rächte sich das allerdings auf bitterste Weise . . .

Die »Schwarze Witwe von Loudon«

Die eher provinzielle Garnitur der Gerichtsmediziner wurde nach dem Scheitern des ersten Prozesses gegen Marie Besnard von einer renommierten Phalanx aus Paris ersetzt. Doch das verlorene Terrain war nur schwer wiedergutzumachen. Zu allem Überfluß hatte man es seitens der Anklage mit einem der gerissensten Staranwälte Frankreichs zu tun, der sich nicht scheute, sich selbst in die neuesten Forschungen der Gerichtsmedizin einzuarbeiten, um gegen die Attacken der Gegenseite gewappnet zu sein. Seinen brillanten Wortgefechten hatten selbst die hochkarätigen Toxikologen und Mediziner nicht viel entgegenzusetzen. Zehn Jahre tobte nun schon die Auseinandersetzung, und nur eine Person blieb in diesem hin- und herwogenden Wirrwarr beinahe stoisch ruhig – die Angeklagte Marie Besnard!

Wie so oft waren auch hier Klatsch und Tratsch Ausgangspunkt des Kriminalfalles, der im Lauf des Jahres 1949 ungeahnt tiefe Abgründe auftat. Ihren Anfang nahmen sie bei der mit Léon Besnard befreundeten Posthalterin Pintou, die nach dessen Ableben 1947 das Gerücht in die Welt setzte, Léon habe ihr kurz vor seinem Tod, schon kränklich, einmal ins Ohr geflüstert, er werde von seiner Frau vergiftet. Es verbreitete sich wie ein Lauffeuer in der kleinen Gemeinde, denn die betuchte Bäuerin Marie Besnard war hier nicht sonderlich beliebt. Man munkelte zudem, sie habe eine Liaison mit einem ihrer Knechte, einem zwanzigjährigen Kriegsgefangenen. Einer der Bewohner des Ortes zeigte sie schließlich 1949 öffentlich an, ihren Mann getötet zu haben. Beweise hatte er keine – nur das, was er vom Hörensagen wußte. Der Behördenapparat kam nur schwer in Gang, man hatte eigentlich nichts in der Hand, war vorsichtig.

Währenddessen starb die Mutter Marie Besnards; sie hatte nach dem Tod des Schwiegersohns im Hause ihrer Tochter ein neues Zuhause gefunden. Die vom Arzt konstatierte Todesursache: Grippe mit Gehirnblutung. Die Leiche wurde auf dem kleinen Friedhof beigesetzt. Als die Polizei erfuhr, daß es zwischen den beiden offenen Streit wegen des Verhältnisses mit dem Knecht gegeben hatte, wollte Inspektor Nocquet doch sichergehen; er stellte Antrag auf Exhumierung der Leiche Léon Besnards. Eigentlich war es bei diesem Stand der Dinge keine große Überraschung mehr, als die Autopsie eine tödliche Menge Arsen in der Leiche offenlegte. Sodann wurde auch der Leichnam der Mutter exhumiert, ihr lebloser Körper einer exakten Giftanalyse unterzogen; das Ergebnis auch hier: positiv.

Was in der Folge an verdächtigen Todesfällen im familiären Umfeld der Besnard aufgedeckt wurde, ließ Böses ahnen; es führte schließlich zur Anklage der Besnard wegen zwölffachen Mordes! In allen Leichen hatte man eine tödliche Menge Arsen gefunden. Aber Besnard war keine blindwütige Wahnsinnige, zumindest nicht im engeren Sinn des Wortes. Ihre Morde beging sie aus kalter Berechnung; sie hatten das Ziel persönlicher Bereicherung. Sie vernichtete alle, von denen sie sich durch Erbschaft finanziellen Vorteil versprach. Der erste Mord reichte weit in die Vergangenheit, bis ins Jahr 1927 zurück. Damals hatte sie ihren ersten Mann und Cousin nach zweijähriger Ehe aus dem Weg geräumt, um die »bessere Partie«, Léon Besnard, heiraten zu können. Mit beinahe unheimlicher Regelmäßigkeit folgten ihm Großeltern, Eltern, Schwiegereltern und fünf weitere Verwandte in den Tod.

Die Lebensgeschichte der Besnard war so recht ein Fall für die sensationslüsterne Boulevardpresse, die die Angelegenheit so hochspielte, daß sich die besten Anwälte um die Verteidigung der Angeklagten förmlich rissen. Dem Gewinner dieses Rennens, Gautrat, gelang es, das sicher scheinende Anklagegebäude ins Wanken und schließlich sogar zum Einstürzen zu bringen.

Leichtes Spiel hatte er mit dem unglücklichen Béroud, der als etwas provinzieller Toxikologe dem Anwalt in keiner Phase des ersten Prozesses gewachsen war. Béroud, der seine forensischen Kenntnisse ziemlich langatmig und ebenso langweilig vortrug, hatte den Gerichtssaal schon in schläfrige Stimmung versetzt, als Gautrat zum ersten Schlag ausholte, der um so härter traf. Es war ihm aufgrund minutiöser Kontrollen zu beweisen gelungen, daß die zahlreichen, in die hundert gehenden, aus den diversen Leichen entnommenen Proben nicht allesamt einwandfrei registriert worden waren. Er wollte mit diesem Schachzug jedoch nicht das Gutachten als solches erschüttern. Nein, ihm ging es darum, die Glaubwürdigkeit des Gutachters anzukratzen, ehe er dann zum entscheidenden Stoß ansetzte. Die von ihm etwas aufgeplusterte Registrierungskampagne war nur Vorgeplänkel. Béroud ging aus dieser Attacke schon indigniert und verstört hervor; es bedurfte nicht mehr viel, und er war ein geschlagener Mann. Daß Béroud von diesem Theaterdonner nicht unberührt bleiben würde, damit hatte Gautrat gerechnet.

Auf sonderbaren Wegen war Gautrat in Besitz eines Briefwechsels zwischen Béroud und dem Untersuchungsrichter Roger gekommen. Gautrat zitierte nun so geschickt aus dem Zusammenhang gerissene Sätze, daß dadurch der Eindruck entstehen mußte, als habe Béroud die Daten der chemischen Analyse frisiert. »Falls Sie mein Analysebericht nicht befriedigen sollte, bitte ich Sie, mich zu verständigen, damit ich die nötigen Änderungen vornehme.« Nicht sofort war zu erkennen, daß es Gautrat auch in diesem Fall nur auf eine Eskalation der Empfindungen angelegt hatte, seinen Gegner weichmachen wollte. Béroud beteuerte fassungslos und mit bebender Stimme, daß es ihm bei dieser Äußerung einzig und allein darauf ankam, stilistische Änderungen im Sinne einer dem Laien verständlicheren Tonart vorzunehmen. Doch Gautrat zitierte weiter. In scharfem Ton, als sei Béroud ein Delinquent, fragte ihn Gautrat, ob es richtig sei, daß er dem Untersuchungsrichter geschrieben habe, er könne den sich im Marshschen Apparat bildenden Arsenspiegel von dem des Antimons per Augenschein unterscheiden? Béroud konnte nicht mehr in ganzen Sätzen antworten; er sagte nur »Ja, natürlich, aber . . .«, weiter kam er nicht. Gautrat fiel ihm ins Wort – und das mit gutem Grund. Béroud hätte fortgefahren, daß er aufgrund seiner langjährigen Erfahrung in vielen Fällen diese Entscheidung richtig treffe, darauf aber niemals ein Gutachten aufbauen würde. Schließlich gibt es Möglichkeiten, diese Unterscheidung eindeutig auf chemischem Weg zu treffen. Doch so weit kam Béroud nicht. Schon ließ Gautrat sechs Metallspiegel zu ihm bringen und forderte ihn mit zynischem Unterton auf, doch Zeugnis von seinen Fähigkeiten abzulegen. Béroud, schon völlig von Sinnen, wählte, ohne Widerstand zu leisten und völlig gebrochen, drei Phiolen aus – er rannte ins offene Messer. Höhnisch bemerkte Gautrat nach einer Kunstpause: »Im Vertrauen, Dr. Béroud, keine der sechs Proben enthält Arsen, sondern alle Antimon.«

Damit war Béroud endgültig der Lächerlichkeit des Publikums preisgegeben. Der Prozeß wurde vertagt, neue Giftexperten wurden benannt und mit der Analyse der Proben beauftragt.

Damals ahnte wohl niemand, daß es fünf Jahre dauern würde, ehe die neuen Gutachter – allesamt Wissenschaftler höchster Reputation – jede nur erdenkliche Unstimmigkeit, jeden Ansatzpunkt der Verteidigung von vornherein auszuschließen versuchten. Natürlich brachte ihre Arbeit nichts prinzipiell Neues, bestätigte in allen wesentlichen Punkten das Gutachten ihres Vorgängers. Sie entnahmen Bodenproben, testeten die Friedhofserde auf Arsen, vergruben Haarbüschel im Boden, maßen ihren Arsengehalt vorher und nachher und registrierten alles auf das sorgfältigste.

Doch auch Gautrat nutzte diese Zeitspanne.

Ihm war bewußt, daß er die bewährte Taktik – Anzweiflung der Arsenbefunde – nun nicht mehr würde aufrechterhalten können. Er mußte einen neuen Gedanken in die Diskussion einbringen. Bisher galt die Regel: Ist im Toten unverhältnismäßig mehr Arsen als in der Friedhofserde gefunden worden, ist die Arsenvergiftung gesichert, weil nicht mehr Arsen in den Körper eindringen kann, als im Boden gespeichert ist. Diese so einleuchtend erscheinende Behauptung nahm Gautrat nun aufs Korn. Dazu ging er mit Hartnäckigkeit daran, sich das Gebiet der Toxikologie zu erschließen. Gautrat wurde fündig –

nicht bei den Toxikologen, aber bei Biologen und Ärzten. Sie hatten gerade herausgefunden, daß es Bodenmikroben gab, die in der Lage waren, Arsen in Wasser zu lösen – und zwar in weitaus größerem Maß, als es auf rein chemischem Weg möglich ist. So war aber nicht mehr ausgeschlossen, daß dieses Arsen – von den Mikroben gelöst – in die Körper von Toten eindringen konnte, und zwar in größeren Mengen, als es der Nachweis des Arsens in der Erde ergab. Der Boden war damit keine Vergleichsgröße mehr. Es war nun zumindest theoretisch möglich, daß Arsen im Leichnam in konzentrierterer Form als in der Erde gefunden wurde und trotzdem keine Vergiftung vorlag. Das war es, wonach er gesucht hatte – ohne es vorher natürlich wissen zu können!

Er jubilierte. Als erfahrener Fuchs wußte er, was dieser Fund bedeuten würde.

Gautrat verpflichtete Professor Paul Léon Truffert, der vor Gericht bestätigte, daß das Verhalten von Bodenmikroben derzeit noch völlig undurchschaubar sei; sie könnten an einer kleinen Stelle des Friedhofs aktiv, wenige Meter daneben aber nicht vorhanden sein. Die Anklage war erneut erschüttert; von diesem Schlag erholte sie sich nicht mehr. Ihre Gutachter hielten sich mit negativer Kritik an diesen neuen Theorien wohlweislich zurück, sie könnten sich dazu beim augenblicklichen Stand der Forschungen weder so noch so eindeutig äußern.

Also: In dubio pro reo – im Zweifelsfall für den Angeklagten! Nach über zehnjährigem Kampf erhielt Marie Besnard ihre Freiheit zurück. Die Akten konnten geschlossen werden.

Um eine Exhumierung ganz anderer Art ging es 1957, zwei Jahre vor Urteilsverkündung im Besnardschen Fall. Man war auf den Spuren eines Verbrechens, das sage und schreibe fast 1000 Jahre früher – nämlich 1047 – verübt worden war. Als man 1957 den Sarkophag von Papst Clemens II. im Dom von Bamberg entdeckte, hatten eilfertige Historiker seine Lebensgeschichte sofort parat. Er gehörte angeblich zu jenen unseligen Päpsten, die von verfeindeten Mitgliedern des Klerus mit Gift eliminiert wurden. Was, wenn man versuchen würde, dieser Behauptung mit den modernsten gerichtsmedizinischen Mitteln einmal auf den Grund zu gehen? Sicher, es bestand nur eine geringe Chance, denn nur, wenn Clemens mit einem metallischen Gift wie Arsen oder Quecksilber vergiftet worden wäre, hätte die Untersuchung Hoffnung auf Erfolg, denn diese Gifte lagern sich – wie man heute weiß – im Knochengerüst ab und lassen sich dort mit Hilfe der Spektralanalyse an speziellen Linien belegen. Alle pflanzlichen Stoffe wären über diese Zeitspanne hinweg nicht mehr nachweisbar, da zerstört.

Im vorsichtig geöffneten Sarg fand man neben einigen Kopfhaaren Knochenreste und winzige Gewebeteile. Am besten erhalten war eine Rippe; sie wurde zur Analyse herangezogen. Dabei empfanden es die Gerichtsmediziner als glücklichen Umstand, daß Clemens wie alle Päpste nach seinem Tod einbalsamiert worden war; das verhinderte das Eindringen giftiger Substanzen nach dem Tod, gleichzeitig aber auch das »Auswässern« der giftigen Substanzen aus dem Körper. Doch die Analyse nach den beiden häufigsten Giften des Mittelalters, Arsen und Quecksilber, führte nicht zum positiven Nachweis. Erst ein Test auf Blei brachte den kaum erhofften Fund: Schon die erste spektrographische Untersuchung ließ einen hohen Bleianteil im Knochen erkennen. Die exakte Auswertung zeigte einen um den Faktor zehn erhöhten Bleigehalt des Knochens.

Die Geschichtsschreibung war bestätigt: Papst Clemens starb an einer Überdosis Blei. Jetzt, nach annähernd 1000 Jahren, war den letzten Resten seines Körpers dieses Geheimnis von der forensischen Wissenschaft entrissen worden.

Pflanzengifte

Am 8. November des Jahres 1863 starb in Paris die Malerwitwe de Pauw, nachdem sie zwei Tage zuvor – bei bester Gesundheit – aus unerklärlichem Grunde plötzlich erkrankt war und sich mehrmals heftig erbrochen hatte. Dieser überraschende Tod brachte bei den Bekannten der Verblichenen die Vermutung hervor, es könne sich um eine Vergiftung gehandelt haben. Stark verdächtigt wurde ein gewisser Dr. de la Pommerais, mit dem die Witwe in intimer Beziehung stand. Der Schwager der Verblichenen war es schließlich, der am 21. November Klage gegen den Arzt bei der Staatsbehörde einreichte. Umgehend wurde eine gerichtliche Untersuchung eingeleitet. Einige Zeugen, namentlich Frau de Ridder – sie war eine enge Vertraute der Toten –, brachten belastendes Material bei.

Die angeordnete Autopsie nahm der Gerichtsmediziner Professor Louis Ambroise Tardieu vor, der einer der profiliertesten Vertreter der führenden Pariser Gerichtsmedizin werden sollte. Er fand heraus, »daß die Verschiedene keinerlei erkennbare Spuren von Krankheit oder Verletzung an sich trage, aus denen eine natürliche Erklärung ihres Todes hergeleitet werden könne, und daß dies, verbunden mit dem Zustande des Darmgangkanals, zu dem Glauben zu berechtigen scheine, der Tod möge durch Einflößung einer giftigen Substanz herbeigeführt sein. Positiv festgestellt werden könne dies nur durch die Analyse der Eingeweide.«

Die Behörden leiteten eine Hausdurchsuchung des Beschuldigten ein; dort fand man ein ganzes Arsenal giftiger Substanzen, über 900 an der Zahl, darunter auch ein Fläschchen mit Digitalis, einem Pflanzengift, das aus dem Extrakt des Fingerhuts gewonnen wird, in dem nur noch etwas mehr ein Gramm enthalten war. Dr. de la Pommerais wurde sofort in Haft genommen. Es stellte sich weiter heraus, daß Pommerais in argen Geldnöten war.

Inzwischen, an der Jahreswende von 1863 auf 1864, schritten Tardieu und sein Kollege Roussin zur Analyse der Organe und der erbrochenen Materie und gelangten zu dem Schluß: »Die Frau de Pauw ist gestorben an den Folgen einer Vergiftung.« Um ihre Ergebnisse zu bestätigen, unternahmen sie einige Tierversuche. In einem zeitgenössischen Bericht hieß es dazu: »Das gebrauchte Gift dünkte den Sachverständigen Digitalin zu sein, da dieses, wie mit Tieren angestellte Versuche beweisen, ganz dieselben Krankheitserscheinungen, wie die bei der Witwe de Pauw beobachteten, hervorbrächte. Bestimmteres festzusetzen, gestatte ihnen die Natur des Giftes nicht, das als Pflanzengift im Körper keine Spuren hinterlasse.«

Man hatte bereits seit gut zehn Jahren den chemischen Nachweis vieler pflanzlicher Gifte verfügbar – ohne es allerdings zu wissen. Die Schwierigkeit lag darin, die Gifte zu isolieren; hatte man das erst geschafft, war der Nachweis nicht mehr so schwierig, denn dafür hatten Chemiker schon verschiedene Verfahren bereitgestellt. Doch wie kann man aus einem Mageninhalt das Gift isolieren? Dem Brüsseler Chemiker Jean Servais Stas war der erste Nachweis eines Pflanzengiftes im Körper eines Menschen 1850 in Zusammenhang mit der Aufklärung eines Mordes eher zufällig gelungen; versetzt man die Organe mit Alkohol und säuert sie mit Essig, erhitzt, destilliert und dampft sie ein, fügt dann noch Ätzkali hinzu, entwickelt sich bereits der typische Geruch. Wird diese Prozedur mehrfach wiederholt, liegen die Pflanzenalkaloide in ziemlich reiner Form vor. Ihm gelang das für das damals moderne südamerikanische Gift Nikotin, doch es dauerte noch geraume Zeit, ehe man herausfand, daß sich diese Methode für sehr viele Pflanzengifte sinnvoll anwenden läßt.

Die beiden Franzosen im Mordfall de Pauw kannten diese Technik noch nicht, griffen auf Tierversuche zurück und gestanden am Ende ihre Ohnmacht gegenüber den pflanzlichen Giften ein.

Also galt es den Täter auf andere Art zu überführen. Im ersten Moment war völlig unklar, was das Motiv dieser verabscheuenswürdigen Tat hätte sein können. Die Pauw war arm und mußte, um das tägliche Brot für ihre drei Kinder herbeizuschaffen, hart arbeiten. Welchen finanziellen Vorteil hätte Pommerais aus dem Tod seiner Mätresse ziehen können?

Wahrscheinlich wäre die Sache nicht so schnell aufgeflogen, hätte Pommerais in seiner Rechnung nicht einen großen Fehler begannen. Er hatte nicht mit der Gesprächigkeit seines Opfers gerechnet, die ihre Freundinnen in alle Details des teuflischen Plans einweihte, soweit sie selbst im Besitz der Informationen war; sie kannte zwar nur die halbe Wahrheit, aber nach dem Anschlag genügte das, um die wirklichen Hintergründe des Todes zu erfassen.

Pommerais war an die Pauw mit folgendem Plan herangetreten: Sie solle eine Lebensversicherung über 550 000 Francs eingehen; die Prämien würde er übernehmen, und sie solle ihn dafür im Todesfall als Begünstigten einsetzen. Nun war auch Frau de Pauw bewußt, daß weder sie noch ihre Kinder davon etwas gehabt hätten. Pommerais fügte demnach noch hinzu, »es gäbe aus dem Geschäft einen fast unmittelbaren Nutzen zu ziehen. Kurze Zeit nach dem Abschluß derselben müsse die

Witwe de Pauw sich krank stellen, um die Assecuranzcompagnien glauben zu machen, sie sei im Begriff zu sterben. Ihr scheinbar nahes Ende würde die Compagnien erschrecken. Er werde dann zu ihnen gehen und ihnen den Vorschlag machen, die Contracte gegen Aussetzung einer vom 1. Januar 1864 ab zahlbaren Leibrente von 6 000 Francs zu lösen. Diese Rente aber wolle er mit ihr theilen, und dank jenem Kunstgriffe käme sie zu einem Wohlstande, dessen sie bis dahin weit entfernt gewesen zu genießen.« Die Versicherungen, so Pommerais, würden in Anbetracht des nahenden Todes diesem Vorschlag nur zu gerne zustimmen. Frau de Pauw, von diesem Plan sofort geblendet, stieg in das Geschäft ein. Mehrere Versicherungen wurden abgeschlossen – in Höhe von mehr als einer halben Million Francs.

Wie besprochen, begann sie nach der Zahlung der ersten Rate mit ihrem Plan; sie kränkelte herum, ohne daß ihr Hausarzt etwas Bestimmtes feststellen konnte, und sie gab an, die Treppe hinuntergefallen zu sein; seither fühle sie sich schlecht. Trotzdem ging sie weiterhin zur Arbeit. Und ihrer Freundin erzählte sie brühwarm, daß sie bald eine reiche Frau sei, wenn sie nur zwei Wochen so tue, als sei sie krank. Doch aus dem Spiel wurde Ernst: Denn Pommerais hatte den Plan nie so durchführen wollen – für ihn hatte schon seit Beginn festgestanden, daß Frau Pauw diese »Krankheit« nicht überleben würde.

In der Verhandlung kam es zu spektakulären Streitgesprächen zwischen Tardieu, der Verteidigung und deren Sachverständigen. Es ging unter anderem auch um die Frage der Wirkung von Digitalis; unter den Sachverständigen herrschte kein Konsens. Die Tatsache, daß der größte Vorrat Digitalis in der Giftkammer Pommerais' fehlte, wurde von Tardieu hervorgehoben. Der Angeklagte mußte sich dazu äußern, warum soviel von diesem Gift verbraucht war. Digitalis wurde damals wie auch heute noch (allerdings nur in geringen Dosen) als Herzmittel verabreicht. Eine stichhaltige Erklärung konnte Pommerais nicht beibringen: Er tat dies wenig überzeugend und berief sich vor Gericht auf eine »ultrahomöopathische Ansicht« – sie gab es schon damals! –, nämlich daß es praktisch kein Gift gäbe und wiederum alles Gift sei, wenn es nicht in den richtigen Do sen verabreicht würde. Er selbst habe zum Prinzip, speziell Digitalis in starken Dosen innerlich und äußerlich anzuwenden. Tardieu, der, wie der Chronist berichtet, den Angeklagten nie mit »Sie«, sondern immer nur in der dritten Person anredete, erwiderte darauf, äußerlich angewendet sei es noch schädlicher als innerlich.

Als Entlastungszeugen hatte die Verteidigung Dr. Louis Hébert, Oberapotheker am Krankenhaus, geladen. Er hielt ein langes, Tardieu widerlegendes Referat. Speziell die von Tardieu festgestellten Wirkungen des Giftes bei den Tierversuchen zog er in Zweifel. Digitalis bewirke nicht, wie von Tardieu angegeben, ein Langsamerwerden der Herzschläge, sondern vielmehr das Schnellerwerden derselben. Doch Hébert wurde im weiteren Verlauf von Tardieu und den neu hinzugezogenen Sachverständigen Bernard, Belpeau und Raynal nach allen Regeln der Kunst auseinandergenommen, so »daß sein im Anfange anscheinend gehaltvolles Feuer allmählich erlischt und er kläglich einlenkt«.

Nach seiner Verurteilung zum Tod durch die Guillotine erhob sich Pommerais ein letztes Mal und sagte dumpf: »Ich bin unschuldig; ich schwöre es!« Rasch faßten ihn die Gendarmen und zogen ihn aus dem Gerichtssaal. Das war das Ende des Vergiftungsprozesses Pommerais; am Morgen des 9. Juni 1864 wurde er auf der Place de la Roquette in Paris hingerichtet.

Seither hat die Chemie immer bessere Verfahren entwickelt, mit denen Pflanzengiften auf den Leib gerückt wird. Mit den modernen Chromatographen ist es möglich, organische Stoffe mit großen Molekülen selbst bei kleinsten Mengen exakt zu trennen. Der Vorläufer unserer Chromatographen, die erst seit Mitte der fünfziger Jahre benutzt werden, ist die Papierchromatographie, schon 100 Jahre früher von Friedlieb Ferdinand Runge erfunden. Das Prinzip ist einfach und basiert auf der Tatsache, daß Moleküle unterschiedliche Gewichte besitzen. Auf eine chemisch präparierte Papierschicht wird eine kleine Menge der Stoffmischung punktförmig aufgetragen; anschließend wird der Streifen in ein passendes Lösungsgemisch gehängt. Nun trennen sich die einzelnen Substanzen, wandern unterschiedlich weit auf dem Papier. Dabei ist die zurückgelegte Entfernung unter gleichen Bedingungen für die einzelnen Stoffe immer dieselbe. Die getrennten Substanzen können nach Trocknung mit einem geeigneten Spray als Flecken sichtbar gemacht werden. Runges »Tupfreaktion« hatte damals jedoch keinen sonderlich wissenschaftlichen Wert: Weil die Chemiker ausschließlich auf ihre Reagenzgläser fixiert waren, waren sie nicht in der Lage, die Bedeutung dieses Verfahrens für die Chemie und die Toxikologie zu erkennen. Für Runge, der unter anderem das toxische Gift Coffein entdeckte und von seinen Jenaer Studenten nur Dr. Gift genannt wurde, war es ebenfalls mehr Spielerei. Er sah darin den »Bildungstrieb der Stoffe« und hoffte am ehesten, ein neues Verfahren für fälschungssicheres Staatspapier gefunden zu haben. Von den Kollegen wurden seine mit dieser Methode hergestellten Ornamente scherzhaft als »Professorenkleckse« bezeichnet. Sie alle wußten nicht, daß dieses Prinzip für die Toxikologie des 20. Jahrhunderts zu einem grundlegenden Eckpfeiler werden sollte.

Mit den modernen Gas- und Flüssigkeitschromatographen wurde die Papierchromatographie technisiert und automatisiert. Der Chemiker kann nun die Wanderungsgeschwindigkeiten beziehungsweise die Molekülgewichte der einzelnen getrennten Substanzen am Gerät ablesen und muß nun daraus und aufgrund anderer chemischer oder physikalischer Tests auf die einzelnen Stoffe schließen. Das ist bei den Tausenden von bekannten toxischen Stoffen nicht so leicht, wie man vielleicht glauben möchte.

Deshalb geht man am Institut für Gerichtsmedizin in Innsbruck einen neuen Weg: Man erstellt derzeit mit einem Computer eine »toxikologische Datei«, speichert alle wichtigen Daten von Substanzen, die auf unterschiedlichen Wegen aufgeschlüsselt werden können. Nun müssen die gefundenen Werte nur in den Computer eingegeben werden, und der Rechner sucht im Speicher nach dem oder denjenigen Stoffen, die diesen Werten am nächsten liegen. Die so gewonnene Zeitersparnis ist groß. Die Innsbrucker Initiative ist in Österreich einmalig, nirgends sonst wird eine toxikologische Datenbank aufgebaut, nicht einmal in Wien.

Und man träumt hier schon von einem internationalen toxikologischen Datennetz, das schnellen Zugriff zu allen gewonnenen Daten, auch zu den letzten Forschungsergebnissen, erlaubt. Denn die Toxikologie ist eine wachsende Wissenschaft, in der auf vielen Spezialgebieten ständig neue Erkenntnisse gewonnen werden. Außerdem produziert die nimmermüde Pharmakologie immer neue Substanzen, die den Toxikologen zu schaffen machen. Sie wären über solche Datennetze sofort und weltweit verfügbar. Allein in den letzten Jahrzehnten ist eine ganze Flut von neuen Sedativen, von Beruhigungsmitteln, auf den Markt gekommen, mit denen die Toxikologen erst einmal fertig werden müssen. Denn auch hier gilt: Zuviel kann tödlich sein!

Aber was nutzt das beste Datenmaterial, wenn – wie bei Vergiftungen so häufig – es dem Zufall überlassen bleibt, ob sie überhaupt erkannt und die nötigen Schritte dazu eingeleitet werden. Nehmen wir einen Fall aus der neueren Geschichte: Die nur achtundzwanzigjährige Kate Hamilton wurde 1953 von Scotland Yard verhaftet und des – man höre und wundere sich – achtfachen Mordes angeklagt! Das erste Opfer, eine ihr lästig gewordene Freundin, tötete Kate mit erst 21 Jahren mit einem mit Strychnin versetzten Bonbon. Schlauerweise unternahm sie diesen Anschlag während eines Besuchs im Schwimmbad; das Gift bewirkt nämlich Krämpfe mit Atemstillstand. Die Freundin ertrank auf jämmerliche Weise, und niemand hegte auch nur den geringsten Verdacht oder zweifelte daran, daß sie plötzlich einen Schwimmkrampf erlitten und eines natürlichen Herztodes gestorben sei. Keine Obduktion! Sechs weitere Menschen mußten sterben, sechs weitere Male stellte der Arzt ohne Autopsie einen Leichenschein aus, ehe die Polizei beim achten Opfer Verdacht schöpfte und Kate aus dem Verkehr zog.

Im übrigen war Kate Hamilton schwer geistesgestört und hatte schon in kindlichem Alter den dringenden Wunsch verspürt, »Fliegen am Fenster zu vernichten«, wenn sie sich beleidigt fühlte. Das gab sie bei ihrer Vernehmung gleich offen zu. Wie das Leben manchmal zuschlägt: Ihr Vater war Professor für Pharmakologie und Toxikologie. Er zeigte ihr den Weg, wie sie ihr grausames Spiel auch auf Menschen anwenden konnte – sie hatte deshalb auch mit dem Studium der Toxikologie begonnen.

KAPITEL 4

Messerstecher und Totschläger:
Zurechnungsfähig oder nicht?

Der Mensch erfindet in der Kunst des Lebens gar nichts, aber in der Kunst des Todes übertrifft er die Natur selbst.

George Bernard Shaw

Gut gespielt, Frau van Bergen!

Der Prozeß um Ingrid van Bergen mußte schon aufgrund der Personen, die in ihn verwickelt waren, zu einem Sensationsfall hochstilisiert werden. Er mußte auch – das war sofort und ohne genaue Kenntnis der Dinge erkennbar – in der Öffentlichkeit mehr Sympathie für die Täterin auslösen, als das bei einem vergleichbaren Fall geschehen wäre, bei dem es sich eben nicht um ein Mitglied der »High Society« gehandelt hätte. Erstaunlicherweise nämlich gesteht die große Masse der Regenbogenpresse-Leser Tätern aus derartigen Kreisen gemeinhin größere Freiheiten zu als sich selbst. Am treffendsten umschreibt diese Situation das Motto: »Wer mehr leistet, darf sich auch mehr leisten.«

Was nun den Fall Bergen betraf, so war er weder von den Umständen her sonderlich spektakulär noch mit irgendeiner geheimnisumwitterten Atmosphäre behaftet – sonst sichere Garanten für pressewirksame Auftritte. Ja, die Täterin war sogar geständig. Fraglich blieb eigentlich nur, ob die Tat vorsätzlich, im Affekt oder unter Alkoholeinfluß ausgeführt worden war.

Seit drei Jahren war der dreiunddreißigjährige Finanzmakler Klaus-Rüdiger Knaths mit der Bergen liiert – obwohl noch immer verheiratet mit einer anderen Frau. Die Angeklagte wohnte gemeinsam mit ihm und ihren beiden Töchtern in einer Nobelvilla am Starnberger See. Die Beziehung der beiden war nicht immer reibungslos gewesen; nach glaubhaften Beteuerungen der Bergen muß sie ihr Freund in dieser Zeit mehrmals mit anderen Jetsetterinnen betrogen haben.

Ein Eifersuchtsdrama bahnte sich an.

Der 3. Februar 1977 sollte für Frau van Bergen zum schicksalsträchtigen Tag werden, zum Tag, an dem Klaus-Rüdiger Knaths aus ihrem Leben verschwinden sollte – tödlich getroffen durch Schüsse aus ihrer Hand.

Als sie nach der Tat verhört wurde, gab sie an, ihr selbst sei es unfaßbar, wie es zu dieser Tat habe kommen können; sie erinnerte sich nicht einmal mehr, daß sie den Revolver ihres Geliebten, den er sinnigerweise auf dem Schlafzimmerschrank aufbewahrte, an sich genommen und geschossen hatte. Es sei, so Frau van Bergen, alles nur ein »idiotisches Spiel« gewesen; im übrigen hätte sie nicht gewußt, daß der Revolver geladen gewesen sei. An all das konnte sich Frau van Bergen Stunden nach der Tat nicht mehr entsinnen. Nur mühsam gelang es, den Tatverlauf halbwegs gesichert zu rekonstruieren; hilfreich war vor allem – neben einigen Zeugen, die die Tat am Telefon mitverfolgen konnten – der Bericht des gerichtsmedizinischen Instituts.

Dorthin war die Leiche sofort nach der Tat gebracht worden. Da lag also das Opfer nackt auf dem Seziertisch. Für die anwesenden Mediziner war es nicht schwierig festzustellen, daß auf den Toten zwei Schüsse abgefeuert worden waren. Die beiden korrespondierenden Schußwundenpaare markierten die Einschuß- und Austrittswunden; Knaths war zweimal glatt durchschossen worden. Die erste, heiklere Frage hieß: War er von vorn oder hinterrücks ermordet worden? Die Obduktion allein kann dieses Problem oft nicht lösen. Spezialisten müssen unter dem Mikroskop die Veränderungen der Haut um die Schußwunde herum untersuchen – daraus können sie dann ablesen, ob es sich um eine Einschuß- oder Austrittswunde handelt. Deshalb trennten die Gerichtsmediziner sämtliche Haut– und Unterhautpartien sorgfältig ab und übergaben sie dem Labor. Schußwundenspezialist Gundolf Baier brauchte nicht lange, um sicher zu sein: Knaths war von vorn erschossen worden.

Unterdessen mußte sich auch die Täterin einer Routineuntersuchung unterziehen. Man fand blaue Flecken über den ganzen Körper verteilt; sie ließen auf eine allzu heftige Auseinandersetzung schließen, die mit Handgreiflichkeiten ablief. Also tatsächlich eine Handlung im Affekt? Urin- und Blutuntersuchungen zeigten einwandfrei, daß Frau van Bergen in der Mordnacht Beruhigungstabletten genommen und fast zwei Promille Alkohol im Blut hatte. Eine zweite, Stunden später entnommene Blutprobe ergab erstaunlicherweise einen höheren Alkoholspiegel als die erste. Sollte die Bergen nach der Tat schnell eine größere Menge Alkohol in sich hineingekippt haben, um eine Tat unter Alkoholeinfluß vorzutäuschen? Wolfgang Spann, der Leiter des Münchener Instituts für Rechtsmedizin, wies auf neue Forschungsergebnisse hin, die zeigten, daß in extremen Fällen menschlicher Belastbarkeit eine Art Magenverschluß auftreten kann, der hier dazu hätte führen können, daß der Alkohol erst verspätet in die Blutbahn geriet – was den höheren Wert der zweiten Blutprobe erklären könnte.

Andererseits: Was hatte es mit dem Abschiedsbrief auf sich, den Frau van Bergen in der Tatnacht an ihre beiden Kinder schrieb? Deutete das nicht auf einen Selbstmord hin? – Vielleicht wollte sie zuerst ihren Freund und dann sich selbst umbringen. Dann allerdings wäre es Mord gewesen. Wie es wirklich war, konnte vorläufig niemand mit Gewißheit sagen: Ingrid van Bergen konnte oder wollte sich an nichts erinnern, litt unter einer Gedächtnislücke für diesen wichtigen Abend. Auch der gerichtliche Psychiater konnte hier nicht weiterhelfen. Nach mehrmonatigen Unterredungen und Tests protokollierte er, man müsse davon ausgehen, daß Frau van Bergen die Wahrheit spreche und sich tatsächlich nicht mehr an die Tatumstände entsinne.

Von dieser Amnesie (Erinnerungslücke) waren auch drei Telefongespräche betroffen, die sie vor, während und kurz nach der Tat führte – so als wolle sie auch in dieser Situation nicht auf den großen Auftritt verzichten. Von den Zuhörern am anderen Ende erfuhr die Kripo einige wichtige Details über die Hintergründe der Tat und deren Verlauf.

Es war ein Uhr nachts; Ingrid van Bergen war außer sich; sie ging nervös hin und her; steckte sich eine Zigarette nach der anderen an. Ein Glas Whisky stand auf dem Tisch. Sie griff zum Telefon, wählte die Nummer der Eltern von Klaus-Rüdiger. Verschlafen meldete sich dessen Mutter. Sie merkte sofort, daß Ingrid mehr als wütend war, denn wiederholt brauste sie auf: »Ich halte das nicht mehr länger aus!« Ingrid erklärte, daß Klaus wieder einmal nicht nach Hause kam. Dabei habe er versprochen, um sieben Uhr heimzukommen. Die Mutter wußte, daß das nicht das erstemal vorgekommen war, versuchte, Ingrid soweit wie möglich zu beruhigen. Doch das gelang kaum. Sie redete ihr gut zu, sich hinzulegen und auszuschlafen, auf den nächsten Tag zu warten. Doch davon wollte Ingrid van Bergen nichts wissen. Sie tobte am Telefon, sprach von der Schmach und der miesen Behandlung, die sie sich nicht mehr bieten ließe, daß Klaus ein anderes Verhältnis habe,

sich aber von ihr alles bezahlen ließe. Alle Beschwichtigungs-
versuche halfen nicht. Mit den Worten: »Das eine sage ich dir:
Ich mache das jetzt alles nicht mehr mit«, warf die erboste An-
ruferin den Hörer auf die Gabel.

Das Ehepaar Knaths war durch den Anruf in Sorge geraten;
der Zustand der Bergen schien bedenklich zu sein. Was konnten sie tun? Noch während sie sich darüber unterhielten, rief
in Starnberg eine Bekannte der beiden an (es war jetzt immerhin schon Viertel nach eins): Die Verfassung der van Bergen
war noch aufgebrachter und verzweifelter als zuvor.

Auch bei ihr klagte sie über das lange Ausbleiben ihres
Freundes, zeigte sich ratlos und zugleich entschlossen, der Situation ein Ende zu bereiten. Die gutgemeinten Ratschläge der
Angerufenen fielen nicht auf fruchtbaren Boden: Sie solle sich
mit ihm doch aussprechen, es wäre doch nicht das erste Mal,
daß Klaus fremdginge, und bisher sei er immer noch reumütig
zu ihr zurückgekommen. Die Bergen erzählte daraufhin, er
habe sie am heutigen Abend schon dreimal angerufen, beim
letzten Gespräch mitgeteilt, er wolle sie verlassen. Die Freundin versuchte, beruhigend auf sie einzusprechen; sie wolle
morgen selbst mit Klaus darüber sprechen. Der Freundin gegenüber zeigte sich die Bergen gesprächiger als bei Knathsens
Mutter, gab zu, was der eigentliche Ausgangspunkt ihrer besonderen Empörung war: Am Nachmittag hatte sie einen anonymen Anruf erhalten, in dem ihr mitgeteilt wurde, daß
Knaths nicht nur ein Verhältnis mit einer anderen Frau habe,
sondern sie, die Bergen, verlassen wolle. Da es sich bei der anderen nach Angabe der anonymen Gesprächspartnerin um
eine »reiche Witwe« handelte, war das finanzielle Problem des
auf großem Fuße lebenden, aber kaum arbeitenden Knaths
kein Hinderungsgrund mehr. Diese wirksame Bindung an die
um 13 Jahre ältere Ingrid van Bergen schien sich damit aufzu-
lösen.

Während die Bekannte immer noch vermittelnde Worte
sprach, öffnete sich die Haustür; Knaths kam zurück . . .
Kurze Zeit später dröhnte ein Schuß durch die Leitung . . . unmittelbar danach wurde der Hörer aufgelegt. Doch dieser erste
Schuß hatte sein Ziel knapp verfehlt, hatte nur die Fensterscheibe durchschlagen.

Die entsetzte Bekannte rief sofort noch einmal an; wieder war Ingrid van Bergen am Hörer.

»Um Gottes willen, was ist denn passiert! Das hat sich ja wie ein Schuß angehört! Ist alles in Ordnung bei euch?«

Mit relativ klarer Stimme antwortete die Bergen, es sei etwas Schreckliches passiert; sie habe auf Klaus geschossen. Kaum daß sie es gesagt hatte, legte sie wieder auf.

Sekunden später klingelte das Telefon erneut; diesmal war es die besorgte Mutter von Knaths, die Ingrid noch einmal ins Gewissen reden wollte. Ingrid teilte ihr mit, daß Klaus inzwischen heimgekommen sei. Die Mutter wollte mit ihm sprechen, Ingrid übergab den Hörer – so, als wäre nichts vorgefallen. Auch der Sohn schwieg über jenen Schuß. Er hörte zu, wie seine Mutter auf ihn einredete, die Sache mit Ingrid nicht auf die Spitze zu treiben. Plötzlich wieder ein Schuß – der erste, der Knaths traf.

Er rief – eher empört als erschrocken: »Mama mia! Laß doch den Blödsinn!«

Seine Worte sind von der Mutter am anderen Ende der Leitung verbürgt. Sie schrie nach ihrem Mann, ahnte das Schreckliche, das sie als Zeugin am Telefon mitverfolgen mußte. Sie und ihr Mann hörten, wie Ingrid van Bergen den zweiten Treffer abfeuerte. Der Vater brüllte etwas ins Telefon, doch niemand gab Antwort.

Unterdessen war ihr Sohn – schwer verletzt – in den Garten geflüchtet und dort zusammengebrochen. Mit letzter Gewißheit ließen sich die Ereignisse dieser Minuten nicht mehr rekonstruieren. Möglicherweise ist ihm die Bergen – noch mit dem Revolver in der Hand – dorthin gefolgt und hat ihn dabei weggeworfen, in den Swimmingpool, wo ihn die Polizei später fand.

Die verzweifelten Eltern jedenfalls bekamen nach einer für sie unendlich langen Wartezeit wieder eine Antwort. Es war Ingrid, die sich mit den Worten meldete: »Ich habe Klaus erschossen. Ich rufe jetzt die Polizei.«

Ihre Stimme klang klar und bestimmt, ja beinahe kühl – so, als ob plötzlich alle Last von ihr abgefallen sei, als ob sie Erleichterung verspürte.

Was während dieser Zeit tatsächlich im Kopf der Bergen vorging, wird wohl für immer ein Geheimnis bleiben. Das Gericht jedenfalls sah einen vorsätzlichen Mord nicht als erwiesen, verurteilte sie nur zu sieben Jahren Gefängnis wegen fahrlässiger Tötung, von der sie nur zwei Drittel verbüßen mußte; der Rest wurde ihr – 1981 – wegen guter Führung erlassen.

Endgültige Klarheit wird es in diesem Fall wohl nie geben – schon gar nicht durch eine in Hollywood gedrehte Edelkitschversion. Zu diesem Zweck hat Frau van Bergen die Rechte ihrer Story bereits für eine siebenstellige Summe nach Amerika verkauft.

Tötung – mitunter auch ein gutes Geschäft!

Auch du, mein Brutus?

Wunduntersuchungen – damit beschäftigte man sich schon lange; wenn man will, reichen die ersten Zeugnisse in biblische Zeiten zurück. Denn bereits im Buch Mose können wir über den Totschlag lesen: »Wer irgendeinen Menschen erschlägt, der soll des Todes sterben.«

Nun ist die Feststellung als solche, jemand sei erschlagen worden, meist nicht schwer zu treffen. Doch bleibt zu fragen, ob der Getötete an den Folgen der Verletzung oder beispielsweise an einem durch den Schock ausgelösten Herzstillstand umgekommen ist: Mord oder Totschlag. Diese diffizile juristische Frage ließ sich damals noch nicht gültig entscheiden. Was zählte, war allein der Augenschein. Ärztliche Untersuchungen hatten praktisch keinen Einfluß, hätten aber damals sowieso nicht allzuviel Sinnvolles beizutragen gehabt.

Wir kennen aus der Antike ein frühes Beispiel ärztlicher Begutachtung eines Mordfalles, die als solche lediglich privat konstatierten Charakter besaß, sonst ohne Bedeutung blieb. Da sie aber in engem Zusammenhang mit einem historisch bedeutenden Morfall stand, der sogar Anlaß zu mehreren Theaterstücken gab, sei er hier erzählt. Es ging um einen schillernden Staatsmann, um politische Agitation, um Verschwörung und eine neue Staatsform. Eine in der Tat in jeder Hinsicht üppige Angelegenheit, die entsprechende Wellen schlug. Die Story rankt sich um eine der mächtigsten Führerpersönlichkeiten des Römischen Reiches, um Gaius Julius Caesar und sein tragisches Ende.

Wir sind von einigen antiken Reportern über die Vorgänge in Kenntnis gesetzt worden, die sich an den Iden des März, also am 15., im Jahre 44 v. Chr. abgespielt haben. Gewisse Unterschiede in der Darstellung von Details zeigen, daß die heute so beklagte einseitige Meinungsmache vieler sensationsbessessener Journalisten auch damals schon weit verbreitet war. Wir wollen uns an jener Stelle auf den als unbestechlich wie anerkannt sachkundigen Berichterstatter Plutarch verlassen; er war Grieche und lebte im ersten nachchristlichen Jahrhundert, war also nicht selbst Augenzeuge des Vorfalls, studierte aber alle verfügbaren Quellen, um sich ein Bild jenes Staatsmannes zu machen, und zeichnete auf, was die verläßlichen Aussagen über die Ereignisse zu berichten hatten. Während ein Großteil der von ihm benutzten Schriftquellen heute verschollen ist, überliefert er uns ein relativ vollständiges wie glaubhaftes Bild von Caesars Denken, Wirken und seinem Tod.

Was ereignete sich – nach seiner Schilderung – an den ominösen Iden wirklich? Der Mord geschah ausgerechnet in einem der Prunkgebäude des Pompeius, bei dem auch eine Bildsäule des ehemaligen Herrschers eine gewisse Rolle spielte. Für Plutarch Anlaß, »eine überirdische Macht« in die Verantwortung zu ziehen. Denn Caesar hat zwar anfänglich mit Pompeius regiert, was ihn jedoch nicht daran hinderte, ihn später als Rivalen zu bekämpfen, so daß er aus Rom fliehen mußte. In Ägypten wurde Pompeius schließlich ermordet. – Das gleiche Schicksal sollte nun Caesar bevorstehen!

Nun, bevor Caesar den Sitzungssaal des Senats betrat, wurde der ihm treu ergebene und zudem ziemlich kräftige Antonius von einem der Verschwörer, Brutus Albinus mit Namen, auf die Seite gezogen und in ein langes Gespräch verwikkelt, um ihn von den weiteren Ereignissen möglichst fernzuhalten. Natürlich, Antonius, er war es, der nach der frevelhaften Tat Caesars Erbe antrat – und das in mehrfacher Weise, denn Antonius hat auch Cleopatra übernommen. (In diesem Zusammenhang spielt er auch im Kapitel über Giftmorde eine Rolle!)

Endlich betritt Caesar den Saal, die Senatoren erheben sich.

Einige Verschwörer treten hinter Caesars Stuhl, während die anderen den Eintretenden mit einem für den weiteren Fortgang der Dinge letztlich unwichtigen Anliegen bedrängen. Sie folgen ihm bis zu seinem Sitz, rotten sich dort zusammen. Caesar, der inzwischen Platz genommen hat, wird allmählich ärgerlich auf die Zudringlichen. »Daraufhin faßt Tullius mit beiden Händen Caesars Toga und zieht sie ihm vom Hals.« – Das besprochene Zeichen: Die Verschwörer greifen zu den Dolchen, die sie in ihrer Kleidung versteckt halten. Dem armen Casca war das Los zugefallen, den ersten Stoß zu führen. Er ist dieser Aufgabe sichtlich nicht gewachsen, trifft Caesar am Nacken, »doch ist die Wunde nicht tief und wirkt nicht tödlich«. Caesar gelingt es, sich umzudrehen, den Dolch zu fassen und zornig auszurufen: »Verfluchter Casca, was tust du?« Gleichzeitig wendet sich dieser zu seinem Bruder und ruft ihm auf griechisch (!) zu: »Bruder, hilf mir!« Die nicht eingeweihten Anwesenden packt »schauerndes Entsetzen, sie vermögen weder zu fliehen noch Caesar zu Hilfe zu kommen.« Schweigend verfolgen sie, wie die Verschwörer einer nach dem anderen ihre Dolche ziehen und jeder einmal auf Caesar einsticht. Wohin er sich auch dreht, von überall drohen die tödlichen Waffen; sie verletzen ihn am Kopf, durchbohren seine Augen. Caesar bietet einen entsetzlichen Anblick. Man hatte ausgemacht, daß jeder mit einem Dolchhieb seinen persönlichen Beitrag zur Tat leisten müsse. Brutus zielt auf den Unterleib. Als Caesar das bemerkt, ruft er die legendären Worte: »Auch du, mein Sohn Brutus«, und gibt seinen Widerstand auf, läßt sich wehrlos niedermetzeln.

An der schon erwähnten Bildsäule des Pompeius bricht er blutüberströmt zusammen. »Die Statue wurde ganz mit Blut bespritzt, es sah aus, als sei Pompeius selbst der Führer gewesen bei der Rachetat an seinem Feind, der jetzt, zu seinen Füßen gesunken, aus vielen Wunden blutend, mit dem Tode rang. Dreiundzwanzig Stiche soll er erhalten haben, und die Mörder hatten sich auch gegenseitig Verletzungen beigebracht, da sie mit so vielen Stichen auf den einen Körper losstießen.« Wahrlich, es muß eine Orgie des Grauens gewesen sein, die sich vor den Augen des illustren Senats abspielte.

Die Messerstecherei endete mit 23 Wunden für Caesar – so

viele Verschwörer waren auch am Komplott beteiligt. Doch nach Aussage des Arztes Antistius war nur eine davon, nämlich die zweite Brustwunde, tödlich. Aber was hatte es schon zu bedeuten? Der Mord war die Gemeinschaftstat einer terroristischen Vereinigung, so sagen die einen – für die anderen war er ein notwendiges Fanal des Widerstands.

Öl auf die Wunden

An Unterscheidungskriterien von Wunden arbeiteten Mediziner und Rechtsgelehrte das ganze Mittelalter hindurch. In der isländischen Gesetzessammlung »Graugans« aus dem 12. und 13. Jahrhundert finden wir einen beispielhaften Katalog für jene Epoche:

1. einfache Wunden mit Blutung;
2. meßbare Wunden, wobei ihre Größe auch die Höhe des Strafmaßes beeinflußte;
3. Meißelwunden, die ärztlicher Hilfe bedurften;
4. tiefe Wunden, die bis auf Knochen und Organe stießen;
5. den Körper durchdringende Wunden;
6. sogenannte »beinschrötige« Wunden, unter denen auch sämtliche Knochenbrüche subsummiert waren;
7. Wunden, die eine Narbe oder eine Verunstaltung zurückließen;
8. Wunden mit »bleibendem Nachteil«, also Lähmung, Verstümmelung und ähnlichem.

Weiter war festgehalten, daß der Täter für eine etwaige Arztbehandlung des Opfers aufzukommen habe.

Wichtige Impulse für die Wunderkennung und Behandlung gaben im weiteren Verlauf der Geschichte vorwiegend Chirurgen, die sowieso weniger vom mystischen Aberglauben der antiken Mediziner befallen waren als ihre theoretisierenden Kollegen der Anatomie. Ihre Arbeit wurde nicht an philosophischen Finessen, sondern ausschließlich am Erfolg beim Patienten gemessen. Das führte zwangsläufig zu einer Orientierung an den realen Gegebenheiten. Deshalb galten die Chirurgen auch nicht als »Gelehrte«, sondern als »Handwerker« (meist ohne Universitätsbildung).

Das Vorgehen dieser Männer war durch das Versuch- und-Irrtum-Spiel bestimmt; Bewährtes schälte sich ganz von selbst ohne tiefgreifende theoretische Überlegung heraus. Aber in einigen Punkten kam man von der so tief ins Bewußtsein des damaligen Mediziners eingeprägten Universitätsmeinung doch nicht weg, so wurden Schußwunden mit siedendem Holunderöl ausgebrannt! Das war nötig, weil die Lehrmeinung besagte, Wunden dieser Art seien durch das Schießpulver vergiftet; das Ausbrennen verhindere, daß der restliche Organismus vom Gift erfaßt würde. Die Chirurgen wußten es nicht besser. Einige Zeit jedenfalls.

Es war einer jener schicksalsschwangeren Zufälle, die immer wieder einmal auftreten und ungeahnte Folgen mit sich bringen: Der junge französische Chirurg Ambroise Paré lebte im 16. Jahrhundert; als gelernter Barbier – er konnte kein Lateinisch und hatte die Schriften der Alten nie gelesen – eignete er sich chirurgisches Wissen als echter Autodidakt an. Als Militärarzt stand er schon einige Jahre im Dienst des Königs, war mit dem Heer kreuz und quer durch die Lande gezogen. Auch in den Jahren 1536 bis 1538 kam er wieder an die Front – im dritten Krieg zwischen König Franz I. und Kaiser Karl V. Wie immer behandelte er seine zahlreichen Patienten nach den bekannten Methoden, goß den Verwundeten in tradierter Manier Öl über die offenen Verletzungen, die durch die großkalibrigen Geschosse mit einem Durchmesser von zweieinhalb Zentimeter oft übel aussahen. Fleisch und Gewebeteile waren regelrecht zerfetzt. Bei der Prozedur stöhnten die so Behandelten zwar jämmerlich; aber daran hatte sich Paré schon gewöhnt.

Als an einem besonders turbulenten Abend die letzten verwundeten Krieger in sein Zelt geschafft und versorgt wurden, passierte das Malheur: Kein Öl mehr! Was tun? Sollte er sich fatalistisch fügen und die Verwundeten nur notdürftig behandeln? Das entsprach so gar nicht seinem Wesenszug. Nein, er mußte handeln! Paré entsann sich eines alten Hausrezepts, das er von einem Kräuterweib erfahren hatte. Er mischte eine Salbe aus Eigelb, Rosenöl und Terpentin und bestrich damit die restlichen Wunden.

Er selbst berichtet, daß er die nächste Nacht so gut wie kein

Auge zugetan hat, von fürchterlichen Gewissensbissen geplagt, das Leben etlicher Menschen leichtfertig aufs Spiel gesetzt zu haben. Die Unruhe hielt ihn kaum im Bett, ganz zeitig stand er auf, um nach den Kranken zu sehen. Zu seiner allergrößten Verblüffung jedoch war der Zustand der mit der Salbe behandelten Patienten durchaus zufriedenstellend; sie zeigten kaum Entzündungen oder Schwellungen – ganz im Gegenteil zu den mit Öl kurierten Soldaten, die er wie immer fiebrig und mit starken Schmerzen vorfand. Der Schluß, den Paré aus diesen Tatsachen zog, war weitaus ungewöhnlicher, als wir es uns heute vorstellen: Er entschied sich gegen die überlieferte Lehrmeinung – von nun an wollte er nur noch mit seiner Salbe heilen. Der Erfolg sprach bald für ihn.

Wieder in Paris, wurde er mit Jacques Dubois bekannt, einem Lehrer von Vesalius. Dieser stand zwar gänzlich in der Tradition des antiken Mediziners Galen, doch das war für ihn kein Hemmnis, Paré in seinem Institut als Prosektor, als »Leichenzergliederer«, einzustellen. Parés chirurgische Begabung war unverkennbar – und im übrigen hielt er sich aus theoretischen Streitereien über das Für und Wider des alten Galenschen Lehrgebäudes heraus. Für ihn gab es nur einen Aspekt von Interesse: den experimentellen Nachweis einer Behauptung. Klüfte zwischen Praxis und Überlieferung versuchte er durch neue Interpretation der alten Texte zu überbrücken. Und, Gott sei Dank, erlaubten die alten Autoren mit einigem guten Willen einen breiten Fächer von Deutungsmöglichkeiten, den Paré voll ausschöpfte und so zu einem Neuerer der Medizin wurde. Als im 16. Jahrhundert die »sectio vulnerum«, die Wunduntersuchung bei Toten, allgemein eingeführt war, hatte Paré nicht unwesentlich zu ihren ersten Grundlagen und Aufschlüssen beigetragen.

Zur gleichen Zeit war die Festlegung der sogenannten »kritischen Tage« ein heißes Eisen in der Gelehrtendiskussion, in der Meinung gegen Meinung stand. Kluge und weitsichtige Männer wie Paré hielten sich aus den öffentlichen Disputen heraus, dafür waren die anderen um so lauter zu hören. Gesucht waren jene Tage, bei denen die »geheime Kraft tödlicher Verletzungen« besonders wirksam sei – wie man sieht, ein fiktiver Streit ohne Ende, ohne Beweiskraft, noch ganz in das abergläubische Umfeld dieser Epoche verwoben.

Im kirchlichen Recht legte man sich hierfür auf den dritten Tag fest: anderer Meinung war Fortunato Fidelis, der den siebten, neunten und vierzehnten Tag für extrem kritisch hielt. Demgegenüber fixierte Gottfried Welsch im 17. Jahrhundert ausschließlich den neunten Tag; nur er, so Welsch entschlossen, könne über die Tödlichkeit einer Wunde entscheiden. Jeder hatte seine Ansicht, die dummerweise von keinem widerlegt werden konnte.

Die private Meinung stand im 17. Jahrhundert in medizinischen Belangen sowieso ausgesprochen hoch im Kurs. Auch in der Einteilung und Bezeichnung von Wunden herrschte die reine Willkür. Mehr als einmal haben die verwirrten Richter aufgrund falsch interpretierter medizinischer Gutachten offensichtliche Fehlurteile aus Mangel an Beweisen fällen müssen. Im Strafgesetzbuch für das Königreich Bayern war deshalb festgehalten, daß auf medizinische Gutachten nicht unbedingt und uneingeschränkt Verlaß sei und der Richter dabei Vorsicht walten lassen solle.

Die ordentliche Strafe für einen Mord konnte beispielsweise deshalb nicht verhängt werden, weil in einem Gutachten niedergelegt war, daß es sich bei der tödlichen Verletzung nicht um eine wirklich tödliche handelte; mit guter Behandlung hätte das Opfer geheilt werden können. Das Gutachten verwies auf ähnliche, erfolgreich kurierte Fälle. Das kollidierte mit der im Gesetzbuch niedergeschriebenen Klausel, daß nur dann ein Mord vorliege, wenn die Verletzung tatsächlich und zwangsweise tödlich verlief. Die Mordanklage mußte aufgehoben werden.

Bedauernd wird weiter vermerkt, daß solche Äußerungen nicht das Maß der Strafe beeinflussen dürften, »als ob der Mörder, welcher die tödtende Handlung mit der Absicht zu tödten vorgenommen hat, fordern könnte, dass man alle Kräfte aufbiete, die schändlichen Folgen seiner verbrecherischen That abzuwenden, oder als ob jene entfernten Möglichkeiten der Heilung, die überdies oft selbst von Aerzten sehr bestritten sind, nicht gemeinhin mit der rechtswidrigen Absicht des Mörders in Widerspruch gestanden wären.«

Man sieht: Juristen wie Gerichtsmediziner mußten sich erst langsam an eine gemeinsame Sprache und Zielsetzung gewöhnen. Noch um 1800 galt es nicht als selbstverständlich, daß es vorwiegend auf die Absicht des Täters ankommt. Diese Auffassung setzte sich erst im 19. Jahrhundert durch. Auf Juristendeutsch, das wohl schon damals für den Laien relativ unverständlich gewesen sein mußte und sich erst bei mehrmaligem Lesen erschloß, hieß es: »Das Verbrechen der Tötung ist nur dann vollständig vorhanden, wenn die durch die rechtswidrige Handlung entstandene Körperverletzung die wirksame Ursache des Erfolges gewesen ist, jedoch ohne Unterschied, ob sie allgemein den Tod bewirken musste, oder ihn nur ausnahmsweise in dem gegenwärtigen Fall bewirkt habe; ob durch Hülfe der Kunst ihre tötliche Wirksamkeit hätte gehemmt werden können, oder ob sie unheilbar tötlich gewesen sey: ob sie durch andere von ihr selbst in Wirksamkeit gesetzte Zwischenursachen oder ob sie unmittelbar den Tod hervorgebracht habe.«

Alles klar?

Von den »vorgetäuschten Krankheiten«

Die psychiatrischen Untersuchungen im Fall van Bergen sind kein Einzelfall. Jeder hat von Prozessen gelesen, in denen Mörder auf Unzurechnungsfähigkeit untersucht und danach für ihre Tat nicht zur Verantwortung gezogen werden konnten. Bekanntestes Beispiel aus jüngster Zeit ist der Attentäter, der den Präsidenten der Vereinigten Staaten, Ronald Reagan, zu erschießen versuchte und alsbald vom Gericht als Psychopath anerkannt wurde. Solche Gutachten entstammen der Feder eines gerichtlichen Psychiaters, dessen Aufgabe es ist, für das Gericht diese Entscheidung zu treffen. Wie wir gesehen haben, liegt es auch in seinem Aufgabenbereich, Lügen und falschen Aussagen verdächtiger Personen auf die Schliche zu kommen.

Die Frage, die sich im Zusammenhang mit Ingrid van Bergen stellte, war zweifellos die: Kann man einer Schauspielerin zutrauen, sich den Fängen der gerichtlichen Psychiatrie zu entziehen, Dinge als Wahrheit zu verkaufen, die für sie eigentlich unwahr sind? Kann sie glaubhaft simulieren – auch über einen längeren Beobachtungszeitraum hinweg?

»Vorgetäuschte Krankheiten«, wie sie in einem Lehrbuch von 1905 genannt werden, die Simulation von Geisteskrankheiten – dieses Phänomen beschäftigte schon den antiken Mediziner Galen, der in seiner Schrift »Über die Erkennung der Simulation« Vorschriften gab, wie man die »Verstellung« entlarven könnte. Im Mittelalter jedoch scheint dieser Aspekt ziemlich in den Hintergrund gerückt zu sein, was aufgrund der historischen Entwicklung nur allzu verständlich war: Die Simulation einfacher Geistesstörungen hätte nicht viel genützt, beim Verdacht auf schweren Wahnsinn hätte dagegen schnell der Scheiterhaufen gedroht, weil er leicht als Besessenheit hätte ausgelegt werden können. Bestenfalls wäre der Delinquent in die »Tollkiste«, das wenig anziehende mittelalterliche Irrenhaus, eingewiesen worden. Außerdem hatte man mit der Folter ein geeignetes Mittel zur Hand, Simulanten auf den Weg der Wahrheit zu bringen.

Paulus Zachias hat sich mit der Simulation von Krankheiten intensiv auseinandergesetzt. Von bedeutenden historischen Persönlichkeiten weiß er zu berichten, die seiner Ansicht nach »insania« vorgetäuscht hätten – so David, Odysseus und Solon. Die Kriterien, die er dabei für relevant hält, setzen uns heute in Erstaunen: Die Melancholischen, Schwermütigen, Depressiven hätten eine fahle Haut, die Augen wären in die Höhlen gesunken; dagegen seien bei den »Rasenden«, den Cholerikern, eine gerötete Haut sowie hervortretende Augen charakteristisch. Den zu seiner Zeit gebräuchlichen Methoden scheint er nicht viel zugetraut zu haben: Durchprügeln hieß die landläufige Devise. Sollte eine wirkliche Geistesstörung vorliegen, hoffte man damit zum einen die »bösen Geister« abzuleiten, zum anderen die Simulation aufzudecken. Zachias rät, zuerst nur zu drohen; auch eine kleine Einschüchterung sei erlaubt und zuweilen hilfreich. Abgesehen davon solle man beim Befragten künstlich starke Emotionen erzeugen: Angst, Hoffnung, Haß . . . Man sieht, Zachias liegt durchaus in der modernen Tradition, in der nicht mit Gewalt, sondern mit subtilen psychologischen Tricks gearbeitet wird. Die Leichtgläubigen mahnt er zur Vorsicht: Speichelschaum vor dem Mund könne auch durch Seife vorgetäuscht werden. Sein Rat: Immer die Pupillen kontrollieren!

Trotz guter Ansätze verharrte die forensische Psychiatrie jahrhundertelang in ihrem desolaten Zustand; was Wunder, wenn das Mutterfach, die Psychologie, selbst noch kein einwandfrei nachprüfbares Instrumentarium entwickelt hatte. Wir sind auf diesem Gebiet selbst heute auf einem eher bedauernswerten Stand und können nur hoffen, daß die embryonale Phase dieser Wissenschaft, bald verlassen wird. Den marginalen Charakter der forensischen Psychologie mag man auch daran ersehen, daß sie bis in unser Jahrhundert hinein als Teildisziplin der Gerichtsmedizin, also von den in diesen Fragen wenig erfahrenen Ärzten, praktiziert wurde. Dort allerdings betrachtete man sie als zwar wichtiges aber unglücklicherweise wenig erfolgreiches Spezialfach. 1905 war dazu in einem medizinischen Handbuch zu lesen: »Seit diesem durchaus richtigen Ausspruche (aus dem Jahr 1819) hat die Wissenschaft sich immer und immer wieder der Simulation von Krankheit, speziell Geisteskrankheit, befasst, und das Ergebnis ist heutzutage, sehen wir von der früher gebräuchlichen Nomenklatur ab, dass wir nicht viel weiter gekommen sind.« Das ehrliche Eingeständnis eines Mediziners!

Während in Amerika der Lügendetektor bei Zustimmung des Angeklagten zur Wahrheitsfindung eingesetzt werden kann, (über die Verläßlichkeit solcher elektrischen Ströme, die die Transpiration und den Herzschlag aufzeichnen, gibt es immer wieder unterschiedliche Meinungen), ist er in Deutschland verboten. Das gilt auch für alle »Wahrheitsdrogen«. Dem Psychologen und Psychiater bleiben deshalb nur die altbewährten, oder auch altkritisierten, 100 Jahre alten Untersuchungsmethoden von Gesprächen und psychologischen Tests. Allerdings hat sich das, was man in exakter Formulierung als »Meßgenauigkeit« bezeichnen könnte, in diesem Zeitabschnitt doch erheblich verbessert. Die junge Psychologie hat seither viel dazugelernt, ihr stehen heute Testinstrumentarien zur Verfügung, bei denen der Befragte ohne eine spezielle Ausbildung nicht mehr in der Lage ist, den Zweck der Befragung selbst abzuschätzen – so jedenfalls die Fachleute. Wenn man aber das Ziel der Frage nicht kennt, kann man auch die

Antwort nicht darauf einrichten. Als wichtigen Faktor sehen die Psychologen zudem die Tatsache, daß sie ihre »Patienten« über einen längeren Zeitraum hinweg beobachten und testen können und sich die Wahrheit über diese Zeit hinweg praktisch »mittelt«. Im Vergleich zu den naturwissenschaftlich-exakten Methoden, mit denen heute die Gerichtsmedizin zu arbeiten versteht, muten solche Verfahren dennoch recht rückständig an. Nicht umsonst sind es gerade die »life sciences«, die in den letzten Jahren einen solchen Aufschwung genommen haben; sie unterliegen gegenüber den Naturwissenschaften einem gewissen Nachholbedarf bei der Entwicklung eindeutig aussagekräftiger Testbedingungen. Das liegt natürlich vorwiegend an der komplexen Struktur des Menschen, die derzeit noch nicht voll begriffen wird. So können die gerichtlichen Psychiater wohl noch einige Zeit dem leicht bitteren Nachgeschmack nichts entgegensetzen, der manch einen anheimfällt, wenn es um die Entscheidung psychiatrischer Gutachten vor Gericht geht.

Simulation anno 1870

Der folgende Fall, geschildert in dem schon erwähnten »Handbuch der gerichtlichen Medizin« von Casper und Liman, erhellt die Methoden, mit denen man im vorigen Jahrhundert der Simulation von Geisteskrankheiten beizukommen versuchte. Geändert hat sich seither nicht allzuviel.

Am 4. Dezember des Jahres 1869 erschien ein Fremder bei Frau G. in Berlin, die ein möbliertes Zimmer zu vermieten suchte. Er gab an, als Uhrmacher in einem gutgehenden Geschäft in der Prachtstraße »Unter den Linden« zu arbeiten, und war der Wirtin deshalb sofort willkommen. Da er darauf bestand, sofort einzuziehen, das möblierte Zimmer jedoch noch nicht fertig hergerichtet war, bot sie ihm an, vorübergehend in eine kleine Kammer am Ende der Wohnung zu gehen. Hier packte er die Wirtin am Arm, und riß sie in den Raum. Die Wirtin konnte gerade noch »Zu Hülfe!« rufen und eine Fensterscheibe zertrümmern. Daraufhin warf er sie mit großer Gewalt zur Erde, »sodann preßte er ihren Hals zusammen, den er mit seinen Händen fest umklammerte, so daß der G. die Besinnung vollständig verging«.

Ein in Untermiete wohnender Student hatte ihr Rufen und das klirrende Glas gehört, konnte den Lärm jedoch nicht sofort orten. Er öffnete zuerst sein Fenster und trat dann aus seinem Zimmer heraus in den Flur. Er konnte gerade noch die Flucht des Täters beobachten, der durch den Lärm verschreckt worden war. Der Student hatte natürlich keine Ahnung, was sich in seiner nächsten Nähe abgespielt hatte. So fiel ihm spontan nur auf, daß ein Herr »eilenden Laufes« und »ohne Kopfbedeckung« die Wohnung verließ. Seinen grauen Hut hatte er im Vorderzimmer, das er angeblich mieten wollte, zurückgelassen. Das sollte noch bedeutsam werden.

Frau G., um ihr Bargeld beraubt, war zwar etwas in Mitleidenschaft gezogen, aber noch am Leben; sie erholte sich rasch. Zwei Tage später erhielt sie einen merkwürdigen unfrankierten Brief folgenden Inhalts, der – wie sich später herausstellte – vom Täter selbst verfaßt war: »Lieber Frau. Dieser Herr, der am Sonnabend bei ihnen gewesen, ist Bekannter von mir, und hat mir alles erzählt von wegen Raubanfall aber nicht in der Absicht, daß ich ihn verrathen werde. Die Sache ist die, er wollte Sie ermorden, aber er hatte das Messer nicht so rasch aus seiner Tasche gekricht, sonst werde es geschehen. Er heißt vollständig mit seinem Namen F. Wilhelm Märker. Märker, geboren den 21. April 1846 schon 2 Mal Zuchthaus gehabt.«

Diesem Hinweis ging die Polizei natürlich nach, denn Märker war für sie längst kein unbeschriebenes Blatt mehr; er hatte schon in kindlichem Alter als »sittlich verwahrlost« gegolten und deshalb einige Jahre in einer Erziehungsanstalt verbracht; mit 24 Jahren, 1869, blickte er bereits auf eine längere Liste von Verurteilungen wegen Diebstahls und Unterschlagung zurück. Tatsächlich hatte man ihn wenig später gefaßt – von einem Schutzmann, »der ihn anstatt mit der gewöhnlichen Kopfbedeckung mit einer Mütze traf, und dem er auf Befragen, wo er seinen Hut gelassen, erwiderte, daß er ihn verloren«. Am Ende des vorigen Jahrhunderts war es eben noch ein verdächtiger Umstand, wenn man sich ohne Hut in der Öffentlichkeit blicken ließ. Nach einer Gegenüberstellung mit der Wirtin, die ihn sofort als Täter identifizierte, war Märker in allen Punkten geständig. Er war erst einen Monat vor dieser Tat aus der Haftanstalt in Lichtenberg – damals noch ein Vorort von Berlin – entlassen worden; der Erziehungsinspektor hatte ihm daraufhin in Berlin eine Wohnung und Arbeit verschafft und ihn mit Lebensmitteln und Geld versorgt. Märker, dem die zugewiesene Fabrikarbeit jedoch wenig zusagte, gab sie auf und stand nun ziemlich mittellos da, da auch der Inspektor »nunmehr, als von einem unverbesserlichen Menschen, seine Hand von ihm zurückzog«.

Auf den Untersuchungsrichter, der jetzt den neuen Fall bearbeiten mußte, machte Märker den Eindruck, als sei er nicht ganz richtig im Kopf. Vornehmlich der anonyme Brief, in dem sich der Täter selbst belastete, regte seine Zweifel. War das nicht die Tat eines Psychopathen? Überdies fand man in den alten Akten eine nicht näher erläuterte Bemerkung eines Beamten, daß Märker »mitunter Wahnsinn simulire«. Was, wenn er nicht nur vorgab, verrückt zu sein? Märker wurde vom Untersuchungsrichter umgehend in die Irrenanstalt überwiesen. Der zuständige Arzt, Casper, nahm die gerichtliche Untersuchung des Täters auf psychische Normalität vor. Seine Expertise vom 12. Februar 1870 endete mit dem Satz: »Hiernach gebe ich mein amtseidliches Gutachten dahin ab: daß Märker weder wahnsinnig, noch blödsinnig ist.«

Die Ärzte des renommiertesten Berliner Krankenhauses, der Charité, Abteilung für Geisteskranke, ließen es sich nicht nehmen, Märker ebenfalls gründlich zu testen, und legten die Ergebnisse ihrer Beobachtung in zwei längeren Berichten nieder. Mit letzter Schlüssigkeit wollten sie sich im ersten nicht festlegen: »Über die eigentliche Natur indeß seines geistigen Leidens hat sich bis jetzt seine sichere Meinung noch nicht gewinnen lassen, und es wird, da bei seiner gewaltthätigen Natur, Reizbarkeit und großen Körperkraft zur Vermeidung jeder Erregung nur langsam in der Untersuchung vorgeschritten werden kann, zur Gewinnung einer solchen langer Beobachtung bedürfen.«

Wie damals üblich, beschränkte sich die Gutachtertätigkeit auf Befragungen und Beobachtungen des »Inculpats«, die doch eine gewisse Ohnmacht gegenüber der gestellten Aufgabe erkennen ließ: »Im Allgemeinen verhielt sich der Märker, welcher für gewöhnlich nicht isolirt war, äußerlich ruhig: sein Gesichtsausdruck erschien häufiger, namentlich wenn er sich ärztlicherseits beobachtet wußte, mürrisch, verdrossen und unwillig . . . Häufig jedoch . . . treten die in der ersten gutachtlichen Äußerung geschilderten Zufälle heftiger Aufregung ein, und zwar theils bei durchaus geringfügigen Veranlassungen, theils anscheinend ganz ohne solche. Zu solchen Zeiten lief er mit stark geröthetem Gesicht laut schreiend, schimpfend, mit den Füßen aufstampfend umher, warf auch wohl seine Kleider ab, zerschlug Scheiben, zertrümmerte Stühle, schleuderte die Personen zur Seite, die sich seinem Treiben entgegenstellen wollten, ja öffnete zuletzt, während er isolirt war, gewaltsam das Schloß seiner Zellenthür und zertrümmerte dieselbe. Er gab an, ihn versetzt ›der Anblick von Weibern‹ in solche Wut, daß er ›einen Drang nach Blut fühle, und daß ihm seine treulose Braut erscheine, nach welcher er schlage‹.«

Die Ärzte waren sich insoweit einig, daß diese Aussage in der Absicht vorgebracht wurde, um »daraus für sich als Angeklagter eines gegen eine Frau verübten Verbrechens Vortheil zu ziehen«. Und wenn diese Tatsache überhaupt noch einem Zweifel unterlag, mußte sie »im Hinblick darauf schwinden, daß Märker in den letzten Wochen, selbst wo er es nur auf Augenblicke unbemerkt konnte, mit Personen des weiblichen Geschlechts, welche er über den Hof, Garten u.s.w. gehend erblickte, freundschaftlich anzuknüpfen und deren Aufmerksamkeit in jeder Weise auf sich zu lenken versuchte«.

Letztlich blieb auch diesen Gutachtern nichts übrig, als zu attestieren, daß sie keine »Störung der intellectuellen Sphäre« feststellen konnten. Die Begründung dafür ist recht aufschlußreich: »Weder ist die Form seines Denkens in irgend einer Weise gestört, noch das Gedächtniss, die Schärfe seines Urtheilens, Combinirens u.s.w.; demgemäß beurtheilt er auch alle bei dem letzten Verbrechen vorgekommenen Umstände, sowie dieses selbst vollkommen richtig . . . Es ist jetzt nicht dem geringsten Zweifel mehr unterworfen, daß das Kauderwälsch, in welchem der Märker bei seiner Aufnahme in die Charité zusammenhanglos die albernsten Ideen vorbrachte, ebenso künstlich und absichtlich gemacht war, wie diese anscheinenden Wahnideen selbst.«

Endlich waren sich alle einig; sie sahen in Märker jetzt nur noch einen »sittlich vollkommen verwahrlosten Menschen«, der versuchte, sich der gerechten Strafe zu entziehen, indem er geistige Störungen vorgab. Er wurde umgehend in das Gefängnis überwiesen; dabei veranstaltete er noch einmal ein richtiges Spektakel, tobte und wütete herum. Anschließend verhielt er sich relativ ruhig bis zu seiner Verhandlung, bei der er – wie Casper berichtete – »im Termin sehr kleinlaut war und nur behauptete, daß er ›Krämpfe habe und doch krank sein müsse‹«. Doch mit dieser Überzeugung war er allein, niemand teilte sie mit ihm.

Wie moderne gerichtliche Psychiater den Fall beurteilt hätten, bleibt Spekulation.

Märker wurde zu zwölf Jahren Zuchthaus verurteilt.

KAPITEL 5

Zeig mir deine Zähne,
und ich sage dir, wer du bist:
Die Entwicklung der Autopsie

Die Geisteszüge, welche landläufig für analytische gelten, sind, an und für sich, der Analyse selbst nur wenig zugänglich. Wir schätzen sie einzig nach ihren Wirkungen. Unter anderem wissen wir von ihnen, daß sie ihrem Besitzer eine stete Quelle des lebhaftesten Vergnügens bilden. Wie sich der starke Mensch begeistert seiner körperlichen Fähigkeiten freut, indem er an allen solchen Übungen gefallen hat, die seine Muskeln zum Einsatz bringen, so entzückt den Analytiker jene geistige Wirkungskraft, welche entwirrt. Er zieht Genuß aus noch den banalsten Verrichtungen, bringen sie nur seine Gaben recht ins Spiel. Er findet Gefallen an Denkaufgaben, an Rätseln, an Hieroglyphen, und bei ihrer aller Lösung legt er einen Grad von Scharfsinn an den Tag, welcher dem gemeinen Begreifen außernatürlich erscheint.

Edgar Allan Poe: Die Morde in der Rue Morgue

Sidney Smith und die drei Knochen

Der vorliegende Fall liegt nun schon einige Jahrzehnte zurück; er ereignete sich Anfang der zwanziger Jahre in Kairo. Der Held der Handlung ist Professor Sidney Smith, ein Gerichtsmediziner ersten Ranges aus Edinburgh. Zur Zeit unserer Geschichte ist er gerade Leiter des gerichtsmedizinischen Instituts im ägyptischen Kairo, das er dort im Auftrag der Regierung aufbaute.

Die Identifizierung toter Unbekannter zählt zu den wichtigsten Arbeitsaufgaben der Gerichtsmedizin. Wie sie von einzelnen Knochen auf das Aussehen der Leiche schließen kann, davon berichtet diese Meisterleistung: Aus nur drei Knochen zauberte Smith so viele Details, daß die Polizei fast den gesamten Fall damit lösen konnte.

Man fand die drei Knochen in einem Brunnen, draußen am Rande eines Fellachendorfs vor der Hauptstadt. Sie waren zufällig gesichtet worden, als man den schon lange baufälligen Brunnen reparieren wollte. Der mysteriöse Fund wurde mit Boten umgehend in Smith' Institut gebracht. Der Chef selbst nahm sie in Empfang. Die eigentümlichen Umstände, die zum Fund dieser Skeletteile geführt hatten, regten ihn so an, daß er die Untersuchung selbst übernahm. Ehrgeiz packte Smith, das Geheimnis zu lüften, das sich hinter ihnen verbarg.

»Wollen doch einmal sehen, was wir herausbekommen können«, murmelte er in sich hinein, als er die Tür schloß. Auf geradem Weg schritt er durch den Flur auf das Zimmer eines seiner Assistenten zu, klopfte an: »Ahmed, komm; es gibt Arbeit!«

Der Angesprochene war gerade in die Lektüre eines komplizierten Fachartikels vertieft und über die abrupte Störung nicht sonderlich erfreut. Aber man kannte diese Überfälle des Chefs – und man hatte keine andere Wahl, als ihnen Folge zu leisten. Wenn sich Smith für einen Fall zu interessieren begann, dann mußte alles stehen und liegen gelassen werden. Die Assistenten hatten sich oft darüber unterhalten, ob dieser Charakterzug wohl unabdingbare Voraussetzung für einen so außergewöhnlichen Gerichtsmediziner sei. Sie selbst, letztlich der arabischen Tradition entstammend, konnten diesen spontan aufkommenden Arbeitseifer eigentlich nie ganz richtig nachempfinden. Ahmed also erhob sich eher träge von seinem Platz und ging aus seinem Zimmer. Smith war ihm schon vorausgeeilt, am Ende des Ganges verschwand er gerade durch die Tür zum Obduktionsraum. Dort drehte er sich noch einmal kurz um und rief dem verdutzten Ahmed zu:

»Ein Drei-Knochen-Fall!«

Ahmed wußte zuerst nicht so recht, was diese Äußerung zu bedeuten hatte. Aber es war klar, daß Smith wieder einmal von wissenschaftlichem Tatendrang erfüllt war. Er hatte dann so ein merkwürdiges Beben in der Stimme . . .

»Man hat den Fund in einem Brunnen gemacht. Wir haben Glück.« Als Ahmed die drei fast blanken Knochen sah, wußte er, was Smith damit meinte.

»Ja, wirklich. Die drei Knochen ergeben zusammen ein komplettes Becken. Den ersten Anhaltspunkt haben wir schon: Es muß eine Frau gewesen sein.«

»Richtig, Ahmed, ganz richtig! Die Knochen sind recht klein; ich glaube, ihr Gewicht ist auch nicht allzugroß. Legen Sie die Teile doch gleich auf die Waage.«

Ahmed justierte die Waage genau auf Null. Das Gesamtgewicht war sehr gering.

»Was sagt uns diese Beobachtung?«

»Nun, die Frau wird wohl recht zierlich gewesen sein.«

»Fällt Ihnen sonst noch etwas auf?«

»Nein, nicht direkt . . .«

»Ahmed, Sie wissen doch, was zu meinen wichtigsten Prämissen für eine erfolgreiche gerichtsmedizinische Untersuchung gehört!« ließ sich Smith in beinahe mahnendem Ton vernehmen. Ach ja, dachte Ahmed, er paukt seinen Studenten diese vier Tugenden so ein, daß man sie im Schlaf hersagen könnte: Beobachtungsgabe, logisches Denken, umfassendes Wissen und konstruktive Phantasie.

»Ohne umfassendes Wissen des aktuellen Forschungsstandes kann keine gute Obduktion gemacht werden, das ist selbstverständlich. Aber bei jeder einzelnen Sektion wird die exakte Beobachtungsgabe auf eine neue Probe gestellt. Kein Fall gleicht dem anderen. Man muß in der Lage sein, die beobachteten Fakten mit rationaler Logik zu kombinieren, um aus dem Vorgefundenen die richtigen Schlüsse du ziehen. All das aber reicht noch nicht aus für einen wirklich herausragenden Gerichtsmediziner. Der braucht auch noch die kreative Phantasie, mit deren Hilfe er die oft nur lose verbundenen Einzelerkenntnisse zu einem einheitlichen Ganzen verbindet. Betrachten Sie das Becken noch einmal ganz genau! Wo bleibt Ihre scharfe Beobachtungsgabe?«

Ahmed bemühte sich redlich, aber er konnte beim besten Willen nichts Besonderes entdecken. Er war hier am Institut der jüngste Assistent und hatte daher am meisten unter der »Fuchtel« seines Chefs zu leiden. Jede Obduktion glich einer Examenssituation.

»Sehen Sie denn nicht, daß der rechte Beckenknochen größer ist?«

»Jetzt, wo Sie es sagen . . .«

»Jetzt, wo ich es sage, wäre es für Sie schon zu spät gewesen! Aber selbst wenn Sie es nicht sehen, hätten Sie es auf andere Weise feststellen müssen: Sie hätten die Knochen auch einzeln abwiegen müssen!«

Ahmed holte das Unterlassene nach. Tatsächlich ergab sich eine Gewichtsdifferenz von einigen Gramm: »Dann muß die Frau ja gehinkt haben!«

»Ja, genau das nehme ich auch an. Wenn wir jetzt irgendwie das Alter bestimmen könnten, wenn wir beispielsweise wüßten, daß die Frau noch nicht allzu alt war, sagen wir zwischen 22 und 25, dann könnten wir auf Kinderlähmung schließen; denn sie muß dann dieses Hinken schon in ihrer Kinderzeit begonnen haben, sonst hätten wir nicht diese Gewichtsdifferenz. Nun, wie steht es, Ahmed? Wie könnten wir Hinweise auf das Alter der Toten erhalten?«

»Zähne haben wir keine zur Verfügung.«

»Nein, Ahmed. Wir haben keine Zähne zur Verfügung, sondern ein weibliches Becken:«

Ahmed überlegte kurz. Ja, das mußte es sein!

»Der Beckenkamm!« rief er beinahe triumphierend. »Der Beckenkamm ist noch nicht ganz verwachsen; das geschieht bei der Frau im Alter zwischen 22 und 25 . . .«

Ahmed stockte, blickte auf. Er sah in das schmunzelnde Gesicht seines Professors und wußte, daß dieser schon längst zu diesem Ergebnis gekommen war.

»Wir wissen jetzt schon einiges. Aber noch nicht genug! Die drei Knochen können uns noch mehr Aufschluß, auch über den Tathergang, geben.«

»Es ist offensichtlich, daß die Frau erschossen wurde; hier steckt noch eine Bleikugel.«

»Es könnte sich dabei um eine Schrotkugel handeln. Was sagt sie uns?«

»Ich weiß nicht; sie hat so eine komische Form.«

»Und?«

»Sie könnte selbst hergestellt sein.«

»Gut, Ahmed, das denke ich auch. Sehen Sie, hier, das sind noch andere Knochenverletzungen und Frakturen. Sie rühren ebenfalls von Geschossen her. Ich nehme an, daß die Mordwaffe ein Gewehr war. Im übrigen kann man wohl aus der Lage der Verletzungen annehmen, daß die Schüsse aus etwa drei Metern Entfernung abgegeben worden sind. Hier, sehen Sie! An dieser Verletzung können wir ersehen, daß der Schuß von schräg unten abgegeben worden ist! Höchst merkwürdig. Ein Schuß von unten! Sollte das Opfer durch einen Unfall umgekommen sein?«

»Soll ich diese Bemerkung später ins Protokoll aufnehmen?«

»Nein, natürlich nicht! Sie wissen doch: Wir Gerichtsmediziner dürfen uns nicht in die polizeiliche Arbeit einschalten. Kriminalistische Schlußfolgerungen – soweit sie nicht gerichtsmedizinisch belegbar sind – gehören nicht in unser Aufgabenfeld . . . Aber sie können sicher sein, daß die Polizei zu ähnlichen Schlußfolgerungen gelangen wird! Sehen Sie die Erosionen am Rand dieser Einschußstelle? Sie deuten darauf hin, daß die Frau nicht sofort tot war. Es sind typische Erscheinungen, wie wir sie bei starken Eiterungen finden. Ich schätze, daß die Frau erst nach sieben Tagen gestorben ist; wahrscheinlich an einer Bauchfellentzündung.«

Smith war gänzlich in die Kette seiner Schlußfolgerungen vertieft. Als er in Ahmeds fragendes Gesicht blickte, mußte er unwillkürlich lachen. Sein Gegenüber war irgendwo auf der Strecke geblieben, nicht bis ans Ziel seiner Schlüsse gelang. »Wo fehlt es denn?« fragte er fast väterlich. Ahmed war zwar sein jüngster, aber auch ein sehr gelehriger und bereitwilliger Assistent.

»Wieso ist sie an einer Bauchfellentzündung gestorben? Welche Beweise haben Sie dafür?«

»Beweise, Beweise! Ahmed, wo bleibt Ihre Phantasie! Wir wissen, daß die Frau, nachdem auf sie geschossen wurde, noch etwa eine Woche gelebt hat; wir wissen weiter, daß mindestens ein Schuß den Unterleib durchbohrt hat, nämlich hier im Becken. Und wir wissen zudem, daß die Frau hier eine eitrige Infektion hatte. Welcher Schluß liegt da näher als der auf eine infektiöse Bauchfellentzündung!«

Ahmed wußte, daß er noch viel zu lernen hatte, um seinem großen Vorbild das Wasser reichen zu können.

Die detaillierten Angaben aus dem Smithschen Labor machten es der Polizei recht einfach; schnell hatte sie herausgefunden, daß in einem Ort nahe dem Brunnen eine junge Frau vermißt wurde, auf die die Beschreibung hundertprozentig paßte. Da sich der Vater der Vermißten schnell in Widersprüche verwickelte, war die weitere Aufklärung nur noch ein Kinderspiel. Es dauerte nicht lange, dann gestand er, seine Tochter mit einem Schrotgewehr erschossen zu haben – allerdings löste sich der Schuß versehentlich, als er seine Flinte reinigen wollte. Er wagte jedoch keinen Arzt zu holen, da er keinen Waffenschein besaß. Als sie eine Woche später gestorben sei, habe er ihre Leiche in den verlassenen Brunnen geworfen und nach einigen Wochen die verwesenden Knochen wieder heraufgeholt; dabei hatte er offensichtlich die drei Beckenknochen übersehen. Die geborgenen Knochenteile warf er in den Nil.

Der Streit um die Autopsie

Die Obduktion von Toten, die sich heute von der Frage nach der Todesursache bis hin zur Identifizierung unbekannter Leichen erstreckt, reicht mit ihren Wurzeln bis ins 13. Jahrhundert zurück. Außerhalb des Heiligen Römischen Reichs, in dem die bereits erwähnte Bulle des Papstes Bonifatius VIII. Leichenöffnungen untersagte, war die Begutachtung von Toten durch

Ärzte nicht ungewöhnlich. In Bologna beispielsweise verpflichtete man Mitte dieses Jahrhunderts Hugo von Lucca als Stadtarzt. In der gleichen Stadt, die damals viele fortschrittliche Männer anzog, hat der Chirurg Wilhelm von Saliceto als erster Leichen geöffnet. Am Anfang des nächsten Jahrhunderts nahm hier Wilhelm von Varignana eine anatomische Leichenschau vor, um eine Vergiftung nachzuweisen. Hier erschien auch das erste brauchbare, wenn auch noch recht primitive anatomische Lehrbuch von Mondino di Luzzi, das bis in die Mitte des 16. Jahrhunderts maßgebend blieb.

Unterdessen praktizierte man im Heiligen Römischen Reich weiter die Folter; daneben gab es noch einige andere höchst skurrile Methoden des Gerichts: die Konfrontation des vermeintlichen Mörders mit seinem Opfer. Dieses »Baalrecht« stellte ein wichtiges, wenn auch fragwürdiges Verfahren zur Wahrheitsfindung dar. Der Angeklagte mußte neben den Toten treten und ihn berühren! Begann die Wunde des Opfers daraufhin zu bluten, wurde das als ein Gottesurteil angesehen: Schuldig! Für gleich beweiskräftig sah man es an, wenn der abgeschnittene Daumen der Leiche im Zimmer des Verdächtigen zu bluten anfing oder das Mordwerkzeug Blut schwitzte.

Solche Verfahren wurden von Wissenschaftlern des 16. Jahrhunderts bereits heftig attackiert – der bekannte Mediziner Andreas Vesalius war einer von ihnen. Er wurde eine Zentralfigur der stürmischen Entwicklung im 16. Jahrhundert, in dem plötzlich Ärzte gegen die herrschenden Lehrmeinungen antraten. Sie kamen vorwiegend aus Italien, jenem Land, das seit den frühen Entdeckungsfahrten des 13. und 14. Jahrhunderts die geistige Führung übernommen hatte. Doch selbst Künstler packt wissenschaftliche Neugier. Das Spiel der Muskel fasziniert sie; sie wollen mehr wissen – es bleibt nur ein Weg: Heimlich, in vertrautem Kreis, wird einer Leiche ein Stück Haut abgezogen, um zu sehen, was sich darunter verbirgt. Natürlich weiß man, daß man eine gotteslästerliche Tat vollbringt. Aber der Wissensdrang ist mächtiger!

Auch Leonardo da Vinci kann der Versuchung nicht widerstehen. Mit seinem Freund, dem Anatomen Marc' Antonio della Torre, zergliedert er zahlreiche Leichen, um das Gesehene sofort mit Papier und Stift festzuhalten, auszuwerten. Sie planen gemeinsam ein monumentales anatomisches Werk, nicht in Latein, sondern in der Sprache ihres Volkes verfaßt; es soll einen Überblick über die Entwicklung des Menschen von der Geburt bis zum Tode geben. Doch die Studien nehmen kein Ende, immer wieder ergeben sich unerwartete Aspekte – man hat Neuland betreten, das ständig neue Geheimnisse der Natur ans Licht bringt. Der Atlas wird nie druckfertig, ewig hinausgeschoben . . .

Unterdessen regt sich auch einiges an den Universitäten, an denen hie und da schon mal eine Leiche zergliedert werden darf. Die Behörden stellen dafür Hingerichtete zur Verfügung. Solche Sektionen werden wie Festakte zelebriert: Doktoren und Studenten sind geladen, die ganze Fakultät ist in Aufruhr. »Habt ihr schon gehört? Morgen gibt es wieder eine Leichenöffnung!« Überall flüstert man hinter vorgehaltener Hand, ist sich der Ungeheuerlichkeit des Unterfangens bewußt. Der Raum ist brechend voll, Studenten drängen immer noch durch die Türen, hoffen, einige Blicke zu erhaschen. Die menschliche Sensationslust, sie hat es immer gegeben! Vorne, auf dem Katheder sitzt der Professor, doziert mit aufgeschlagenem Anatomiebuch eines Alten, zitiert Stellen aus dem Werk des Galen. Ein Chirurg seziert die Leiche, die auf einem Tisch liegt – ein Demonstrator steht mit einem Stab daneben, weist auf jene Teile, über die der Professor gerade spricht. Natürlich fallen gelegentlich Unstimmigkeiten auf zwischen dem, was man sieht, und dem, was man hört; der Mensch mußte sich also seit der Antike verändert haben. Daß auch die alten Autoren Fehler gemacht haben könnten, liegt abseits jeder Vorstellungsgabe. Die Leber, so schreibt Galen zum Beispiel, soll viellappig sein, das Brustbein aus sieben Knochen bestehen – der Augenschein lehrt anderes.

In diese Phase der ersten Erschütterung hinein wird in Brüssel Andreas Vesalius geboren. Als Sohn des Kaiserlichen Hofapothekers in der Silvesternacht von 1514 auf 1515 zur Welt gekommen, beginnt sich in ihm schon früh die Liebe zur Naturforschung, besonders zur Anatomie, zu bilden. Er will Medizin studieren, geht nach Paris. Wie wird er enttäuscht! Einer seiner beiden Lehrer begnügt sich mit der Sektion von Hundeorganen! Das hat Vesalius schon als Minderjähriger selbst getan! Der andere, ein Philologe, der wohl den ganzen Galen auswendig aufsagen kann, übt sich in Übersetzungen, in denen er wahrlich ein Meister ist. Er soll so schnell übersetzen, wie andere schreiben können, munkelt man. Er ist es auch, der Galens anatomisches Werk zum erstenmal aus dem Griechischen übertragen hat. Vesalius ist bald aufgefallen, daß davon einiges nicht stimmen kann.

Wenige Jahre später in Padua, wo er es zum Professor der Chirurgie und Anatomie gebracht hat, wird er gebeten, eine kritische Neuausgabe des anatomischen Werks Galens herauszubringen. Er vertieft sich in die Bücher, liest, vergleicht. Warum gibt es so viele Fehler in Galens anatomischen Schriften? Warum erinnert jenes Organ an einen Affen, ein anderes an das eines Schweins oder Ziegenbocks? Auf einmal steht es klar vor seinen Augen: Galen hat nie eine menschliche Leiche seziert; er hat den Menschen als tierischs Kompendium dargestellt! Jahrhundertelang hat man Galen als absolut unumstrittene Autorität betrachtet, jahrhundertelang ein falsches Wissen von der menschlichen Anatomie verbreitet!

Vesalius ist klar, was getan werden muß: Es muß ein neuer, auf den modernen Erkenntnissen basierender Atlas verfaßt werden. Vier Jahre lang zieht er sich zurück, ist für niemanden zu sprechen – nur für einen: für seinen Landsmann, den Maler Johann Stephan von Kalkar. Der wird seinen Atlas illustrieren. Vesalius, der schon zu seiner Studentenzeit als Eigenbrödler bekannt war, ist noch keine dreißig, als sein epochales Werk, die »Sieben Bücher vom Bau des menschlichen Körpers«, erscheinen – ein Zufall, daß im gleichen Jahr Kopernikus seine neue Himmelstheorie entwirft? Die wissenschaftliche Welt ist in Aufruhr!

Doch erst im 17. Jahrhundert bürgerte sich die Leichenöffnung bei Verletzungen mit tötlichem Ausgang ein, obwohl bereits 1660 der deutsche Arzt Gottfried Welsch darauf verwiesen hat, daß selbst dann eine Leichenöffnung vorgenommen werden sollte, »wenn auch, wie es bisweilen zu geschehen pflege, nicht die mindeste Spur einer Verletzung an den äusserlichen Theilen wahrgenommen werden könne«. Insgesamt gab es während des ganzen Jahrhunderts keine einhellige Meinung über den Wert von Sektionen. Das war auch gar nicht möglich, denn man wußte mit dem neuerworbenen Instrument noch nicht so recht umzugehen. Selbst Ärzte warnten mit kritischen Stimmen vor allzu großem Optimismus auf ihre Ergebnisse – ganz zu schweigen von denjenigen, die aus Prinzip gegen jegliche Autopsie auftraten.

Wenn es zu einer Leichenöffnung kam, war die Gegenwart von Gerichtspersonen verlangt, »die mit den Aerzten Alles zugleich wohl besichtigen, und das Gefundene gleich aufschreiben müssen; damit sie selber hernach von der Beschaffenheit der Wunde und von der Wahrheit des Fundscheins desto sicherer überzeugt seyn könnten«. In Ermangelung erfahrener Gerichtsmediziner war nur ein »examinierter und promovierter Arzt« verlangt, der einen guten Ruf und Erfahrung besitzen mußte und »in der Zergliederungskunst wohl geübt sey«.

Kaum schien die Autopsie in der Gerichtsbarkeit in hellerem Licht zu erstrahlen, als schon die ersten Gewitterwolken aufzogen – in Gestalt des Rechtsgelehrten Polycarpus. Die allgemeine Stimmung schlug um und gipfelte in dessen Äußerung, ärztliche Untersuchungen von Leichen könnten überhaupt keine Erkenntnisse für das Gericht erbringen. Man muß zugeben, daß er mit seiner Kritik nicht völlig unrecht hatte, waren die Vertreter dieser sich noch gar nicht gänzlich etablierten Disziplin doch nur allzuoft ungestüm miteinander umgegangen. Auch ihre theoretischen Haarspaltereien, ihre für den Richter unverständlich abgefaßten Gutachten trugen kaum dazu bei, die Situation zu entschärfen. Juristen zeigten sich mehr und mehr über die undurchsichtigen Spitzfindigkeiten irritiert, sogar verärgert. So warnt denn auch Johann Anselm Feuerbach in seinem »Lehrbuch des gemeinen in Deutschland gültigen peinlichen Rechts« noch am Anfang des 19. Jahrhunderts jeden Kriminalisten davor, sich der ärztlichen Terminologie zu bedienen, weil fast jeder Arzt unter ein und demselben Begriff etwas gänzlich anderes verstehe. Die Lage war verworren!

Zudem stand den Forschern, die für die Gerichtsmedizin als eigenständiges Fach plädierten, neuer Ärger ins Haus – diesmal sogar aus den eigenen Reihen. Die neue Disziplin der Pathologen, die krankhafte Veränderungen an Organen untersucht, brauchte selbst jede Leiche sehr notwendig für die eigenen Forschungen. Leichen aber gab es nicht in unbegrenztem Überfluß. Wieso also kamen einige Mediziner dazu zu verlangen, Leichen, die eines unnatürlichen Todes gestorben seien, müßten von dafür speziell ausgebildeten Ärzten obduziert werden? War das nicht sogar verdächtig?

Tatsächlich umgab all jene, die sich dafür einsetzten, selbst das Odium des Verbrechens; noch im 19. Jahrhundert gelang es beispielsweise dem ungekrönten König der Wiener Pathologen, Rokitansky, alles Leichenmaterial für sich in Anspruch zu nehmen. Sein in jedem Fall geschmackloses Argument – sei es nun seine ehrliche Überzeugung oder nur als Vorwand gebraucht: Unter den Schülern könnten sich selbst Mordverdächtige befinden, die hier Hinweise darauf erhoffen, wie man einen Mord vertuschen könnte. Weder Rokitansky noch ein anderer Übelmeinender konnte allerdings den Siegeszug der Gerichtsmedizin in diesem Jahrhundert aufhalten oder gar verhindern.

Doch erst mit der Einführung des Mikroskops in die medizinische Forschung gelang auch der Gerichtsmedizin der Sprung in die Eigenständigkeit. Jahrhundertelang war die Zerstückelung von Leichen ein wirksames Mittel, um die Identifizierung von Toten zu verhindern. Aber nun genügten dem Mediziner schon einige Knochen, ein paar Zähne, ein Gewebestück, Fingerabdrücke, ein Spritzer Blut, um wichtige Hinweise auf die Identität des Opfers zu geben.

Auf den Zahn gefühlt

Einer der frühesten Fälle, in denen eine Identifizierung nach einer sogenannten »defensiven Zerstückelung« durch das Gebiß gelang, ereignete sich in der Mitte des vorigen Jahrhunderts. (Im Gegensatz dazu spricht man von einer »aktiven Zerstückelung«, wenn der Täter sein Opfer bei lebendigem Leib sadistisch aufschlitzt.)

Verschwunden war der allseits beliebte Dr. George Parkman, seines Zeichens Medizindozent an der berühmten amerikanischen Nobel-Universität Harvard. Wesentliche Hinweise für die Aufdeckung des Verbrechens gab der Institutsdiener der Medizinischen Akademie, ein Mann mit einfachem, aber wachem Gemüt und gutem Beobachtungsvermögen. Er war überdies insoweit in das Geschehen verwickelt, als er seinen eigenen Chef, den Chemiker und Mineralogen Professor Webster, verdächtigte, den Mord verübt zu haben. Aber erzählen wir der Reihe nach!

Parkman verschwand an einem Freitag, an jenem Freitag, an dem er besagten Webster im Institut besucht hatte. Littlefield, so der Name des Institutsdieners, hatte ihn wie andere auch an diesem Tag im Institut gesehen. Wenige Tage zuvor hatte Webster ebenfalls Besuch von Parkman; Littlefield hatte dabei, als er zufällig in das Büro seines Chefs kam, um dort einige Mineralien abzulegen, Wortfetzen aufgeschnappt, die ihn nach dem Verschwinden Parkmans stutzig machten. Er hörte nämlich, daß Parkman zu Webster etwa folgendes sagte: »Ich kann jetzt nicht mehr länger warten. Ich brauche mein Geld.« Daß Webster ein verschwenderisches Leben führte und sich von einigen Bekannten größere Summen ausborgte, war stadtbekannt. Gerüchte kursierten, wonach Webster sogar erhebliche Schulden hatte. So verwunderte es Littlefield nicht sonderlich, als er erfuhr, daß Webster auch bei Parkman in den roten Zahlen stehen sollte.

Zwar waren Littlefield keine weiteren Einzelheiten dieser neuerlichen Unterredung bekannt, aber es war klar, daß Parkman wohl wieder nach seinem Geld verlangte. Littlefields Verdacht wurde wachgerufen, als er zu fragen begann, warum sich Webster wohl nach Parkmans Besuch in seinem Labor eingeschlossen hatte. Und wenn er es sich recht überlegte, fiel ihm noch etwas anderes auf: Ja, einen Schmiedehammer hatte er auf Websters Schreibtisch liegen sehen, als er an jenem ominösen Freitag in seinem Zimmer aufräumte – kurz bevor Parkman hierherkam! Das reichte Littlefield zur letzten Gewißheit. Er hatte den aalglatten Snob Webster eigentlich nie gemocht und traute ihm diesen Mord ohne weiteres zu.

Littlefield entwickelte Eigeninitiative: Am Abend, als alle Mitarbeiter schon gegangen waren, trat er in das Laboratorium ein, um erste Nachforschungen zu beginnen. Im Ofen lag zwar Asche, doch konnte er darin nichts Auffälliges entdecken. Nur auf dem Fußboden konnte er einige Säureflecken erkennen.

Am nächsten Tag nahm der Fall eine seltsame Wendung. Es tauchten Gerüchte auf, nach denen Parkmans Leiche noch im Institut wäre und der Gerichtsdiener Littlefield ihn ermordet und ausgeraubt habe. Das war nun doch zuviel für Littlefield! Mit grimmiger Entschlossenheit führte er seine Nachforschungen weiter. Sein nächstes Ziel war die Privattoilette von Webster, die neben dem Laboratorium lag. Leider war sie verschlossen. Ihm blieb keine andere Wahl: Er mußte vom Keller aus den Fußboden durchstoßen! Etliche Stunden verbrachte Littlefield bei der Arbeit – soweit ihm das gelang, ohne das Mißtrauen Websters zu erwecken, der offensichtlich ihn, seinen Gerichtsdiener, belasten wollte, um den Verdacht von sich selbst abzulenken.

Als er gerade dabei war, die ersten Bretter zu entfernen, hörte er mehrere Stimmen, die sich über die Treppe näherten. Littlefield sah seine letzte Stunde kommen; Panik ergriff ihn, er lief hinaus – und direkt in die Arme der Polizei.

»Halt, wer sind Sie?« fragte einer von ihnen.

»Ich . . . ich . . . ich bin der Institutsdiener.«

»Er ist ja völlig verstört!« ließ sich der andere vernehmen. Der schwache Schein der Kerze ließ ihre Gesichtszüge nicht erkennen.

»Ja, ich . . . ich habe eine Mitteilung zu machen . . . wegen des Mordes an Dr. Parkman . . .«

»Deswegen sind wir hier! Das ist übrigens Mr. Fielding, ein Verwandter von Dr. Parkman, der uns bei den Ermittlungen hilft.« Ein älterer Herr trat aus dem Dunkel hinter den beiden Polizisten.

Littlefield begann sich zu beruhigen. Er berichtete von seinem Verdacht gegen Webster, von dem Schmiedehammer und dem versperrten Laboratorium.

»Auch wir haben einen starken Verdacht gegen Professor Webster!« meinten die Polizisten, »Mr. Fielding hat uns berichtet, daß Professor Webster bei Dr. Parkman schwer verschuldet war. Aber was machen Sie eigentlich hier unten im Keller?«

»Ich war gerade dabei, den Boden in die Privattoilette von Professor Webster aufzubrechen, die seit Tagen zugeschlossen ist.«

»Wie weit sind Sie?«

»Ich hab's gleich geschafft!«

»Dann gehen wir gleich mit. Vielleicht finden wir etwas, was unseren Verdacht erhärtet!«

In wenigen Minuten war das Loch so groß, daß Littlefield mit seiner Kerze hinaufklettern konnte. Ein widerlicher Geruch hing in der Luft. Er brauchte nicht viel umherzuleuchten; das, was er sah, war eindeutig. Grauen erfaßte ihn: Da lagen die Überreste eines menschlichen Skeletts!

Was bei den polizeilichen Ermittlungen der nächsten Tage ans Licht befördert wurde, reichte aus, um Webster wegen Mordverdachts verhaften zu lassen: Außer in der Toilette fanden sich Knochen in einer Teekiste, bedeckt von Mineralien. Und im Aschenkasten des Ofens konnten mehrere verkohlte Knochen sowie Zähne aus einem künstlichen Gebiß sichergestellt werden. Doch die zahlreichen Funde reichten nach Meinung der begutachtenden Ärzte nicht für eine Verurteilung Websters aus. Es könnte nicht mit letzter Gewißheit festgestellt werden, daß es sich dabei um das Skelett von Dr. Parkman handele.

Es ist nicht mehr genau festzustellen, wer nun auf die Idee kam, den gefundenen Zähnen nachzuforschen. Es dauerte gar nicht so lange, bis der Zahnarzt von Dr. Parkman gefunden war, der eindeutig bestätigte, daß die Zähne für den Vermißten hergestellt worden waren. Letzter Beweis waren die noch vorhandenen alten Abdrücke, die genau jene Unregelmäßigkeiten zeigten, wie man sie auch bei diesen Zähnen fand.

Inzwischen steht dem Gerichtsmediziner die Identifizierung von Toten aufgrund des Gebisses routinemäßig zur Verfügung. Die Methode hat sich, weil erfolgreich, rasch durchgesetzt. Schon 30 Jahre nach dem Fall Webster konnte der Wiener Gerichtsmediziner Eduard von Hofmann die Wirksamkeit des Verfahrens demonstrieren. Namentlich beim großen Ringtheaterbrand im Jahr 1881, bei dem zahllose Menschen den Tod fanden und dabei bis zur Unkenntlichkeit verstümmelt wurden, gelang ihm die Identifikation vieler Opfer durch die gefundenen Zähne.

Nicht nur im Einzelfall ist die Zusammenarbeit zwischen Polizei, medizinischen und zahnärztlichen Experten unumgänglich, besonders wichtig ist sie – wie das angeführte Beispiel zeigt – bei Katastrophen, Hotel-, Kino- und Theaterbränden, bei Verkehrsunfällen, Schiffsunglücken und Flugzeugabstürzen. Die Hinweise, die Zahnärzte geben können, sind weitreichend, spannen sich von der Zusammensetzung und Beschaffenheit des Gebisses – ob Milchgebiß, Wechselgebiß oder bleibende Zähne – über die Altersbestimmung bis hin zur Festlegung bestimmter Berufe (wie Glasbläser) und Gewohnheiten (wie Rauchen). Sogar früher durchgestandene Krankheiten lassen sich zuweilen aus den Zähnen ablesen. Die Pflege des Gebisses und die Art der Behandlung geben oft Hinweise auf den Stand und die soziale Stellung des Unbekannten.

Ein weiterer berühmter Fall, in dem ein Zahn im Mittelpunkt der Aufklärung stand, ereignete sich im zaristischen Petersburg. Neben einem ermordeten Bankier fand man eine Zigarrenspitze mit Eindrücken von zwei ungleich langen Schneidezähnen am Bernstein-Mundstück. Da mit Sicherheit nachgewiesen werden konnte, daß der Ermordete nicht solche Zähne besaß, wohl aber sein Cousin, war der als Täter überführt – ein echtes Kuriosum der Kriminalgeschichte, aber bei weitem nicht das einzige zu diesem Thema.

Wie Bißspuren zur Überführung von Einbrechern beitragen, zeigt der folgende Fall aus Österreich: Bei Innsbruck war in den Nachkriegsjahren in einem alleinstehenden Haus eingebrochen worden; Lebensmittel waren abhanden gekommen. Der Täter hatte einen Apfel angebissen, ihn aber, vermutlich weil zu sauer, weggeworfen. Das war äußerst unvorsichtig, wie sich bald herausstellen sollte, denn der Besitzer des Sommerhauses war Professor Mayerhofer, der Chef der Innsbrucker Zahnklinik. Dieser hob den Apfel auf, betrachtete ihn aufmerksam und stellte nach den Regeln zahnärztlicher Kunst einen Gipsabdruck her. Damit wurde der Täter überführt.

Den Zähnen bringt die moderne Gerichtsmedizin also mit Recht ihre besondere Beachtung entgegen. Sie sind heute auch bei einem lange Zeit ungelösten Problem dienlich: bei der Altersbestimmung unbekannter Toter. So kann man beispielsweise über Röntgenbilder der Zähne das Alter ziemlich genau feststellen, da die Markhöhle, in der der Zahnnerv verläuft, mit zunehmendem Alter immer mehr zusammenwächst. Versierte Fachleute können schon aus dem Zustand des Gebisses, speziell der Faltungen von Backenzähnen, eine vorläufige Altersbestimmung vornehmen. Die erwähnte Methode ist nicht nur bei der Identifikation von Leichen einsetzbar; heute braucht man sie beispielsweise in Gerichtsverfahren gegen Jugendliche, deren Alter nicht genau feststeht – vorwiegend bei Ausländern, bei denen das Geburtsdatum nicht immer nachweisbar ist. Es ist in jenen Fällen von Bedeutung, in denen ein Jugendlicher wegen Strafunmündigkeit nicht zur Verantwortung gezogen werden kann. Nach deutschem Recht endet sie mit dem 14. Lebensjahr.

Andere Methoden der Altersbestimmung – wie die Untersuchung der Knochenkerne – sind ausnahmslos am leblosen Körper durchführbar.

Röntgenbild und Fotografie

Die Entdeckung der Röntgenstrahlen am Ende des vorigen Jahrhunderts hatte wesentliche Auswirkung auf die Arbeit der Gerichtsmediziner: Die Röntgenisierung von Toten erlaubte die Lage von Gewehrkugeln schnell und eindeutig zu fixieren; man konnte jetzt das Skelett ohne komplizierte Sektion aus dem Körper quasi »herausnehmen« – für Vermessungen, Größenbestimmungen, Verletzungsnachweise.

Auch ein anderes technisches Medium, die Fotografie, brachte entscheidende Erleichterungen der kriminalistischen wie gerichtsmedizinischen Arbeit. Schon 1891 ordnete ein preußischer Erlaß das Fotografieren unbekannter Toter zum Zwecke der Identifizierung an, 1903 wurde die Tatortfotografie beweiskräftig. Der Gerichtsmediziner kann zum Beispiel aus der Lage des Opfers Schlüsse über den Tathergang ziehen, kann sagen, ob der Mord an dieser Stelle verübt oder die Leiche erst später dorthin gebracht wurde.

Auch in ganz anderer Weise setzt man die Fotografie wirksam ein: wiederum zur Identifizierung von unkenntlichen Toten. Selten tritt ja der Fall ein, daß man mit einer gefundenen Leiche gar nichts anzufangen weiß. Die Durchsicht der Vermißtenkartei setzt doch gewisse Anhaltspunkte für die mögliche Identität des Opfers. Wenn man nun aufgrund des Geschlechts, der Haarfarbe und Körpergröße sowie dem Fundort den bis zur Unkenntlichkeit verwesten Körper mit den vermißten Personen vergleichen will, so kann man mit Hilfe einer Fotografie eindeutige Aussagen dazu treffen. Dazu benötigt man die fotografische Wiedergabe des Schädels, an dem markante Punkte wie seine Umrißlinien, Nasenwurzel, Augenhöhlen sowie der untere Rand des Oberkiefers gut sichtbar sind. Sollte ein Vergleich mit einem zu Lebzeiten aufgenommenen Bild des Kopfes in allen Charakteristiken übereinstimmen, kann es als sicheres Indiz dafür dienen, daß es sich um ein und dieselbe Person handelt. Diese Methode, Mitte der dreißiger Jahre erstmals angewandt, hat die gerichtsmedizinischen Nachweismethoden für die Identifizierung von Toten bereichert.

Neben der Altersbestimmung bereitete auch die Feststellung der Körpergröße lange Zeit ein schwieriges Unterfangen, wenn dem Gerichtsmediziner nur Teile des Skeletts zur Verfügung standen. Der erste, der sich intensiv mit den Zusammenhängen des Knochenskeletts und der Körpergröße auseinandersetzte, war der Franzose Etienne Rollet; 1889 veröffentlichte er seine Ergebnisse. 100 Tote hatte er dazu untersucht, vermessen und tabellarisch verglichen, ehe er genaue Angaben über das Verhältnis zwischen den sogenannten »langen« Knochen – Oberarm-, Oberschenkelknochen, Schien- und Wadenbein – und der Körpergröße publizierte. In tabellarischen Listen festgehalten, zeigte ein Blick, daß ein Oberarmknochen von 35,2 Zentimetern einer Körpergröße von etwa 1,80 Metern zuzuordnen wäre. Natürlich wird die Angabe desto exakter, je mehr maßgebliche Knochenteile man vorliegen hat.

Kaum hatte Rollet seine Kenntnisse veröffentlicht, als der mit ihm verschwägerte Alexandre Lacassagne die Rolletschen Erfahrungen in einen der großen Sensationsprozesse der französischen Kriminalgeschichte einbrachte.

Knochengerassel

In der Phase, in der Lacassagne, damals schon ein versierter Gerichtsmediziner in Lyon, in den Fall Gouffé eingeschaltet wurde, hatte die ganze Angelegenheit schon eine längere Geschichte hinter sich, in der bereits Machtkämpfe, Intrigen und ein erheblicher Pressewirbel entfacht worden waren.

Dabei begann alles relativ harmlos. Am 27. Juli 1889 wurde der Gerichtsvollzieher Gouffé von seinem Schwager als vermißt gemeldet; zwar gehörte er zu den gut verdienenden Bürgern der Stadt, war jedoch beileibe kein Mitglied des damaligen »Jet-set« der französischen Metropole. Allerdings brachten die folgenden Ermittlungen über den Lebensstil des Witwers, der mit seinen beiden Töchtern zusammenlebte, einige Pikanterien zum Vorschein, die die Anteilnahme der Presse am Fall Gouffé wachriefen. Denn damals wie heute ist das auffällig ausschweifende Liebesleben einer sonst geachteten Persönlichkeit attraktiv und publikumswirksam. Und davon hatte Gouffé genug Spuren hinterlassen. Seine intimen Kontakte zu zahlreichen Damen wurden restlos »ausgeschlachtet«. Fast täglich wurde ein neues erotisches Abenteuer aufgedeckt: Gouffé, der Mann mit den zwei Gesichtern!

Daß sein Verschwinden irgendwie mit seinen diversen Beziehungen und Damenbekanntschaften in irgendeinem Zusammenhang stehen müsse, darüber herrschte bald Einigkeit. Doch die Polizei kam bei ihren Ermittlungen so gut wie nicht weiter. Rund 100 Mädchen wurden befragt, doch man trat auf der Stelle. Niemand konnte Aussagen darüber machen, wo sich Gouffé an jenem Abend aufhielt, an dem er nicht mehr nach Hause zurückkehrte. Einen Mord sah man bei der Polizei als wahrscheinlich an; doch dazu brauchte man seine Leiche.

Goron, ein alter Fuchs der Pariser Sûreté, der die Untersuchungen leitete, stellte mehrere Mitarbeiter dazu ab, in allen Provinzblättern nach Meldungen über einen Fund von nicht identifizierten Leichen zu suchen. Endlich, am 17. August, eine Spur: ein Leichenfund in Lyon! Auf die telegrafische Anfrage Gorons, ob es sich bei dem Toten um Gouffé handeln könnte, zeigte sich die dortige Polizei leicht indigniert. Von den ständigen Einmischungen aus der Hauptstadt hatte man hier schon seit einiger Zeit genug. Der Untersuchungsrichter versicherte, daß der Tote in keinem Fall Gouffé sein könnte. Um seine Äußerung zu untermauern, fügte er vorsichtshalber hinzu, man stehe kurz vor der Aufklärung dieses Falls und es bedürfe keiner weiteren Hilfe aus Paris.

Goron blieb hartnäckig – aus dem nicht näher begründbaren Gefühl heraus, er habe trotzdem recht. Nach seinen Informationen, die er sich im weiteren nicht mehr von den amtlichen Stellen in Lyon besorgte, sondern von einem Lokalberichterstatter, hatte man den halb verwesten Leichnam in einem Sack am Rhôneufer gefunden. Dr. Paul Bernard, der schon öfter als Gerichtsarzt fungierte, hatte auch diesen Toten untersucht. Aus seinem knappen Gutachten ging hervor, daß der Unbekannte erdrosselt worden sei. Seine Größe gab er mit 1,70 Metern, sein Alter mit um die 40 Jahre an. Beide Merkmale standen in krassem Gegensatz zu Gouffé, der fast 1,75 Meter groß und rund 50 war. Sollte sich Goron mit seiner starrköpfigen Meinung, der Tote müsse Gouffé sein, tatsächlich geirrt haben? Goron selbst kamen bei diesen Angaben Zweifel. Und noch ein Indiz schien gegen Goron zu sprechen: Die Haare und der Bart des Toten waren schwarz, während Gouffé brünett gewesen war.

Unterdessen hatte man in der Nähe jener Stelle, an der man die sterblichen Überreste des Unbekannten gefunden hatte, auch Teile eines Koffers endeckt, mit dem der Tote offensichtlich transportiert worden war; das war schon durch den von ihnen ausgehenden bestialischen Gestank verwesenden Fleischs ersichtlich. Auf einem dieser Teile fand man einen Aufkleber mit folgendem Text: »Aufgabebahnhof: Paris 1231 – Paris 27.7.1889 – Expreßzug 3. Bestimmungsbahnhof: Lyon – Perrache 1.« Die letzte Zahl der Jahresangabe ließ sich nur mit Mühe und etwas Raten entziffern. Während man in Lyon entschied, es müsse sich dabei um eine Acht handeln (Gouffé war aber erst ein Jahr später verschwunden), tippte Goron entschieden auf eine Neun. In beiden Fällen war wohl vor allem der Wunsch Vater des Gedankens; allein, Goron hatte dabei die glücklichere Hand! Auf Anfrage erklärte man bei der Bahn, 1888 sei kein Gepäckstück mit dieser Nummer aufgegeben worden, nur ein Jahr später sei ein Koffer damit befördert worden. Voilà!

Die Sache kam ins Rollen: Von einem Spitzel hatte Goron erfahren, daß Gouffé zwei Tage vor seinem Verschwinden mit einem gewissen Michel Eyraud und dessen Geliebter Gabrielle Bompard gesehen worden war. Beiden eilte ein zweifelhafter Ruf voraus. Diese überraschende Entwicklung des Falles überzeugte den Pariser Untersuchungsrichter soweit, daß er Goron persönlich nach Lyon schickte, worauf der schon des längeren gedrängt hatte.

An diesem Punkt der Ermittlungen wurde Alexandre Lacassagne hinzugezogen; er sollte ein zweites Gutachten abgeben. Die Leiche – oder besser gesagt, das, was von ihr noch übrig war – wurde auf Gorons Befehl exhumiert und in Lacassagnes Institut überführt. Die folgenden Tage wurden zu einem Tribunal für Dr. Bernard, der den Unbekanten als erster seziert hatte. Das zeichnete sich bereits bei der ersten Besichtigung des Torsos durch Lacassagne ab. Sie fand in einem Hörsaal in der Medizinischen Fakultät statt. Neben Lacassagne, Etienne Rollet und einem Assistenten waren auch Goron, Staatsanwalt Bérand und jener unglückliche Paul Bernard anwesend.

Lacassagne blickte mißmutig auf den vor ihm liegenden verwesten Leichnam.

»Wie soll ich denn da noch etwas feststellen können? fragte er mit zornigen Blicken in Richtung Bernard. Dieser ahnte bereits Schreckliches. »Wissen Sie, Bernard, ich dachte, Sie wären ein besserer Schüler gewesen! Sie kennen doch meinen Leitsatz: Eine schlecht gemachte Autopsie läßt sich nicht mehr wiederholen.«

»Kennen sich die beiden Herren denn?« ließ sich Goron aus dem Hintergrund vernehmen, der über die Lyoneser Situation natürlich nicht so informiert war.

»Dr. Bernard war längere Zeit an meinem Institut Präparator. Aber wie mir schon beim ersten Blick auf die von ihm durchgeführte Sektion scheint, hat er bei mir nicht allzuviel gelernt. Schauen Sie sich das an: Die Schädeldecke ist ja fast zertrümmert worden. Auch Toten gebührt der nötige Respekt des Mediziners!«

Goron, der sich im Lauf seiner langjährigen kriminalistischen Karriere immer noch nicht so recht an Leichenöffnungen gewöhnt hatte, fühlte so etwas wie Triumph in sich aufsteigen.

Einstweilen ging Lacassagne ans Werk: Mit einem Skalpell

öffnete er den Brustkorb und half mit den bloßen Händen nach, sämtliche Knochen freizulegen. Darüber hinaus waren für ihn nur noch die Haare von Interesse. Zusammen mit Rollet, der seine Tabellen für die Körpergrößenbestimmung aufgeschlagen neben sich auf dem Tisch liegen hatte, nahm er genaue Messungen der Ober- und Unterschenkelknochen vor. Rollet blätterte in seinen Tabellen. Es war ganz still. Goron spürte die Spannung in sich aufsteigen. Zu welchem Ergebnis würden sie kommen?

»Anhand der Messungen«, ließ sich Rollet schließlich hören, »würde ich auf eine Körpergröße von 1,785 Metern schließen.«

Goron war die Enttäuschung aus dem Gesicht abzulesen. »Sind Sie ganz sicher, Dr. Rollet?«

»Natürlich! Ganz sicher! Welche Körpergröße hatte denn ihr Gouffé?«

»Seine Verwandten haben 1,75 Meter angegeben. Aber das muß ja nicht stimmen. Ich werde der Sache noch genauer nachgehen!«

Eiligen Schritts verließ Goron den Raum, eilte an die nächstgelegene Poststelle und telegrafierte der Pariser Militärbehörde. Noch bevor er eine Antwort erhalten konnte, gab er ein weiteres Telegramm auf – diesmal an seinen Mitarbeiter. Er sollte den Namen des Schneiders von Gouffé ausfindig machen, ihn aufsuchen und ebenfalls nach Gouffés Körpergröße befragen.

Am nächsten Tag war erwiesen: Gouffés Größe stimmte mit Lacassagnes Angaben überein! Dieser hatte aber noch weitere Details festgelegt. Er setzte sich mit Goron in Verbindung. Goron eilte sofort in sein Institut.

»Herr Inspektor, ich habe bei der genauen Untersuchung der Knochen des rechten Beins sonderbare Veränderungen festgestellt. Sie lassen darauf schließen, daß das rechte Bein des Unbekannten schwächer war als das linke.«

«Meinen Sie, er hat gehinkt?«

»Ja, das könnte leicht sein.«

Gorons Tatendrang wurde neuerlich animiert: »Das läßt sich leicht herausfinden!«

»Ach, Herr Inspektor, noch etwas: Ich kann zwar keine endgültige Aussage über die Art der Krankheit machen, da die gesamt Muskulatur durch die Verwesung schon so weit in Mitleidenschaft gezogen ist, aber es spricht vieles dafür, daß das Opfer in seiner Jugend an einer tuberkulösen Erkrankung des rechten Fußgelenks gelitten hat.«

»Professor Lacassagne, was würde ich ohne Sie machen!«

Goron war in Hochstimmung. Er gab mehrere Telegramme nach Paris auf; Gouffés Arzt, seine beiden Töchter, sein Schuhmacher, alle sollten befragt werden.

Die von seinem Assistenten ermittelte Übereinstimmung mit Lacassagnes Erkenntnissen nahm Goron beinahe schon mit gelassener Selbstverständlichkeit auf. Jetzt galt es nur noch eine Unstimmigkeit zu beseitigen: die Sache mit der Haarfarbe. Auch hier war Lacassagne genau der richige Mann; er hatte sich schon seit geraumer Zeit mit mikroskopischen Haaruntersuchungen befaßt.

Lacassagne wußte also, wovon er sprach, wußte, worauf es ankam – wie kaum ein zweiter zu seiner Zeit. Bei seiner nächsten Unterredung mit Goron bat er: »Macht es Ihnen große Umstände, mir die Haarbürste aus Gouffés Wohnung zu beschaffen?«

Goron war doch etwas erstaunt.

»Durchaus nicht. Ich telegrafiere gleich, daß man sie Ihnen schicken soll. Aber darf ich fragen, wozu Sie die Bürste brauchen?«

»Sehen Sie: Wir haben hier Haare eines Unbekannten, die schwarz sind. Vieles spricht jedoch dafür, daß der Tote Gouffé ist, der bekanntlich brünettes Haar hatte. Diese letzte Frage muß jetzt enträtselt werden.«

»Und Sie hoffen, daß Ihnen das mit Gouffés Haarbürste gelingt, mein lieber Professor?« Goron sagte das in scherzhaftem Ton, auf den Lacassagne allerdings nicht einging.

Ernsthaft entgegnete er: »Aber sicher! Ich habe mich schon seit Jahren mit der mikroskopischen Analyse von Haaren beschäftigt. Ich sage Ihnen, dieses höchst moderne, aber noch relativ unbekannte Verfahren wird die kriminalistische Arbeit des Gerichtsmediziners revolutionieren. Ein einziges Haar wird bald den Nachweis erbringen, daß dieser oder jener am Tatort war, ein einziges Haar! Wenn Sie also in Zukunft den

Tatort nach Beweisstücken absuchen, denken Sie an meine Worte! Selbst Haare können ein wichtiges Indiz werden. Und deshalb brauche ich die Haarbürste von Gouffé, um Vergleiche mit jenem Haar machen zu können, das tatsächlich von ihm stammt. Die Farbe spielt dabei keine Rolle, wenn sie mikroskopisch identisch sind.«

»Haben Sie eigentlich eine Erklärung, warum sie schwarz sein können? Meinen Sie, Gouffé hat sich die Haare gefärbt?«

»Nicht unbedingt, Inspektor, nicht unbedingt. Es kommt vor, daß sich die Haarfarbe nach dem Tod ändert.«

»Alle Wetter! Wieso hat das Bernard nicht gewußt?«

»Es ist mir wirklich rätselhaft. Menschlich sind wir uns zwar nie nähergekommen, aber ich hätte gedacht, daß ich bessere Gerichtsmediziner heranbilde. Ich habe es wenigstens gehofft. Bernards Arbeit war oberflächlich, ja stümperhaft! Ich muß es leider sagen.«

»Ich bin nur froh, daß ich so hartnäckig geblieben bin. Glauben Sie mir: Ich war nicht immer ganz überzeugt, das Richtige zu tun. Es war eigentlich nur ein Gefühl . . . Naja, jedenfalls hat sich ja alles noch zum besten gewendet. – Ich werde jetzt gleich veranlassen, daß Ihnen die Haarbürste übersandt wird.«

»Herr Inspektor, bevor Sie gehen . . . Sie haben doch sicher nichts dagegen, wenn ich meinen Kollegen Hugounenq zu einer Zusammenarbeit einlade. Er ist Chemiker. Ich habe ihn vor Jahren dazu angeregt, sich eingehend mit der chemischen Analyse von Haaren zu beschäftigen. Da ich selbst kein Chemiker bin, kann er für meine diesbezüglichen Untersuchungen sehr hilfreich sein.«

»Was für eine Frage! Sie wissen, wie sehr ich an der Aufklärung des Falls Gouffé persönlich engagiert bin.«

»Gut. Dann werden wir das Haar zuerst auf eine Färbung hin untersuchen. Sollte sie negativ verlaufen, werden wir das Haar mikroskopieren, die Stärke messen und nach weiteren Übereinstimmungen suchen.«

»Wann können Sie mir ein definitives Ergebnis vorlegen?«

»In Zusammenarbeit mit Hugounenq . . . ich glaube, in wenigen Tagen werden wir mehr wissen. Sobald ich etwas sagen kann, werde ich mich natürlich umgehend bei Ihnen melden. Bleiben Sie noch in Lyon oder fahren Sie nach Paris zurück?«

»Nein, nein, ich bleibe so lange hier, bis Ihre Untersuchungen abgeschlossen sind.«

Am 21. November war es dann soweit. Professor Lacassagne war sich mit letzter Gewißheit sicher, daß es sich bei der Leiche tatsächlich um Monsieur Gouffé handelte. Der Beitrag, den die Gerichtsmedizin zur Aufklärung beisteuern konnte, war damit beendet.

Für Goron blieb jedoch noch einiges zu tun. Er mußte den Mörder Gouffés dingfest machen. Unter abenteuerlichen Verhältnissen gelang es ihm, das Verbrechen aufzudecken. Wie vermutet, waren darin die beiden Gesuchten Eyraud und Bompard verstrickt. Das Vorgehen des Gangsterpärchens war wirklich dazu angetan, den Fall auch weiterhin in den Schlagzeilen zu halten: Beide waren gemeinsam nach Kanada geflohen. Dort hatten sie sich zerstritten. An der Seite eines anderen kehrte Mademoiselle Bompard nach Paris zurück, wo sie sich, auf die Gunst der Richter hoffend, den Behörden stellte. Nach ihrer Darstellung der Dinge war sie unschuldig in einen Mord hineingezogen worden.

Brieflich meldete sich nun auch Eyraud aus seinem Exil zu Wort. Er schilderte die Vorfälle in anderem Licht: Er selbst sei völlig unschuldig; seine frühere Geliebte, Gabrielle Bompard, habe ein Verhältnis mit Gouffé gehabt; seiner überdrüssig, habe sie ihn wahrscheinlich von einem ihrer zahlreichen Freunde ermorden lassen.

Diese gegenseitigen Beschuldigungen bestärkten Goron in seinem Schluß, daß beide in die Geschehnisse um den Gerichtsvollzieher Gouffé verwickelt sein müßten. Er setzte an der verwundbarsten Stelle an, bei Gabrielle Bompard. Seine bekannt scharfen Verhöre blieben nicht ohne den gewünschten Erfolg: Die Verdächtige legte bald ein vollständiges Geständnis ab.

Die Bompard hatte Gouffé in einem kleinen Absteigequartier empfangen; nur mit einem durchsichign Negligé bekleidet, führte sie ihn zum Bett. Dort legte sie dem angetrunkenen Gouffé eine Kordel um den Hals; den Rest erledigte Eyraud, der hinter dem Alkoven versteckt war. Der Grund für das Verbrechen war schnöde Habsucht: Eyraud – praktisch pleite –

wußte von Gouffés gutgehenden Geschäften und wollte auf diese Weise an den Schlüssel für dessen Tresor. Doch die ganze Attacke war umsonst, da der passende Schlüssel nicht an jenem Bund war, den Gouffé an jenem Abend, an dem er sterben mußte, bei sich trug.

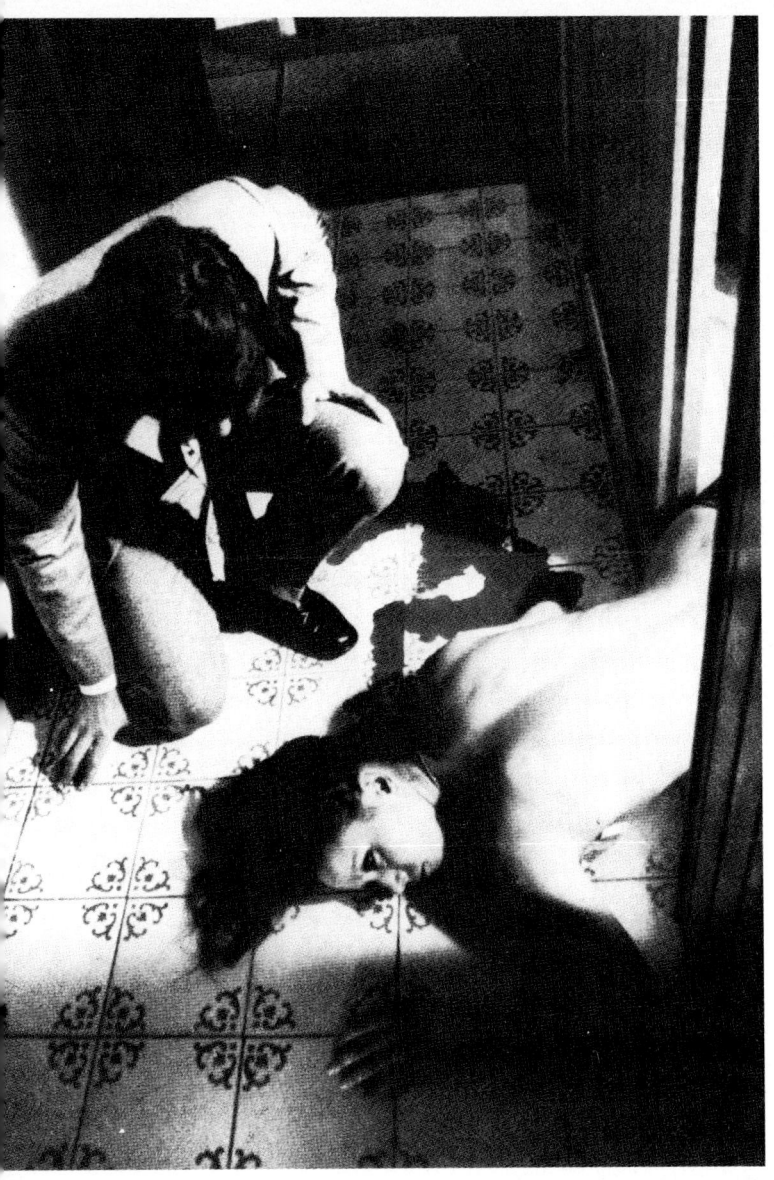

Am Anfang (der Arbeit der Gerichtsmedizin) war der Mord: meist allerdings nicht so offensichtlich als solcher erkennbar wie auf diesem Foto aus dem Film »Der schwarze Leib der Tarantel«.

2. Dann folgt die Verhandlung: hier eine zeitgenössische (1. Hälfte des 19. Jhdts.) Darstellung des »Görlitz-Prozesses«, in dem Indizien eine entscheidende Rolle spielten.

Das Ende eines überführten Täters: Hinrichtung des Giftmischers Derues im Jahre 1777.

4. Friedrich Freiherr von der Trenck (1726–1794) während seiner Magdeburger Festungs-
haft. Zwei Jahrhunderte nach seinem Tod klärte die Gerichtsmedizin das Rätsel um
seine »Blutbibel«.

. Sherlock Holmes, der literarische Ahnherr aller Detektive, und sein Freund Dr. Watson verfolgen einen Verbrecher im Londoner East End; Holzstich um 1890.

6. Tatwaffen (1): Dieser schöne, 2 cm große Ring aus dem 18. Jahrhundert diente nicht nur zum Schmuck – in einem Hohlraum barg er ein tödliches Gift.

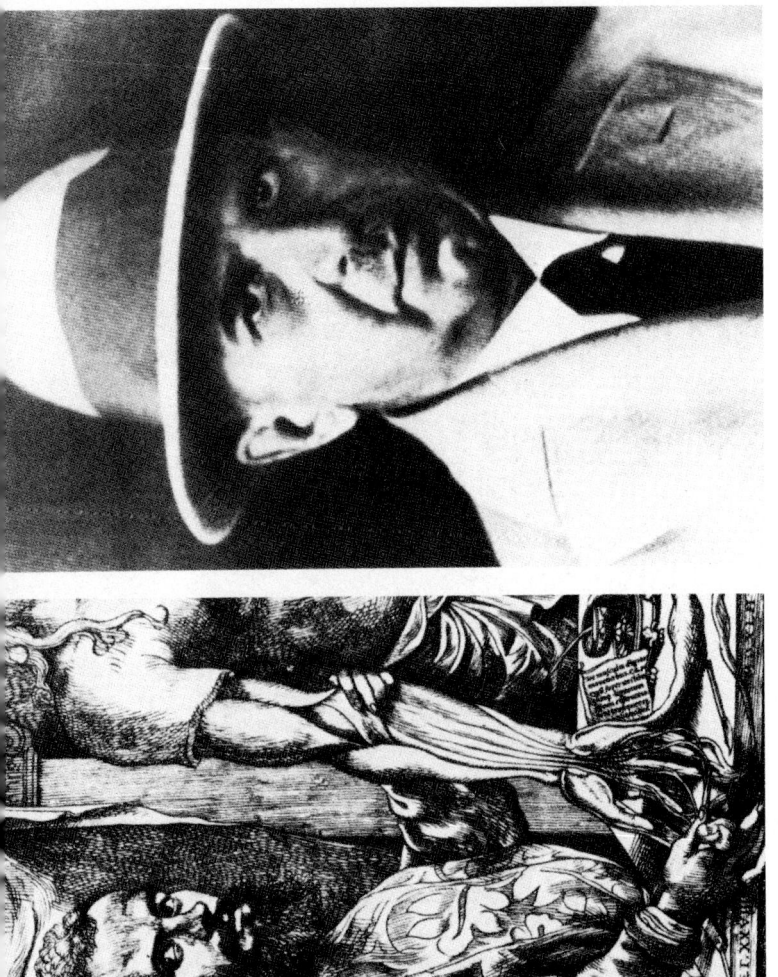

. Zwei Pioniere der (forensischen) Medizin aus dem 16. und 20. Jahrhundert: links Andreas Vesal(ius), Anatom aus Brüssel, rechts Karl Meixner, Direktor des Gerichtsmedizinischen Instituts in Innsbruck.

8. Dr. Crippen, fast perfekter Mörder seiner Ehefrau, und seine Geliebte Ethel Le Nev als Wachsfiguren im Gruselkabinett der Madame Tussaud, London.

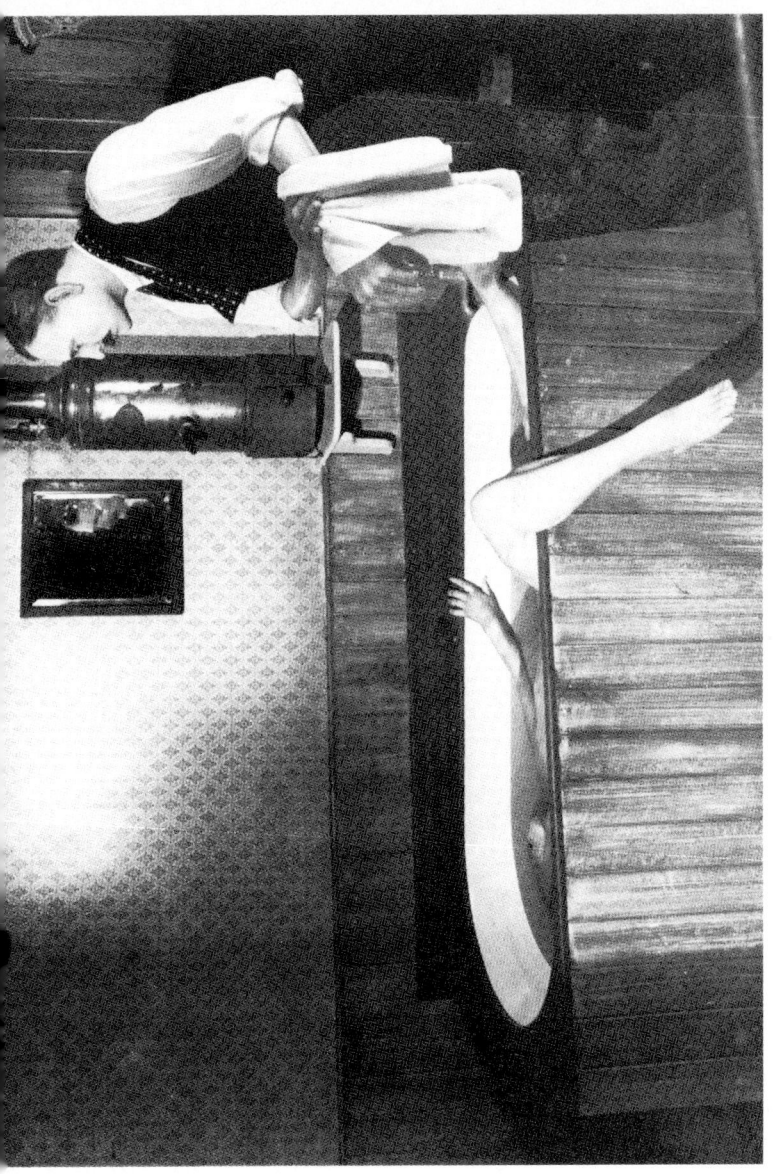

Tatwaffen (2): Die Badewanne war wiederholtes und beliebtes Mordwerkzeug des Eng-
länders John Joseph Smith.

10. Zwei Tatortskizzen von Prof. Holzer vom Gerichtsmedizinischen Institut in Inn
bruck.

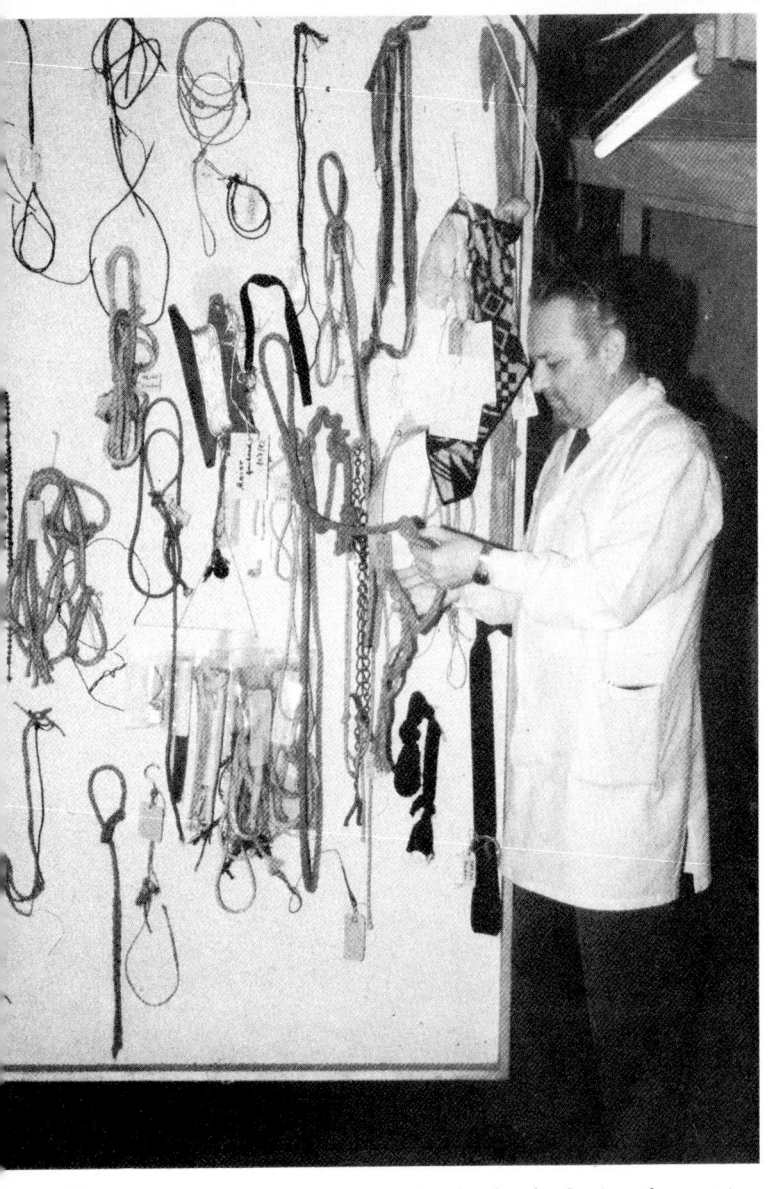

Tatwaffen (3): diverse Strangwerkzeuge aus dem Innsbrucker Institut, demonstriert von Prof. Henn.

12. Vera Brühne, aufgrund von Indizien in einem Mordprozeß zu lebenslanger Haft veurteilt, wird dem Gericht 1969 in einem anderen Mordfall als Zeugin vorgeführt.

3. Was ist Film, was ist Wirklichkeit? Oben: die Schauspielerin Ingrid van Bergen in »Rosen für den Staatsanwalt«, unten: vor der Urteilsverkündigung in dem Totschlagprozeß von 1977.

14. Ausbildungsalltag zukünftiger Rechtsmediziner in Deutschland: Obduktion eine
Leiche.

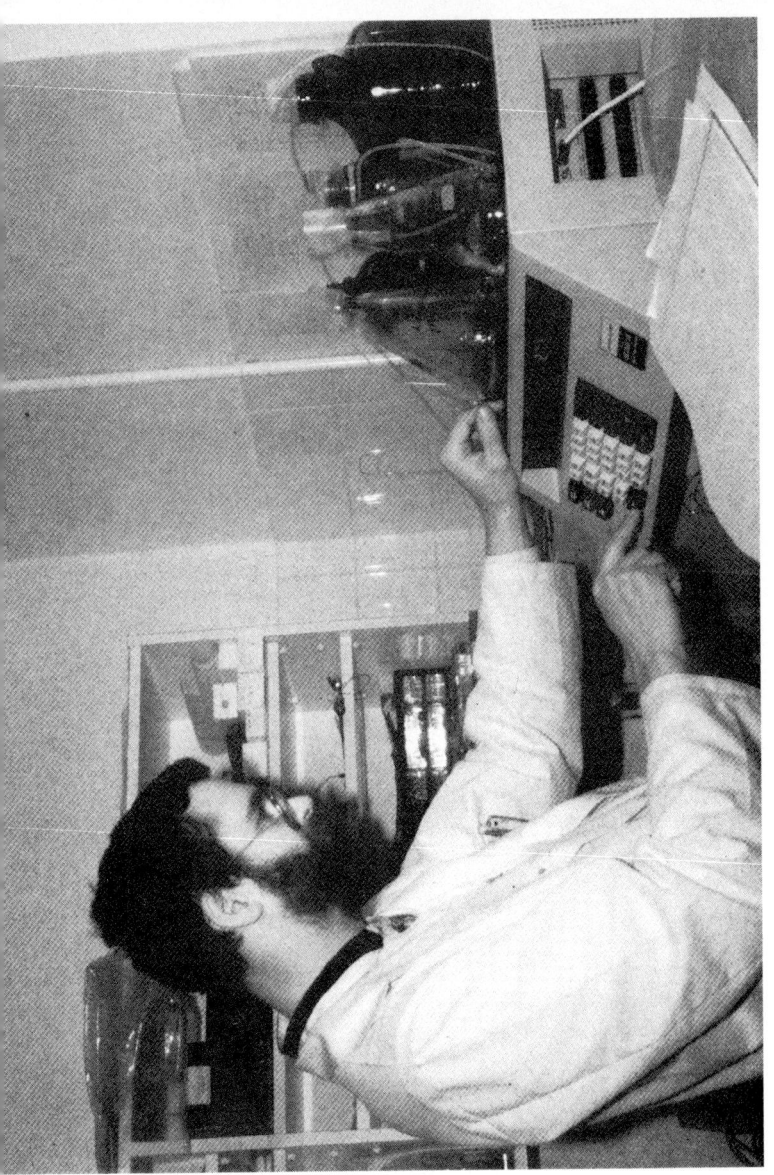

. Wissenschaftler am Flüssigkeitschromatographen in einem toxischen Labor.

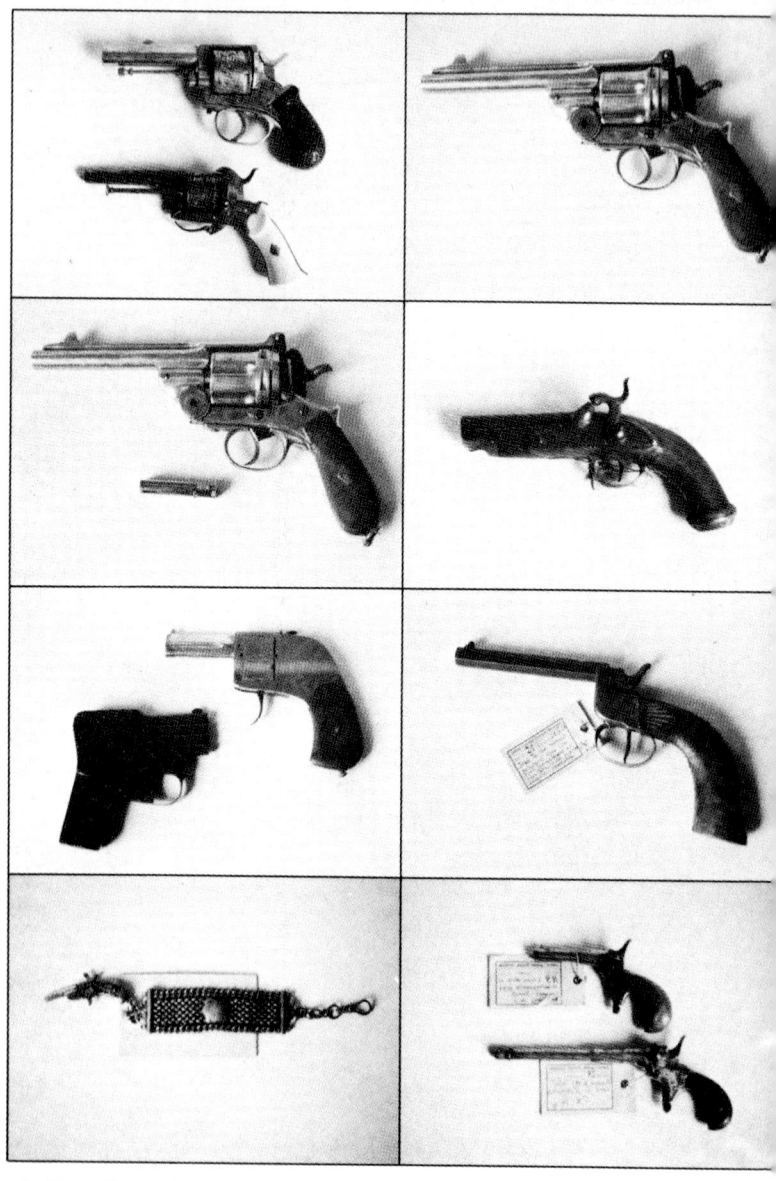

16. Tatwaffen (4): Revolver unterschiedlichen Kalibers aus dem »Museum« des Gerichtsmedizinischen Instituts in Innsbruck.

Kindsmord, Kindermörder:
Ein altes Problem

Wer daran glaubt, die Frau sei ein Engel, verliert den Glauben an den ewigen Frieden des Himmels.

Kornel Makuszynski

Das Ehepaar Halaksa als »Engelmacher« angeklagt

Der fünfjährigen Mathilde Halaksa ist wohl während ihres ganzen, nur zu kurzen Lebens nicht soviel Aufmerksamkeit geschenkt worden wie seit den polizeilichen Ermittlungen nach ihrem Tod am 22. April 1928.

Es war an einem naßkalten Aprilmorgen, sonntags gegen acht Uhr, als der Arzt Dr. Johann Wetzler von einer sichtlich aufgelösten Frau aufgesucht wurde, die sich als Antonie Halaksa vorstellte. Ihre Tochter, so brachte sie, mit den Tränen kämpfend, hervor, sei in der Nacht aus dem Bett gefallen und habe sich dabei verletzt. Der Arzt versprach, in einer Stunde zu kommen. Gegen neun Uhr betrat er die kleine Wohnung, wurde von der Mutter umgehend in die Küche gebracht. Hier lag – rücklings auf einer Pritsche – die fünfjährige Mathilde in einem schrecklichen Zustand, nur Haut und Knochen, mit einer Fraktur am Schädel.

Sie war bereits tot!

»Ja, um Gottes willen! Warum rufen Sie mich erst jetzt? Das Kind ist ja schon lange tot!«

In diesem Augenblick betritt ein unrasierter Mann in Hemdsärmeln die Küche, offensichtlich der Ehemann. Er sieht dem Arzt fast feindselig in die Augen.

»Weil ich arbeitslos bin und keinen Arzt bezahlen kann.«

»Aber man ruft doch einen Arzt, wenn man ihn braucht, und nicht nur, wenn man ihn bezahlen kann. Im übrigen, es wäre gut, wenn Sie umgehend den Amtsarzt verständigen würden.«

12. Dezember 1929, mehr als eineinhalb Jahre später: Zweiter Verhandlungstag im Mordprozeß Halaksa. Hofrat Professor Haberda wurde um sein gerichtsmedizinisches Urteil gebeten. Seine Schilderung, Ergebnis der an der Kinderleiche durchgeführten Obduktion, löste tiefe Betroffenheit bei dem Gericht und den Prozeßbesuchern aus: Ihr ganzer Körper war von rötlichblauen Flecken übersät, im gebrochenen Oberkiefer war ein Zahn ausgeschlagen, dessen Wunde noch frisch war. Die Lippe war abgerissen, der rechte Arm zeigte einen offenen Knochenbruch, dessen Wunde schon vernarbt war. All das

konnte nicht durch ein einmaliges Herausfallen aus dem Bett entstanden sein. Die schlimmste Verletzung fand man jedoch erst bei der Öffnung des Brustraumes: einen Bruch der Wirbelsäule, der nach ärztlichem Urteil zum schnellen Tod des Kindes geführt hatte. Dieser Brustwirbel war regelrecht zerrissen worden – eine Verletzung, die nur auftritt, wenn man bei einem Sturz auf eine harte Kante aufgeschlagen ist. Abgesehen davon war das Kind hochgradig abgemagert und chronisch unterernährt. Der Bruch des Kiefers, eine äußerst schmerzhafte Verletzung, hatte eine normale Nahrungsaufnahme nicht zugelassen und nur die Aufnahme flüssiger Nahrung erlaubt; im vorliegenden Fall mußte sie jedoch unterlassen worden sein. Das Kind war in den letzten Wochen vor seinem Tod offensichtlich mehrfach mißhandelt worden – auch an der Kopfhaut fanden sich Vernarbungen früherer Verletzungen.

Professor Haberda schloß seinen Vortrag mit den Worten: »Das Kind hat in Wirklichkeit ein Martyrium durchgemacht und ist durch den Wirbelsäulenbruch sichtlich von seinen Schmerzen erlöst worden.«

»Können Sie genauere Angaben über die chronische Unterernährung machen, Herr Professor?«

»Ja, Herr Vorsitzender. Sie belegt, daß das Kind mindestens 20 oder 30 Tage unter einer erheblichen Störung der Gesundheit gelitten hat.«

»Ist es möglich, daß der Angeklagte das Kind bei den Füßen gepackt und auf den Boden geschlagen hat?«

»Aufgrund der festgestellten Verletzungen möchte ich das konkretisieren: Es ist möglich, daß der Angeklagte das Kind bei den Füßen genommen hat und gegen die Tischkante schlug. Und was die Verteilung und den Heilprozeß dieser Blessuren betrifft, muß man davon ausgehen, daß Angriffe dieser Art mehrfach und in verschiedenen Zeitabständen vorgenommen wurden.«

Der Vorsitzende wandte sich zu den Angeklagten und fragte: »Haben Sie dazu etwas zu sagen? Sie hören: Es ist ausgeschlossen, daß sich das Kind selbst angeschlagen hat; es ist mit Gewaltanwendung so schwer verletzt worden.«

»Ich weiß nicht, wie das gekommen ist.«

»Und Sie, Antonie Halaksa, und Sie?«

»Ich hab' nichts bemerkt.«

Nachmittags: Der Angeklagte Johann Halaksa wird vor Gericht verhört. Der Vorsitzende, Präsident Aichinger, leitet die Befragung.

»Herr Halaksa, erzählen Sie uns doch bitte, was sich in jener fraglichen Nacht abgespielt hat. Wann sind Sie nach Hause gekommen?«

»Es war so gegen ein Uhr nachts.«

»Wo waren Sie vorher?«

»Ich war im ›Goldenen Löwen‹, habe mit Freunden dort Karten gespielt.«

»Hatten Sie etwas getrunken?«

»Ja.«

»Und was?«

»Bier.«

»Und wieviel Bier?«

»Drei Liter. Wir schnapsen immer darum.«

»Was geschah dann?«

»Ich habe die Petroleumlampe genommen, die im Vorzimmer stand, und bin damit ins Schlafzimmer gegangen. Ich habe mich gleich ins Bett gelegt.«

»Weiter, Herr Halaksa, bitte weiter.«

»So gegen drei Uhr hat mich meine Frau geweckt . . . Sie hat gesagt: ›Schau, was geschehen ist!‹ Ich bin aus dem Bett gesprungen . . . und da lag sie. Die kleine Mathilde lag am Fußboden in der Nähe des Fensters.«

»Wie ist das Kind dorthin gekommen?«

»Wahrscheinlich aus dem Bett gefallen.«

»Das Kind lag doch zwischen Ihnen, nicht am Bettrand.«

»Sie wird herausgekrabbelt und am Fußende hinuntergestürzt sein. Ich hab' das Kind aufgehoben, hab' gesagt, die Frau soll Licht machen. Die Thilde hat die Augen verdreht.«

Er wischt sich die Tränen aus den Augen, was den Vorsitzenden zu der strengen Mahnung veranlaßt: »Sie wollen uns doch nicht vormachen, daß das echte Rührung ist! . . . Was haben Sie anschließend getan?«

»Ich habe das Kind gewaschen und massiert.«

»Massiert? Warum?«

»Damit ihm leichter wird.«

Man vernimmt halblaute Ausrufe des Unwillens aus dem Publikumsraum.

»Wie spät war es jetzt?«

»Etwa drei Uhr.«

»Und das Kind?«

»Es lag jetzt ruhig.«

Im weiteren Verlauf des Verhörs gibt der Angeklagte halb und halb einige Kindsmißhandlungen zu, leugnet aber jegliche Schuld am Tod der kleinen Mathilde.

Nach Johann Halaksa wurde seine Frau ins Verhör genommen. Totenblaß wurde sie in den Gerichtssaal geführt.

Sie erzählt, daß der eigentliche Vater ihrer unehelichen Tochter Mathilde, der Geschäftsdiener Karl Jerabek, früh starb. Nachdem sie den Hausmeisterposten in ihrem jetzigen Wohnhaus bekam, hat sie ihre Tochter zu sich genommen – sie war vorher von ihrer Großmutter aufgezogen worden. Bei der Schilderung der unglücklichen Ereignisse beginnt auch sie zu weinen. Wie ihren Ehemann mahnte der Vorsitzende auch sie: »Die Tränen kommen jetzt zu spät, Frau Halaksa!«

Zu den Ereignissen jener Nacht vom 22. April befragt, antwortet sie:

»Ich bin um ein Uhr nachts durch ein Gepolter aufgewacht. Ich habe meinen Mann geweckt, und da sehe ich, daß Thilde am Fußboden beim Fenster liegt.«

Von leisem Schluchzen unterbrochen, fährt sie fort. »Mein Mann ist aufgestanden, hat das Kind in die Küche getragen und ihm warme Tücher auf den Leib gelegt. Da es nicht besser wurde, habe ich dann in der Früh den Arzt geholt.«

»Sehr sonderbar! Ihr Mann hat ausgesagt, er habe das Kind massiert – von warmen Tüchern hat er nichts erzählt . . . Und wie erklären Sie sich, daß Hausbewohner in ihrer Wohnung um die fragliche Zeit zweimal ein lautes Pumpern gehört haben?«

»Ich weiß es nicht.«

»Aber Sie wissen, daß das Kind Verletzungen zeigte, die nicht nur von einem Sturz herrühren konnten – das hat das gerichtsmedizinische Gutachten klar offengelegt. Was haben Sie dazu zu sagen?«

Antonie Halaksa schwieg.

»Sie können unmöglich beim Herausrollen des Kindes aus dem Bett entstanden sein«, bohrte der Vorsitzende weiter.

»Das kann ich auch nicht behaupten.«

»So, das können Sie nicht behaupten . . . soll das heißen, daß Ihr Mann dem Kind etwas angetan hat?«

»Nein. Weil ich meinem Mann so etwas nicht zutraue.«

»Dann müssen es aber Sie gewesen sein!«

»Nein, ich war es nicht!«

Erneut brach die Angeklagte in Tränen aus. Der Vorsitzende zeigte keine Rührung, blieb hart.

»Sie, er oder Sie beide müssen es gewesen sein!«

»Nein, nein! Ich schwöre beim Leben meiner Kinder, daß ich unschuldig bin!«

»Vielleicht sollten Sie lieber bei Ihrem eigenen Leben schwören; im übrigen sagt auch Ihr Mann, er legt seine Hände dafür ins Feuer, daß er der Kleinen nie etwas angetan habe.«

»Ich habe auch nicht gesehen, daß mein Mann dem Kind etwas angetan hat.«

»Soll das heißen, daß Sie es aber trotzdem für möglich halten?«

»Ich habe jedenfalls nichts gesehen«, wiederholte Antonie Halaksa.

»Vielleicht hat es Ihr Mann geschlagen, als Sie nicht zu Hause waren; Sie waren täglich stundenlang außer Haus.«

»Gelegenheit hätte er schon gehabt.«

»Schließlich war es ja nicht sein leibliches Kind, ihm möglicherweise lästig.«

»Was ist eigentlich mit dem richtigen Vater passiert?« mischte sich der Strafverteidiger ein.

»Er hat sich erschossen, als ich im fünften Monat war.«

»So, wie Sie das sagen, klingt es, als ob er sich wegen Ihrer Schwangerschaft umgebracht hätte«, ergriff der Vorsitzende wieder das Wort. »Ich wollte darauf eigentlich nicht eingehen, weil es nicht unbedingt zur Sache gehört. Aber wenn Sie die Dinge so darstellen, muß ich doch erwähnen, daß er sich erschoß, weil Sie es trotz Ihrer Schwangerschaft mit anderen Männern gehalten haben.«

Antonie Halaksa schluchzte.

»Schauen Sie, das Weinen hat doch gar keinen Sinn. Sagen Sie endlich die Wahrheit – dann wird Ihnen auch leichter sein. Warum haben Sie erst viele Stunden nach dem vorgeblichen Sturz den Arzt geholt?«

Die Angeklagte wimmerte in sich hinein, sagte nichts.

Allmählich verließ den Vorsitzenden seine stoische Ruhe: »Da liegt ein armer Wurm und windet sich in Schmerzen – und Sie, seine leibliche Mutter, stehen daneben und rühren sich nicht von der Stelle. Das ist wirklich unerhört! Sogar die Leute im oberen Stock haben das Wimmern des Kindes gehört. Gestehen Sie doch endlich Ihre Schuld ein!«

Längst schon wußte er, daß damit nicht zu rechnen war, daß es ein reiner Indizienprozeß werden würde. Aber auch in diesem Fall war angesichts der erdrückenden Beweislast mit einem eindeutigen Urteil zu rechnen. Frau Halaksa wurde aus dem Zeugenstand gerufen.

Die nächsten Stunden waren der Zeugenbefragung gewidmet. Die Öffentlichkeit wurde davon in Kenntnis gesetzt, daß der Fall Halaksa beim Jugendamt schon mehrfach vorgebracht worden war. So lagen beispielsweise zwei Anzeigen von Nachbarn und Bekannten wegen Kindesmißhandlung vor, die vom Jugendamt aufgrund mangelhafter Nachforschungen zu den Akten gelegt worden waren – was nicht nur vom Gericht getadelt wurde, sondern zu einer ausgiebigen Pressekampagne Anlaß gab:

»Die Öffentlichkeit wird alarmiert durch die Zeugenaussagen, die da gestern abgelegt wurden, und von der Sorge gequält: Wird wirklich von dem großen Fürsorgeapparat praktisch das geleistet, was er theoretisch verspricht? . . . Der Gedanke erschüttert, daß dieses Sterben der kleinen Mathilde sich nicht in aller Heimlichkeit abgespielt hat, daß Fürsorgepersonen Grund hatten, dringenden Verdacht zu schöpfen, und das Kind dennoch den Eltern überließen.«

Tags darauf wurde das Urteil verkündet: Zwar konnte nicht eindeutig nachgewiesen werden, ob der Tod der kleinen Mathilde vorsätztlich herbeigeführt oder nur fahrlässig verursacht wurde; dennoch reichte das Beweismaterial für lebenslängliche Haft.

»Heinrich! Mir graut's vor dir.«

Die Kindestötung gehört zu den ältesten Straftaten; auch wenn sie heute nicht mehr die Rolle spielt wie noch um die Jahrhundertwende. Damals zählte sie neben dem Giftmord zu den häufigsten Delikten, mit denen sich der Gerichtsmediziner zu befassen hatte. Es liegt auf der Hand, daß es vorwiegend unehelich geborene Kinder waren, die nach ihrer Geburt aus dem Weg geschafft wurden. Aus unserer Sicht erscheint diese skrupellose Tat besonders abscheulich, man sollte aber auch daran denken, daß in früheren Jahrhunderten ein wesentlich strengerer Moralkodex bestand.

Geht man noch weiter in die menschliche Vergangenheit – etwa in die Zeit von Christi Geburt und früher –, so zeigt sich das erstaunliche Fakt, daß Kindesmörderinnen – denn um Frauen handelte es sich in der Regel – nicht zu allen Zeiten und in allen Gegenden gleich beurteilt wurden; das Spektrum reicht von schweigender Duldung über die Aufforderung zur Tötung aus religiösen Gründen bis zur grausamsten Strafverfolgung. So wird beispielsweise im Alten Testament oft von Kinderopfern aus sakralen Motiven gesprochen – und tatsächlich hat man rätselhafte Funde aus jener Zeit gemacht, in denen Kinderleichen, in Krügen bestattet, gefunden wurden.

Anderes erfahren wir aus dem alten Ägypten. Hier gab es keine religiös motivierten Kinderopfer; Kindertötung gab aber auch hier – zwar nicht ganz legal, aber vom Staat stillschweigend akzeptiert: Schwächliche und kranke Kinder wurden von ihrer Mutter mit Papyrus heimlich erstickt. Die durch den Menschen unterstützte natürliche Auslese erschüttert uns, hat aber vom Standpunkt des einfachen Menschen dieser Epoche durchaus einen Sinn. Auch in der Antike finden wir eine entsprechende Auffassung. Platon empfahl beispielsweise, ungeratene oder unheilbar kranke Kinder zu töten. Schon sein Lehrer Aristoteles vertrat diese Ansicht, die bis in das römische Recht hineinwirkte. Die Tötung mißgestalteter Kinder war gesetzlich zugelassen; um Mißbrauch vorzubeugen, mußten allerdings fünf Zeugen die Krüppelhaftigkeit des Kindes bestätigen.

Erst Kaiser Konstantin verbot im Jahr 318 n. Chr. die Kindstötung unter Androhung der Todesstrafe. Durch das gesamte Mittelalter hindurch galten harte Strafen für dieses Delikt. Die Eltern griffen deshalb gern zu vorgetäuschten Unfällen – wie dem Ersticken des Babys im elterlichen Bett. In den folgenden Jahrhunderten änderte sich nicht viel.

Aus dem Jahr 1743 datiert eine von Johann Beck zusammengestellte Liste verschiedener Tötungsarten: Kinder wurden durch Zuhalten der Nasenlöcher oder mit Schnupftüchern, im Bett und unter Stroh erstickt; man schnitt ihnen mit einem Messer die Kehle durch, drehte ihnen den Hals um, setzte sich auf sie, so daß sie erdrückt wurden, trat sie mit Füßen, warf sie lebendig ins Wasser oder in die Kloake, verbrannte sie, begrub sie oder warf sie bei lebendigem Leib den Tieren zum Fraß vor. Dieser langen Liste von Scheußlichkeiten setzte das Gesetz ein nicht minder grausames Strafenregister entgegen. Als üblich galt das »Einsacken« der Täter – sie wurden, in einen Sack gebunden, ertränkt –, vorher oft gerissen mit glühenden Zangen. In der »Peinlichen Halsgerichtsordnung« Karls V. finden wir einen ganzen Strafenkatalog, der weitere Bußen beschreibt: Pfählung, Vierteilung, Begraben bei lebendigem Leib. Diese mittelalterliche Verfahrensweise und der ihr zugrunde liegende Geist haben sich bis weit in das 18. Jahrhundert hin erhalten. So bestraft die »Theresiana« aus dem Jahr 1769 die Kindestötung ganz wie ehedem. Ausdrücklich war darin sogar die Folter zur Erzwingung der Wahrheit gestattet.

Andererseits muß man die Straftat auch im Verhältnis zu den Folgen sehen, die die Geburt eines unehelichen Kindes über die Mutter brachten: Abgesehen von Furcht und Schande waren Mißhandlungen erboster Familienväter zu erwarten, die die Ehre ihrer Sippe befleckt sahen; sogar die Ausstoßung aus dem Familienverband war üblich. Dazu kamen noch die sogenannten »Hurenstrafen« zur Sühne des vorehelichen Geschlechtsverkehrs: Lastersteintragen, Gassenkehren, Einspannen vor den »Hurenwagen« oder Landesverweis.

Doch schließlich führte das Zeitalter der Aufklärung – von Frankreich ausgehend – auch in puncto Kindesmörderin zu einer humaneren Auffassung. Das Vergehen wurde geradezu zum Dreh- und Angelpunkt der nun anhebenden strafrechtlichen Auseinandersetzungen dieses 18. Jahrhunderts. Als

Strafmaß setzte sich die Enthauptung immer mehr durch; unterdessen wurde im fortschrittlichen Preußen unter der Herrschaft Friedrichs II. die Tortur bei Verdacht auf Kindesmord bis auf wenige Ausnahmefälle abgeschafft. Gleichzeitig wurden die Strafandrohungen für uneheliche Kinder Schritt für Schritt reduziert: Das Jahr 1747 beendete die sogenannte »Magdalenenbuße«, eine Kirchenbuße für »gefallene« Mädchen, gefolgt von der Aussetzung der weltlichen »Hurenstrafen«, die Eltern und Dienstherrschaft private Bestrafung der unehelich Geschwängerten untersagte. Doch in einem Brief an Voltaire schreibt der Preußenkönig 1777 resignierend: »Ungeachtet aller Erleichterungsmittel habe ich doch noch nicht dahin kommen können, ihnen das unnatürliche Vorurteil, dessentwegen sie ihre Kinder töten, aus dem Kopfe zu bringen.«

In den anderen Ländern dauerte es noch, bis sich die Milderung des Strafmaßes durchsetzte. Immerhin ging man auch hier immer mehr dazu über, Hinrichtungen von Kindesmörderinnen zu umgehen. Dies geschah beispielsweise nicht selten dadurch, daß Richter nach strafmildernden Entlastungsgründen suchten oder ein Begnadigungsgesuch beim Landesherrn einreichten.

Wortgewaltig unterstützt wurden diese Reformbestrebungen durch zeitgenössische Literaten. Ihr bekanntester Vertreter war Johann Wolfgang von Goethe, der im übrigen – wie wir gleich sehen werden – ein ambivalentes Verhältnis zu Kindesmörderinnen hatte. Er wohnte persönlich der letzten Hinrichtung einer Kindesmörderin auf deutschem Boden bei: 1772 ereignete sich der tragische Fall um Susanne Margarethe Brandt, der deshalb seine Berühmtheit erlangte, weil er die Vorlage und Anregung für den jungen Anwalt von Goethe zu seiner späteren Gretchentragödie werden sollte.

Die Hinrichtung der jungen Frau war jedoch nicht des Dichters erste Konfrontation dieser Art. In »Dichtung und Wahrheit« schreibt der auf sein Leben und seine Zeit rückblickende Goethe: »Wir mußten Zeugen von verschiedenen Exekutionen sein« – denn tatsächlich hielt man es in jener Zeit für pädagogisch wirksam, auch Kinder an solchen Hinrichtungen teilnehmen zu lassen: als präventive Maßnahme. Goethe selbst war mit einem derartigen Geschehen erstmals als Neunjähriger bekannt gemacht worden, was auf ihn nachhaltigen Eindruck gemacht hatte. Und zur Zeit des Brandt-Falls arbeitete er in Frankfurt schon als junger Anwalt, hatte also berufsmäßig damit zu tun.

Trotz des tiefen Eindrucks, den die Hinrichtungszeremonien jedesmal auf ihn machten, war er doch kein strikter Gegner der Todesstrafe für Kindesmörderinnen. 1783, als Minister in Weimar, gab er, in einem schwebenden Verfahren befragt, ob die Kindesmörderin Johanna Höhn hingerichtet werden sollte, mit den berühmt gewordenen Worten »Auch ich« seine Zustimmung zur Vollstreckung. Was nun sein Gretchen betrifft, hat sie zwar die Chance zur Flucht, doch sie besiegelt ihr Schicksal mit den Worten:

»Ich darf nicht fort; für mich ist nichts zu hoffen.
Was hilft es fliehn? sie lauern doch mir auf.
Es ist so elend betteln zu müssen,
Und noch dazu mit bösem Gewissen!
Es ist so elend in der Fremde schweifen,
Und sie werden mich doch ergreifen!«

Für Goethe und viele zeitgenössische Intellektuelle, von denen die Debatte leidenschaftlich und kontrovers geführt wurde, stellte der Kindesmord ein Schlüsseldelikt, ein Symptom für eine falsche Gesellschaftsordnung dar. Wie populär das Thema war, beweist ein von der Stadt Mannheim initiiertes Preisausschreiben, in dem 1780 die Frage beantwortet werden sollte: »Welches sind die besten ausführbaren Mittel, dem Kindsmorde Einhalt zu tun?« Fast 400 Arbeiten wurden eingesandt, darunter auch eine Schrift von Pestalozzi.

Leider gab es die moderne Lösung des Problems, die Antibabypille, in jenen Tagen noch nicht . . .

Schwimm oder stirb!

Was die forensische Seite des Problems betrifft, so tappte man lange Zeit hindurch völlig im dunkeln. Wie sollte man zweifelsfrei nachweisen, ob ein Kind tot geboren oder erst nach der Geburt getötet worden war? In dubio pro reo! – durchaus nicht! Dabei hätte die Frage wirklich einer eindeutigen Klärung bedurft, da die Sterbeziffer bei Geburten bis ins 19. Jahrhundert hinein aufgrund hygienischer Mängel wesentlich höher lag als heute. Auch Frühgeburten mit tödlichem Ausgang waren weitaus häufiger.

Um so erstaunlicher mutet uns jene über Jahrhunderte in Frankreich gültige Verfügung an, in der jede Frühgeburt als Abtreibung angesehen wurde. Auch in der deutschen »Halsgerichtsordnung« lag die Beweiskraft ausschließlich bei der Angeklagten: Eine aufgespürte Totgeburt bei heimlicher Schwangerschaft galt als Mord. Bei zweifelhaftem, nicht anders nachweisbarem Kindesmord galt das Vorhandensein von Muttermilch als Beweis. Sofort nach Erlaß des Gesetzes wurde dagegen von ärztlicher Seite heftig protestiert. Man änderte die Regelung dahingehend, daß in diesem Fall zusätzlich der Rat eines Arztes, einer Hebamme oder »sunst weither« eingeholt werden müsse. Erst wenn auch von dieser Seite begründeter Verdacht auf eine »unbillige« Schwangerschaft bestehe, dürfe die Tortur zur Wahrheitsfindung eingesetzt werden.

In der »Carolina« ergänzte man das Gesetz: Sobald »eine für eine Jungfrau gehaltene Dirne« heimlicher Geburt und Kindesmordes verdächtigt war, sollte man sich erkundigen, ob sie jemand mit einem ungewöhnlich großen Leibe gesehen hätte, der plötzlich kleiner geworden wäre, und ob sie bleich und schwach gewesen sei. Man sieht, auf medizinische Details war kein Verlaß, man mußte sich im wesentlichen auf den Augenschein verlassen.

Unterdessen stritt man sich in Gelehrtenkreisen, wann überhaupt ein Fötus die Bezeichnung Lebewesen verdiene, ein uraltes Thema, mit dem man sich schon in der Antike auseinander gesetzt hatte. Nach Hippokrates soll die Beseelung der weiblichen Frucht erst am 90. Tag, bei der männlichen schon am 46. Tag einsetzen. Andere Denker waren durchaus nicht dieser Meinung; für Galen beispielsweise beginnt das Leben mit dem Atmen, beide Begriffe verwendet er vollkommen identisch.

Später dann, als die Gerichtsmedizin erwachte, verlegte sich die Kontroverse vom Begriff der »Beseelung« zum weltlicheren Terminus »Lebensfähigkeit«; aber auch hier prallten die Fronten hart aufeinander. Die Wittenberger Fakultät vertrat 1684

die Auffassung, ein Kind könne auch außerhalb des Mutter-
leibs leben, ohne zu atmen, könne einen Puls haben, sich bewegen, wenn Nase und Mund von Schleim angefüllt seien
oder die Nabelschnur das Atmen verhindere. Es gab nicht wenige Forscher im 17. und 18. Jahrhundert, die mit der Möglichkeit rechneten, daß ein Fötus in den Eihäuten atmen und
schreien könnte, andere waren genauso fest vom Gegenteil
überzeugt.

Wir bewegen uns hier auf einem Feld, das auf den ersten
Blick nicht unmittelbar von gerichtsmedizinischem Interesse
zu sein scheint, eher Philosophen und Religionstheoretiker betrifft. Selbst das Gesetz war davon nur bedingt berührt, denn
Abtreibung und Kindesmord wurden unabhängig von der
Frage nach der Lebensfähigkeit verhandelt. Dennoch hatte
dieser Aspekt größten Aktualitätswert, stand in direktem Zusammenhang mit der ersten gültigen Methode zum Nachweis
einer Totgeburt: der Lungen- oder Schwimmprobe.

Schon 1673 kam Karl Rayger in Preßburg auf die Idee, die Lungen von Neugeborenen folgendem Test zu unterziehen: Werfe
das Kind ins Wasser; geht es unter, dann ist seine Lunge luft-
leer, es hat noch nicht geatmet; schwimmt es, dann hat es bereits Luft in den Lungen, muß also schon mindestens einmal
geatmet haben.

Die erste konkrete Erprobung der Lungenschwimmprobe
stand im Zusammenhang mit einem Fall von angeblichem Kindesmord, der sich im Jahr 1681 ereignete. Kurz vor einer Reise
zur Leipziger Messe wurde der in Zeitz beschäftigte Amtsarzt
Dr. Johann Schreyer vom Fürstlich Sächsischen Amtsverwalter
in Pegau aufgefordert, er solle auf seinem Weg nach Leipzig
in dem kleinen Dörfchen Greitzsch haltmachen und mit dem
Pegauschen Arzt ein Gutachten über eine ausgegrabene Kin-
desleiche abgeben.

Es ging um die verzwickte Frage, ob das Kind schon tot zur
Welt gekommen war oder nachträglich ermordet wurde. Kompliziert wurde der Fall dadurch, daß die Mutter des Kindes offensichtlich nicht ganz klar im Kopfe war, somit ihre Behauptung, sie habe monatelang nicht begriffen, daß sie schwanger
sei, unter diesen Umständen wahr sein konnte. Und die vielen

Stichwunden des Leichnams hätten durchaus mit dem Brat-
spieß verursacht sein können, mit dem die Köchin nach dem
Leichnam des Kindes im Garten gestochert und ihn dabei gefunden hatte. Schreyer inspizierte die Kinderleiche mit seinem
Kollegen, während der zugezogene Barbier die »niedrige Ver-
richtung« der Sektion vornehmen mußte. Später erinnerte sich
Schreyer:

»Ich muß gestehen, selbiges Kind hatte viel Wunden am
Leibe, sonderlich aber zwo, die tödtlich waren, derowegen
freylich, dem Ansehen nach, man sagen sollen, das Kind wäre
ermordet worden. Allein, nachdem kein Geblüt in dem ganzen
Cörper, noch in denen Wunden zu finden, hierüber auch die
aus dem Leibe des Kindes genommene und auf das Wasser ge-
worfene Lunge untertauchete, welches, wie ich mich erinnerte, die Curiosi, und andere hochgelehrte Medici, vor ein
Zeichen eines im Mutter-Leibe gestorbenen Kindes angeben,
als habe ich mich nicht gescheuet, nach reiflicher Ueberlegung
anderer Umstände, zu sagen, jedoch alles denen Colegiis Me-
dicis zum Decret überlassend, dass diss augegrabene Kind, da
es schon todt gewesen, massen dieses alles, durch die von denen Mägden, und in denen bey dem Churfürstl. Sächsischen
Amte zu Leipzig befindlichen Inquisition-Acten gethanen
Aussagen confirmirt, mit einem Bratspiesse im Tode sey ver-
wundet, als mit welchem Bratspiesse das Kind in der Erde ge-
suchet worden.«

Sein Urteil wurde heftig attakiert; man drängte ihn, seine
Meinung doch zu ändern. Doch Schreyer blieb konsequent –
er fühlte sich von der modernen Wissenschaft genügend unterstützt, namentlich durch das von Dr. Carl Rayer 1677 erschienene Buch. Die Angriffe gegen seine Person wurden
schärfer und gipfelten in der Behauptung, er sei von der Angeklagten bestochen worden. Das veranlaßte Schreyer zur Rettung seines Rufes nun seinerseits »diese Sache, wie sie an sich
selbst gelauffen, durch öffentlichen Druck, jedermann bekannt zu machen, und zu erweisen, wie ich gnugsam fundiret,
auch noch viele Medici meyner Meynung beygepflichtet, und
selbige bekräftigt haben«.

Inzwischen war der Fall so weit publik geworden, daß er
den damals noch jungen, aber trotzdem schon berühmten

Rechtsgelehrten und Verteidiger Christian Thomasius zu interessieren begann. Er gehörte zu den fortschrittlichsten Geistern dieser Epoche, trat nicht nur gegen Aberglauben und Hexenwahn auf, sondern kämpfte auch gegen die »Barbarei der Gerichtshöfe«. Thomasius hat wohl schnell begriffen, daß das Gutachten Schreyers geeignet sein könnte, die Verfahren um Kindesmörderinnen in neue Bahnen zu lenken. Er übernahm die Verteidigung der Angeklagten und setzte sich umgehend mit Schreyer in Verbindung. Dieser unterrichtete ihn, daß er die Lungenprobe zwar angewandt, aber nicht in den Bericht gesetzt habe, weil er befürchtete, sein Amtskollege würde dieses Gutachten nicht mit unterschreiben. Er sei jedoch bereit, ein Votum für diese neue Nachweismethode vor Gericht abzugeben. Wie sich schnell herausstellte, konnte aber nur ein Fakultätsgutachten darüber entscheiden, ob das neue Verfahren vor Gericht Anerkennung finden würde oder nicht. Thomasius sah darin ein echtes Problem, da »die von klugen Aerzten angesteckten Lichter der Wahrheit anno 1681 auch in der medicinischen Fakultät zu Leipzig selbst noch keine grosse und merkliche Approbation gefunden hatten«.

Zwei von Thomasius befragte Jugendfreunde, die später bekannten Mediziner Augustus Quirinus Rivinus und Johann Lange, haben sich zwar bereiterklärt, für Schreyer öffentlich einzutreten, gaben aber der Hoffnung, ein von der Fakultät ausgestelltes Gutachten mit positiver Antwort zu bekommen, keine Chance. Thomasius holte sich nun von Schreyer sowie seinen Freunden medizinische Privatgutachten ein und wandte sich damit an die Medizinische Fakultät in Frankfurt an der Oder mit der Bitte um ein Obergutachten. Das fiel zwar prinzipiell positiv aus, doch die Angelegenheit spitzte sich weiter zu. Längst ging es nicht mehr nur um den Fall Anna Voigtin; es ging um die Rechtmäßigkeit des Einsatzes der Lungenschwimmprobe überhaupt, um die Durchsetzung fortschrittlicher Methoden in der Gerichtsmedizin.

Die Schöffen in dieser Verhandlung begnügten sich nicht mit dem Frankfurter Gutachten – sie verlangten ein weiteres von der Medizinischen Fakultät der Wittenberger Universität. Hier nun wurde die Wirksamkeit der Lungenprobe stark ange-

zweifelt – und zwar vorwiegend aus den schon angeführten
Vorstellungen, daß Leben auch ohne Atmen vorhanden sein
könnte.

Kindesmord aus Geldgier

Man muß sich fragen, was Eltern wohl heute, im modernen
Wohlfahrtsstaat, dazu veranlassen mag, ihre eigenen Kinder
zu töten. Mit rationalen Überlegungen scheint diesem Phänomen nicht beizukommen zu sein. Natürlich: In früherer Zeit,
in der die Mutter eines unehelichen Kindes selbst mit körperlichen Strafen zu rechnen hatte, mag das als Entschuldigung
gelten – wenn auch nicht als Rechtfertigung. Sonderbarer-
weise ist jedoch bis in unsere Tage hinein, in der solch morali-
sche Gesichtspunkte kaum noch für einen Mordgedanken herangezogen werden können, der Kindermord nicht ausgerot-
tet. An die Stelle der Moralzwänge tritt in vielen Fällen
schnöde, profane Geldgier. Und längst sind nicht nur Babys
und Kleinkinder davon betroffen, selbst vor Jugendlichen
macht sie nicht halt . . .

Martin Tiltmann, vor wenigen Monaten 14 Jahre alt geworden, liegt mit starken Schmerzen im Bett; er hat sich vor zwei Tagen, am 20. Juli 1951, den linken Daumen gequetscht. Die Symptome, die er nun zeigt, sind mehr als ungewöhnlich: Er scheint
zu phantasieren und geistig benommen zu sein; in der Früh
kann ihn die Hausangestellte nur schwer wach bekommen.

Ein Arzt wird vorläufig nicht geholt. Die nächsten Tage verschlechtert sich sein Zustand rapide, Martin hat schwerste Ge-
hirnstörungen; er kann nicht mehr richtig gehen: Taumelnd
und schwankend kommt er die Treppe herunter, im Stehen
macht sein Oberkörper kreisende Bewegungen. Zwei Tage
später geht es ihm besser; er ist bei klarem Verstand, ißt und
scherzt schon wieder.

Jetzt, endlich, wird ein Arzt hinzugezogen – von der Mutter
wird er über die vorangegangenen Krankheitssymptome nicht
aufgeklärt; er stellt nichts Besonderes fest. Er verschreibt eine
Medizin, beruhigt die Mutter, es werde morgen sicher alles
vorüber sein. Vor den Augen der ahnungslosen Hausange-

stellten wird die vom Arzt angeblich verschriebene Medizin bereitet. Auf dem Flur sagt sie zur Angestellten: »Ich habe das Medikament schon angerührt, ich muß es nur noch aus dem Schlafzimmer holen.« Wenig später kommt sie mit einer Tasse, in der sich ein krümeliger weißer Satz befindet, darüber steht nicht ganz klares Wasser. Als Martin das »Medikament« sieht, sträubt er sich gegen die Einnahme. Die ahnungslose Hausangestellte redet ihm gut zu, bis Martin schließlich nachgibt und trinkt.

Daraufhin geht die Tiltmann wieder in ihr Schlafzimmer – in dem sich auch ihr Lebensgefährte Willi Othmer befindet; er ist Angestellter der örtlichen Sparkasse. Gegen acht Uhr verlassen die Hausangestellte sowie Frau Tiltmann und Herr Othmer die Wohnung; die beiden kommen um halb zehn wieder zurück. Der Junge ist tot.

Der sofort herbeizitierte Arzt kann nur noch sein Ableben konstatieren – mehr gibt es für ihn hier nicht mehr zu tun. Vielleicht sind es die rührenden Worte der Mutter, vielleicht auch nur eine gewisse Sorglosigkeit in diesem offensichtlich harmlosen Fall, die den Arzt dazu bewogen, einen Herzklappenfehler mit Embolie als Todesursache anzugeben – ohne diese Diagnose genauer zu prüfen. (Dieses Vorgehen ist übrigens keine Seltenheit: Gerade bei den äußerlich nicht immer augenfällig sichtbaren Vergiftungen liegt die Dunkelziffer, so klagen Gerichtsmediziner, schätzungsweise bei 50 Prozent.)

Am Grab ein rührender Anblick: Frau Tiltmann legt einen wertvollen Kranz nieder; seine Inschrift: »Von Deiner lieben Mutter«. Ihr Gesicht zuckt mehrmals, sie wischt sich mit einem Taschentuch über die Augen. Noch lange, nachdem die letzte Schaufel Erde auf den Sarg ihres Kindes gefallen ist, steht sie in Trauerpose vor dem Grab. Ein bestellter Fotograf hält die bewegenden Szenen in etlichen Bildern fest.

Nur wenige Stunden später: Die gebrochene Mutter sizt am häuslichen Schreibtisch und tippt einen Brief in die Maschine:
»Sehr geehrte Herren,
ich darf Sie heute davon in Kenntnis setzen, daß mein Sohn Martin Tiltmann vor drei Tagen an einem Herzklappenfehler gestorben ist. Ich darf Sie daher bitten, mir die Versicherungs-

summe in Höhe des Abschluses von 10 000 DM anweisen zu lassen.

Hochachtungsvoll, Elfriede Tiltmann.«

Weitere Schreiben gleichen Wortlautes gingen hinaus – nur die eingesetzten Beträge unterschieden sich. Insgesamt beliefen sich die erwarteten Versicherungsprämien auf 77 000 DM. Sie rechnete nicht mit größeren Schwierigkeiten von seiten der Versicherungsgesellschaften.

Doch die haben nun einmal noch nie gern gezahlt, gingen der Sache nach; auf Befragen ihrer Versicherungsagenten über das Zustandekommen des Vertrags erhielten sie Antworten, die sie mehr als stutzig machten. Es war weniger die gleichlautende Mitteilung der Agenten, daß der Freund Elfriede Tiltmanns ihnen die Anregung gab, bei ihr wegen einer Lebensversicherung vorzusprechen, und dafür eine Provision verlangte – irritierter waren die Verantwortlichen, als sie überprüften, wann die Summe ausgezahlt werden sollte: nämlich, wenn Martin 40 und 50 Jahre alt sein würde. Das war insofern ungewöhnlich, als Lebensversicherungen üblicherweise so abgeschlossen werden, daß das Geld in der Zeit fällig wird, in der das Kind seine Ausbildung abgeschlossen hat und sich möglicherweise selbständig machen möchte – als Startkapital ins Berufsleben. Dazu kam das Geld jedoch zu spät. Restlos fragwürdig wurde für sie das Benehmen der Mutter, als sie erfuhren, daß Frau Tiltmann beim Abschluß der Verträge stets bestrebt war, die volle Versicherungsprämie bei seinem plötzlichen Ableben auch vor Vollendung des 14. Lebensjahres ihres Sohnes zu erhalten. Gesetzlich ist eine solche Regelung jedoch verboten, um – wie ihr ein Vertreter erklärte – das Leben des unerfahrenen Kindes zu schützen. Kurz gesagt: »Damit die Eltern ihr Kind nicht in den Teich schubsen.« Diese Einschränkung kam Tiltmann und ihrem Freund zwar etwas ungelegen, aber so schwer traf sie die beiden nicht – dauerte es doch nur noch knapp ein Jahr, bis Martin den 14. Geburtstag feiern würde.

Die betroffenen Versicherungen benachrichtigten in gemeinsamer Absprache die Polizei des zuständigen Kriminalamts der Ortschaft Peine. Im Zuge der Ermittlungen brachte man Erstaunliches ans Tageslicht . . .

Die Ehe der Tiltmanns galt als harmonisch. In ihrer Heimatstadt Königsberg führten sie eine große Gastwirtschaft mit neun Angestellten und zwei Gehilfen, gleichzeitig verwaltete Kurt Tiltmann das Gut seiner verstorbenen Schwiegereltern. Das Kriegsende brachte 1945 die Evakuierung aus ihrer Heimatstadt. Mit ihren beiden Kindern, Martin und dem fünf Jahre jüngeren Klaus, kamen sie nach Peine. Kurt Tiltmann war nun als Viehhändler tätig, sein Einkommen erlaubte ein zwar bescheidenes, aber erträgliches Leben. Seine Frau galt als geschäftstüchtig und als der aktivere Partner. Andererseits träumte sie von dem Leben einer »großen Dame«. Als ihr Mann im Januar 1950 bei der Kreissparkasse ein Konto eröffnete, lernte sie Willi Othmer kennen.

Im gleichen Jahr machten die Tiltmanns einen Lottogewinn, der in einer relativ hohen Lebensversicherung angelegt wurde, die bei Unfall die doppelte Auszahlungsprämie vorsah. Wenige Monate später kam Kurt Tiltmann durch einen Fahrradunfall ums Leben. Als Begünstigte kassierte seine Frau mehr als 100 000 DM! Der Tod von Kurt Tiltmann, nur ein dreiviertel Jahr, bevor Martin starb, erschien nun auch in einem neuen Licht. Die Versicherungssumme wurde von Frau Tiltmann überwiegend in Schmuck und Kleidung angelegt, außerdem verlebte sie mit ihrem Freund, mit dem sie von nun an ständig zusammenlebte, einige Wochen in Garmisch-Partenkirchen. Als sie sich anschließend mit dem Gedanken trug, eine Wäscherei aufzumachen, reichte das Geld schon nicht mehr zur Finanzierung der notwendigsten Einrichtung.

Auf Anordnung der Behörden wurden nun beide Leichen – Vater und Sohn – exhumiert. Nach den vorangegangenen Ermittlungen erstaunte es keinen mehr, daß beide eine tödliche Überdosis Blei im Körper aufwiesen.

Am 22. April begann am Hildesheimer Schwurgericht die mündliche Verhandlung gegen Elfriede Tiltmann und Willi Othmer wegen zweifachen Mordes. Während ihnen der Mord an Kurt Tiltmann wegen Mangels an Beweisen nicht nachgewiesen werden konnte, lag der Fall bei Martin anders. Auf Anraten ihres Anwalts gestanden die beiden die Tat, um vielleicht ein milderes Urteil zu erhalten. Den Tathergang schilderte die Angeklagte in der Vernehmung so:

»Am Freitag, dem 20. Juli 1951, hatte mein Sohn sich den linken Daumen gequetscht. Ich habe ihm in der darauffolgenden Nacht seinen Arm gekühlt. Zu diesem Zeitpunkt faßten wir den Plan, meinen Sohn durch Eingabe von Schlafmitteln mit jeweils einem knappen Eßlöffel von Essigessenz zu töten. Am darauffolgenden Dienstag wurde mein Sohn dann vermutlich aufgrund einer Erkältung, die er sich am Montag beim Baden zugezogen hatte, wieder unwohl, so daß er sich ins Bett legte. Willi Othmer beschaffte mir die Tabletten. Ich habe dann am Mittwoch, dem 25. Juli, meinen vorher gefaßten Plan in die Tat umgesetzt und meinem Sohn zwei bis drei Schlaftabletten, die ich vorher in Wasser aufgelöst hatte und denen ich einen Löffel Essigessenz beimischte, eingegeben. Dieses wiederholte ich am Donnerstag und Freitag. Am Freitag ist mein Sohn abends gegen 22 Uhr, nachdem ich ihm um 7 Uhr die vorgeschriebene Droge gegeben habe, in meinen Armen eingeschlafen.

Ich bitte, den bei mir tatsächlich vorherrschenden Geldmangel bei Planung und Durchführung der Tat zu berücksichtigen. Wenn der Geldmangel nicht so dringend gewesen wäre, wäre es niemals zu der Tat gekommen, die ich heute tief bereue.«

Nun, das Gericht hat ihrem Wunsche nicht entsprochen; es verurteilte sie zur härtesten aller möglichen Strafen: lebenslängliche Haft. Strafmildernde Umstände konnte es nicht entdecken.

KAPITEL 7

Würgemale und Wasserleichen: Tod durch Ersticken und Ertränken

Bei modernen Zeitungen ist heute die wichtigste Rubrik die Gerichtsrubrik. Wenn es wahr ist, daß im 20. Jahrhundert für Morde mehr Raum bleibt als für Politik, so hat das den einleuchtenden Grund, daß ein Mord eben eine ernstere Sache ist.

Gilbert Keith Chesterton: Autobiographie

Hetzel, ein Mörder?

Es war Anfang September des Jahres 1953, als die fast nackte Leiche einer jungen Frau – sie wurde schnell als Magdalena Gierth identifiziert – von einem Forstbeamten entdeckt wurde. Da an dieser Stelle in den vergangenen Jahren schon zwei Frauen tot aufgefunden worden waren, schien das neue Verbrechen ein weiteres einer Mordserie zu sein. Stutzig machte die Beamten nur das Fehlen jeglicher Kampfspuren am Tatort und an der Leiche; auch das Tatwerkzeug blieb unauffindbar. Es war nun Aufgabe der Gerichtsmedizin, hier Klarheit zu schaffen. Deshalb brachte man die Leiche nach Freiburg, wo sie in Ermangelung eines gerichtsmedizinischen Instituts von Pathologen seziert wurde.

Aufgrund der von ihnen festgestellten Herznarben – sie ließen auf eine erst kürzlich verheilte Herzmuskelentzündung schließen – hielten sie ein Herzversagen als Todesursache für wahrscheinlich. Außerdem fanden sie eine große Menge Sperma in den unteren Genitalbereichen der Toten; sie mußte kurz vor ihrem Tod exzessiven Geschlechtsverkehr gehabt haben. Leider vergaßen die beiden Pathologen, Organproben und Gewebeteilchen zu entnehmen und für spätere Untersuchungen aufzubewahren, wie es bei den Gerichtsmedizinern längst üblich war. Das war vor allem deshalb ein großer Fehler, weil die Tote nach der Freigabe ihrer Leiche eingeäschert wurde. Sie war damit ein für allemal und unwiderruflich den Händen der Fachleute entrissen.

Da meldete sich plötzlich der Vertreter Hans Hetzel auf der Mordkommission und gestand freiwillig die Tat. Er gab an, Magdalena Gierth als Anhalterin mitgenommen zu haben. Dabei sei es zu sexuellem Verkehr gekommen. Nach seiner Aussage habe sich das Mädchen dazu nicht abgeneigt gezeigt, ja, sei ihm durchaus willig gewesen. Im folgenden Verhör schilderte er den Vorgang, der zum Tod der schwangeren Frau führte, so: Sie sei ihm während des Geschlechtsverkehrs unter den Händen weggestorben. Er habe es daraufhin mit der Angst zu tun bekommen und wollte sie wegschaffen. Da fiel ihm ein, daß an der Bundesstraße 28 schon zwei Frauen ermordet aufgefunden worden waren. Dorthin schaffte er die Tote mit seinem Wagen und warf sie die Böschung hinunter, um den Verdacht von sich selbst abzulenken. Aber, so beteuerte er mehrfach, er habe sie nicht umgebracht; es war ein Unfall, er wisse selbst nicht, was Magdalena Gierth umgebracht habe – er jedenfalls sei es nicht gewesen.

Seine Version des Vorfalles glaubte man ihm zunächst einmal nicht. Die Kriminalpolizei brachte dieses Geständnis in allergrößte Verlegenheit, denn die Leiche war zerstört, eine erneute Obduktion nicht möglich. Zusätzlich zu dem Gutachten der Pathologen hatte man nur einige Tatortfotos zur Verfügung, die zu allem Überdruß von einem wenig erfahrenen Polizeibeamten unter miserablen Lichtverhältnissen aufgenommen worden waren. Sie waren allein zur Identifizierung der Toten zu gebrauchen.

Für die nahende Gerichtsverhandlung zog sich die Staatsanwaltschaft aus der Affäre, indem sie den Münsteraner Gerichtsmediziner Professor Albert Ponsold mit der Erstellung eines neuen Gutachtens betraute. Das war für einen Gerichtsmediziner ein ungewöhnlicher Auftrag, denn ihm stand dazu keine Leiche, sondern nur Papier zur Verfügung. Trotzdem sollte er klarstellen, ob Hetzel die Wahrheit sagte oder, was allgemein angenommen wurde, gelogen hatte.

Während des Prozesses kamen Dinge zur Sprache, die allseits unangenehm berührten. Unter Zögern gab Hetzel einige sexuelle Perversion zu, aber: Die Pathologen hatten eine Herzerkrankung festgestellt, und die konnte unter solch extremen Bedingungen ohne weiteres zum Tod geführt haben. Auch Ponsold hatte sein Gutachten in diesem Sinn ausgelegt, hatte keinen stichhaltigen Beweis dafür gefunden, daß Hetzel Magdalene Gierth absichtlich getötet habe.

Als er zu sprechen begann, wußte niemand, nicht einmal er selbst, daß in wenigen Minuten seine gesamte Beurteilung des Falls umkippen würde. Denn während er bei seinem Vortrag in der Verhandlung wie üblich vor dem Richtertisch hin und her ging, fiel sein Blick eher zufällig auf jene Fotos, die von dem Kriminalbeamten am Tatort angefertigt worden waren. Ponsold stockte, man sah, daß es in seinem Kopf arbeitete; innerhalb von Sekunden entschloß er sich, sein vorbereitetes Gutachten umzuwerfen. Mitten im Satz brach er ab und setzte erneut an. Er teilte mit, daß er für sein Gutachten nur kleine Abzüge der entsprechenden Bilder bekommen hätte, an denen er nichts Verdächtiges habe entdecken können. Bei diesen Vergrößerungen allerdings – dabei zeigte er auf die auf dem Richtertisch liegenden Bilder – erkenne man wichtige Details, die den Fall für ihn in einem gänzlich neuen Licht erscheinen ließen.

»Hier, auf diesen Bildern, sehe ich den schlüssigen Beweis dafür, daß Magdalena Gierth ermordet wurde – genauer gesagt: erdrosselt mit einem Kälberstrick! Die Drosselmale sind darauf einwandfrei zu erkennen. Wenn aber ein Kälberstrick um ihren Hals war, kann es kein Unfall gewesen sein. Nein, meine Damen und Herren, das Opfer starb nicht an Herzversagen, sondern wurde eindeutig erdrosselt!«

Diese sensationelle Wendung war so ganz nach dem Geschmack des Publikums. »Ahs« und »Ohs« waren zu hören, und der Richter hatte seine liebe Mühe, die Anwesenden im Saal zur Ruhe zu bringen. Dann bat er Ponsold weiterzusprechen. Unterdessen hatte dieser ein Vergrößerungsglas aus der Tasche gezogen und betrachtete sich die Bilder damit eingehend. Er blieb bei seiner umgestürzten Ansicht, Magdalena Gierth sei erdrosselt worden. Er ging bei seinen Ausführungen sofort so weit, die Tatszene zu rekonstruieren. Seiner Meinung nach war Magdalena Gierth durchaus nicht so willig, wie das Hetzel beteuerte. Ganz im Gegenteil: Damit sie seinen Wünschen nachkommen sollte, drosselte sie Hetzel so lange, bis sie tat, was er verlangte. Ponsold räumte ein, daß Hetzel die junge Frau wohl nicht absichtlich, sondern im Affekt getötet habe. Für ihn stand außer Zweifel: Magdalena Gierth starb nicht eines natürlichen Todes.

Die Geschworenen nahmen dieses Sachverständigenurteil nur zu gern auf; endlich hatten sie ein Argument, den wenig sympatischen Hetzel hinter Schloß und Riegel zu setzen! Sie taten es einstimmig und schnell: lebenslänglich!

Vergeblich wartete Hetzel auf eine die Situation wundersam wandelnde Begebenheit. Nichts passierte . . . vorerst.

Sein Anwalt Dr. Fritz Groß blieb jedoch »am Ball« und arbeitete unverdrossen an Hetzels Rehabilitierung. Er war lange genug Strafverteidiger, um zu wissen, daß das Vorgehen Ponsolds nicht gerade üblich war. Er sprach mit Kollegen – sie alle hatten noch nicht erlebt, daß ein fertiges Gutachten im Gerichtssaal völlig geändert wurde. Nach 14 Jahren, 1967, hatte Groß das gemeinsame Ziel erreicht: Wiederaufnahme des Verfahrens.

Das Interesse der Gerichtsmedizin am Fall Hetzel nahm in dieser Zeit beträchtlich zu, in einschlägigen Zeitschriften tauchten mehrfach Arbeiten dazu auf. Das weitreichende publizistische Aufsehen, das die Angelegenheit inzwischen erlangt hatte, ließ auch die etablierten Vertreter des Fachs aufhorchen. Groß gelang es, für das Wiederaufnahmeverfahren den renommierten Gerichtsmediziner Professor Wolfgang Spann von der Universität München als Gegengutachter zu gewinnen.

Spann stützte sich auf die im Gutachten der Pathologen festgehaltene Äußerung: »Mit Sicherheit als Todesursache auszuschließen ist eine gewaltsame Erstickung.« Seine Argumentation lief dahin, daß heute auch für Pathologen die Symptome dafür ohne Schwierigkeiten abzuleiten sind. Es sei daher, so Spann, von der Richigkeit dieser Feststellung vorderhand auszugehen. Gierths noch nicht gänzlich auskurierte Herzerkrankung in Verbindung mit dem ungestümen Liebesspiel Hetzels waren für sie kreislaufmäßig zuviel gewesen.

Von einschneidender Bedeutung für die Verteidigung waren selbstverständlich die Bilder, auf denen damals Ponsolds Meinungsänderung basierte. Mit der Auswertung dieser Fotografien wurde ein Experte betraut, der für diese Aufgabe ein neues Verfahren der Bildauswertung verfügbar hatte. Mit dem »Isodensitracer«, einem Gerät zur exakten Messung der Helligkeitswerte, ließ sich eindeutig nachweisen, daß die Male am Hals der Toten keinesfalls die typische Struktur eines Kälberstricks zeigten. Sie erinnerten eher an Würgemale. Darauf befragt, antwortete Hetzel, es könne schon sein, daß er sie beim Sexualverkehr am Hals gepackt habe. Wenn er, so der Gerichtsmediziner, dabei zufällig die Halsschlagader erwischt habe, dann konnte das innerhalb weniger Sekunden tödlich sein. Hatte Ponsold vielleicht unbewußt auf einen Kälberstrick getippt, weil er wußte, daß Hetzel gelernter Metzger war?

Was in jener Stunde wirklich passierte, ließ sich nicht mehr eindeutig rekonstruieren; mehr als gewisse Indizien gab es nicht. Sie reichten jedenfalls nicht aus, um Hetzel zu beschuldigen. Mit einer ihm zugesprochenen staatlichen Wiedergutmachungssumme von 120000 Mark verließ er das Gerichtsgebäude als freier Mann.

Der Halstuchmörder

In der zweiten Hälfte des 19. Jahrhunderts erlangte die Pariser Schule der Gerichtsmedizin Weltruhm; maßgeblich am Emporkommen des Instituts beteiligt war Ambroise Tardieu. Sein Forschungsschwerpunkt lag, wie bei vielen der französischen Kollegen seiner Zeit, im Themenbereich Erstickungstod, also Erhängen, Erwürgen, Erdrosseln und ihren Unterscheidungen. Tardieu hat die nach ihm benannten Flecken, punktförmige Blutergüsse unterhalb des Brustfells und am Herzen, entdeckt, die ein typisches Anzeichen jedes schnellen Erstickungstodes sind.

Auch einer seiner Nachfolger, Paul Camille Hippolyte Brouardel, hat sich eingehend mit allen Arten gewaltsamer Erstickung bis hin zum Ertrinken beschäftigt, die er in einem umfassenden Werk zusammenfassend dargestellt hat; es erschien 1897 und zählte bald zu den einschlägigen Standardwerken. Man wußte, daß beim Erhängen der Strick am Hals eine als »Strangmarke« bezeichnete Spur hinterließ, aus der man beispielsweise ablesen konnte, ob der Knoten seitlich oder hinten am Nacken angebracht war. Denn die Furche ist an der dem Knoten gegenüberliegenden Stelle immer am tiefsten. Weniger deutlich ist sie bei Benutzung eines Schals, wo sie sogar nach einiger Zeit gänzlich verschwinden kann und keine dunkelbraun verfärbte Hautvertrocknung am Hals sichtbar bleibt; in diesem Fall spricht man von einer »weichen Strangmarke«. Die Meinung, daß das Gesicht Erhängter extrem blaß sei, weil die Blutzufuhr von einer Sekunde zur anderen unterbrochen wird, war allgemein akzeptiert.

Vier Komponenten sind es im wesentlichen, auf denen der Tod durch Erhängen basiert: erstens auf der Abschnürung der Blutzufuhr zum Gehirn und der Lähmung seiner lebenswich-

tigen Zentren; zweitens auf der Reizung der für die Herztätigkeit wichtigen Nerven am Hals mit momentanem Herzstillstand; drittens auf der Abschnürung der Luftwege, indem der
Zungengrund nach hinten und oben gegen die hintere Ra-
chenwand gedrängt wird; und viertens auf dem Bruch des
Kehlkopfes, besonders der oberen Schildknorpelhörner.

Das Erhängen eines Erwachsenen von fremder Hand ist sehr
selten, weil es eine komplizierte Technik verlangt; nur wenige
Fälle sind uns bekannt – wie der an anderer Stelle besprochene
Fall Gouffé, über den hier natürlich nichts verraten wird außer:
Man ging hier mit einem Flaschenzug ans Werk. Eine nachgewiesene Erhängung spricht deshalb vor allem für Selbstmord.
Finden sich jedoch Verletzungen des Kehlkopfgerüstes, Brü-
che des Zungenbeins oder Blutungen unterhalb der Strangfurche, muß der Mediziner aufpassen – dann liegt eine als Erhängen getarnte Drosselung oder Würgung im Bereich des Möglichen, ein als Selbstmord ausgegebener Mord!

Die Unterscheidung von Erhängen und Erwürgen hat in früheren Jahren manche Schwierigkeit bereitet, da die Strangmar-
ken voneinander nicht allzu verschieden sind. Allerdings verläuft die Drosselmarke im Gegensatz zur Strangfurche ringför-
mig und gleichmäßig um den Hals, während das Gesicht leicht
bläulich verfärbt ist; durch die Unterbrechung des Kreislaufes
kann das sauerstoffarme Blut nicht mehr über die Venen vom
Kopf ins Herz zurückfließen. Es kommt deshalb auch zu blutunterlaufenen Quetschungen rund um die Drosselmarke;
kleine rote Pünktchen im Gesicht wie an der Schilddrüse zeigen sich häufig.

Das Erwürgen mit bloßen Händen wiederum zeigt andere
Symptome: beispielsweise Spuren der eingekrallten Fingernägel oder blutunterlaufene Druckstellen an den seitlichen Hals-
flächen. Das muß aber nicht sein – nämlich dann, wenn der
Täter sein Opfer mit Handschuhen würgt. Doch auch aufgrund anderer Umstände läßt sich heute in den meisten Fällen
eine exakte Unterscheidung zwischen Erdrosseln mit einem
Werkzeug und Erwürgen mit der bloßen Hand treffen.

Eine Selbsterwürgung ist nach den medizinischen Erfahrungen so gut wie ausgeschlossen, da das Täter-Opfer nach der
Bewußtlosigkeit nicht mehr in der Lage ist, sich bis zum Tod

weiter zu würgen. Anders verhält es sich mit der Selbsterdrosselung.

Dazu ein grausames Beispiel:

Die gefeierte Tänzerin Isadora Duncan, die eine eigene Schule für Tanz begründete, kam bei einem tragischen Autounfall 1927 ums Leben. Sie wollte sich einen Sportwagen aus der berühmten Werkstatt Bugattis anschaffen und lud daher den Konstrukteur persönlich zu einer Probefahrt in ihr Haus in Nizza ein. Wie ihre Lebensgefährtin und enge Vertraute berichtet, hatte sie es dabei wohl eher auf den schneidigen Herrn als auf den schnittigen Wagen abgesehen. Mit ihrem »Markenzeichen« – dem langen flatternden Schal – stieg sie ein, warf das Tuch lässig um den Hals. Dabei glitt es mit dem einen Ende aus dem Fenster und verfing sich unglücklich in den freigelegten Speichen des Hinterrades. Das Auto war kaum angefahren, als sie augenblicklich tot war: Sie hatte sich mit ihrem eigenen Schal erdrosselt. Obwohl dieser tragische Vorfall zu keiner gerichtsmedizinischen Analyse führte – es gab mehrere Zeugen, die den Unfall beobachteten –, zeigt er doch, daß die Fachleute auch ausgefallene, unmöglich scheinende Tatumstände nicht von vornherein ausschließen dürfen.

Zufällig absichtlich erhängt!

Das Erhängen bietet für den Gerichtsmediziner insofern ein interessantes Betätigungsfeld, als hier aufgrund des Zusammenwirkens der Faktoren Tatort, Lage und Verletzung der Leiche oft eine diffizile Unterscheidung zwischen zufälliger Selbststrangulation, Selbstmord oder Mord zu treffen ist. Wie entscheidend die Besichtigung des Tatorts und der Umgebung, in der die Leiche gefunden wurde, ist, zeigt der folgende sonderbare Fall, der dem Bezirksrat Dr. K. Leuw aus dem schweizerischen Frauenfeld als Sachverständigem übergeben war.

Wir schreiben den 21. August 1917. Der elternlose Kantonsschüler Richard Ruben wird, wie jeden Tag, um zwölf Uhr zu Tisch erwartet. Die Wirtin des Schülerheims konnte sich über den siebzehnjährigen Richard nicht beklagen; im großen und ganzen war er ein ordentlicher Mieter und hielt sich an die festgesetzten Regeln. Zu diesen gehörte auch, pünktlich zum Essen zu erscheinen. Wer nicht kam, mußte kalt essen. Da Richard wie alle Jugendlichen seines Alters unter schlechtem Appetit nicht zu leiden hatte, war um zwölf meist alles versammelt.

Nicht so an diesem 21. August. Es war schon fünf nach zwölf, und Richard war immer noch auf seinem Zimmer. Etwas verärgert stapfte die schwerfällige Wirtin in den ersten Stock und klopfte an seine Tür.

»Richard, komm! Weißt du nicht, wie spät es ist?«

Richard gab keine Antwort. Erneutes Klopfen, doch nichts rührte sich.

»Richard, ich weiß, daß du da drin bist. Laß die Scherze! Komm!«

Noch immer blieb alles still. Nun bekam es die Wirtin doch mit der Angst zu tun; sie ließ einen Schlosser holen. Der kam, nachdem schon einige Zeit verstrichen war, und erbrach die Tür. Welch ein entsetzliches Bild. Richard hatte sich erhängt – hoch oben an einer Schraube baumelte die Leiche, aufgehängt an seinem Rock.

Trotz der eher ungewöhnlichen Form der Strangulation am eingehakten Jackett sprach alles für einen Selbstmord. Nur ein Abschiedsbrief ließ sich nicht finden. Die unregelmäßigen Strangfurchen am Hals konnten nur vom Rock herrühren, andere Anzeichen von Gewaltanwendung fehlten gänzlich. Außerdem war das Zimmer ja von innen verschlossen gewesen. Für den Gerichtsmediziner Dr. Leuw war klar: Selbstmord – wenn auch das Motiv zunächst unbekannt blieb, denn Richard war allseits als lustiger Spaßvogel geschätzt. Doch Leuw durfte diese Beteuerungen der Freunde und Verwandten nicht zur Beurteilung heranziehen. Schließlich waren die Anzeichen für einen Selbstmord zu offensichtlich. Weiß der Himmel, aus welchen Gründen der Junge den Kopf verloren hatte! Es war nicht das erstemal, daß der Amtsarzt einen von den Angehörigen als ausgeschlossen bezeichneten Selbstmord zu begutachten hatte.

Doch die um einige Jahre ältere Schwester Richards blieb hartnäckig, wollte nicht an einen Selbstmord ihres immer zu Späßen aufgelegten Bruders glauben; sie ging der Sache auf eigene Faust nach, forschte, schrieb an Freunde und Kameraden und kam tatsächlich an Informationen, die auch Leuw überzeugten, daß hier kein Selbstmord vorgelegen haben könnte: Richard hatte während des Schuljahres schon mehrfach mit Freunden das »Hängespiel« getrieben; dabei seien sie sehr vorsichtig zu Werke gegangen, hätten bald auf den problematischen Strick verzichtet und als Strangmaterial zum Kadettenrock gegriffen. Da hier ein Hauptteil der Last von den Rockärmeln getragen wurde und nicht allein am Hals ansetzte, war diese Methode relativ ungefährlicher. Der »Selbstmörder« wurde dabei von einem danebenstehenden Freund gehalten und langsam herabgelassen.

Aufgrund dieser Aussage wurde ein neus Gutachten beantragt, das den geänderten Umständen Rechnung tragen sollte. Dr. Leuw ging die Sache noch einmal ganz konsequent bis ins letzte Detail an. Den Beweis, daß hier tatsächlich ein Unfall vorgelegen habe, schloß er aus drei Punkten:

1. waren zwei Schrauben dicht nebeneinander in die Wand gebohrt, von denen jedoch nur eine Verwendung fand;

2. steckte die gebrauchte Schraube nicht im Rockkragenloch, sondern war unzweckmäßig im Falz des Umlegekragens festgehakt;

3. war die Schraube durch das Körpergewicht stark nach unten gebogen worden.

Diese Faktoren bestärkten Leuw in der Annahme eines Unfalls, da sie seines Erachtens »in der unvollständigen Durchführung eines genau ausgesonnenen und vorbereiteten Vorhabens das Dazwischentreten eines unvorhergesehenen Zufalls« dokumentierten. Es mußte also etwas dazwischengekommen sein, das den ordnungsgemäßen Ablauf störte. Leuw vermutete, daß dieses Hindernis durch ein Abgleiten Richards von der schmalen Kopfleiste des Fensters verursacht war. Man suchte und fand nun auch Spuren von Richards Schuhen an der Leiste und der darunterliegenden Wand. Hier hatte der Unglückliche auf Fußspitzen balanciert, um seinen Jackenkragen in die Schraube hängen zu können. Dabei ist er wohl weggerutscht. Das plötzlich absackende Gewicht und der Druck auf die Halsschlagader führten sofort zu Bewußtlosigkeit und schnellem Tod.

Um diese Annahme zu verifizieren, unternahm Leuw in alter gerichtsmedizinischer Tradition ein Experiment: Er ließ Richards Freund Theo, der annähernd das gleiche Gewicht hatte, im selben zugeknöpften Kadettenrock aufhängen. Natürlich nicht richtig. Der Versuch ergab, daß sich bei langsamem Hängen die Erstickungserscheinungen nicht rasch und stark geltend machten, so daß es dem Hängenden möglich war, sich aus der ungemütlichen Position zu befreien – beispielsweise durch Aufknöpfen des Rockes.

Zur Zufriedenheit der Verwandten erlaubten die neuen Erkenntnisse eine Änderung der Todesursache, die nun als »Zufallstod« eingetragen wurde. Abschließend schreibt Leuw: »So ist mein Fall von neuem wieder ein Beweis für die Richtigkeit des Satzes, daß bei Unklarheiten anscheinend nebensächliche Umstände nie genug gewürdigt werden können, weil sie in Verbindung mit andern oft von entscheidender Bedeutung sind. Nur so wird man zuweilen Irrtümern entgehen und Fehlschlüsse vermeiden.«

Zur Rechtfertigung seiner Person sei hinzugefügt, daß ohne die von der Familie beigebrachten Zusatzinformationen, die nun wirklich außerhalb der gerichtsmedizinischen Arbeit liegen, kaum etwas auf einen Unfall hindeutete. Ohne sie aber hing, wie Leuw so trefflich formulierte, »jede andere Annahme in der Luft«.

Wie recht er doch hatte!

Tod durch Ertrinken

Im 17. Jahrhundert noch wurde die von einem kühnen Geist vorgebrachte These, der Tod durch Ertrinken käme durch das Eindringen von Wasser in die Lunge zustande, von der gelehrten Welt mit höhnischem Gelächter abqualifiziert. Der Anatom Sylvius blieb 1630 mit seiner Theorie ein absoluter Außenseiter der Wissenschaft. Medizinische Größen wie Leonardi und Borelli zerrissen ihn förmlich in der Luft. Man hielt weiter an der seit der Antike tradierten Meinung fest, daß der Ertrinkungstod eigentlich ein Erstickungstod sei, weil das zuviel verschluckte Wasser im Magen auf das Zwerchfell drücke und eine normale Atmung stoppe. Diese irrige Ansicht wurde von

Paré, Zacchias, Fidelis und wie die großen Vorläufer der Gerichtsmedizin alle heißen, kritiklos übernommen. Selbst Mende bestätigt die alte Ansicht nach 1819 mit den Worten: »Und so verhält sich auch wohl die Sache in der That.« In der Tat verhielt sie sich nicht so!

Gewisse Meinungsunterschiede betrafen lediglich die Frage, ob die Ausdehnung des Magens oder die Blockierung der Atmung ursächlich für den Tod sei. Es gab auch Forscher, die bei ihren Obduktionen von Ertrunkenen Wasser in den Atemwegen bemerkten – angeblich aber nur in »geringen«, also vernachlässigbaren Mengen. Niemad außer Sylvius traute sich, daraus derart umstürzliche Schlüsse zu ziehen.

Der Mediziner Morgagni war es, der im 19. Jahrhundert Experimente mit Schweinen und Katzen vornahm. Dabei stellte er eine schaumige Flüssigkeit in den Lungen fest, wagte aber ebenfalls nicht, daraus die eigentlich einsichtigen Folgerungen abzuleiten und die alte Theorie zu stürzen. Er arrangierte sich insofern, als er annahm, daß solche Befunde nur beim Ertrinken in »warmem« Wasser anzutreffen seien.

Nicht mehr lange, und Sylvius sollte erheblich später doch recht bekommen. Manche blieben immer noch hart und verbissen – selbst am Ende des vorigen Jahrhunderts. Der Mediziner Cuvier zum Beispiel erlangte dadurch einschlägige Berühmtheit, weil er zuzeiten versuchte, die alte Anschauung durch ausgedehnte »Auto-Observationen« zu bestätigen. Im Klartext: Er ertränkte sich zu Testzwecken. Die wirklich riskante Unternehmung kostete ihn fast das Leben, führte sonst aber nicht zum gewünschten Erfolg.

50 Jahre weiter hatte man einige typische Merkmale zu finden geglaubt, die in der gesamten Standardliteratur auftauchten:

○ Kälte der Leiche,
○ auffällige Blässe,
○ Schaum vor dem Mund,
○ Gänsehaut,
○ Ballonlunge.

Doch immer schneller drang man in die Geheimnisse des Ertrinkungstodes vor, relativierte die bestehenden Maßstäbe. Über genügend Anschauungsmaterial hatte man sich nicht zu beklagen, denn der Tod durch Ertrinken galt als eine der häufigsten unnatürlichen Todesursachen. Meist waren es Unfälle oder Selbstmorde, die der Gerichtsmediziner mit seiner Diagnose erhellen mußte, viel seltener handelte es sich um Morde von fremder Hand, bei denen die Leichen erst anschließend, bereits ums Leben gekommen, ins Wasser geworfen wurden. Aber diese Frage mußte erst einmal eindeutig geklärt sein.

Einen wesentlichen Beitrag zur Lösung dieses Problems brachten der Gerichtsmedizin die Forschungen Brouardels. Seine enorme Leistung bestand in der Erkenntnis, daß Wasser über die Lungenvenen in den Blutkreislauf und bis ins Herz gelangt. Ein Vergleich der roten Blutkörperchen in der linken und rechten Herzkammer zeigte, daß nur das Blut in der rechten Herzkammer »verwässert«, nicht in der linken, durch die das Blut erst nach einem Umlauf im Körper zum Herzen zurückfließt. Zusammen mit Loye hat Brouardel weiter ein Zeitschema mit fünf Phasen des Ertrinkens angegeben:

1. die Phase der Überraschung, die fünf bis zehn Sekunden dauert;

2. die Phase des Widerstands der Atmung und der Bewegungen, die etwa eine Minute anhält;

3. die Phase der tiefen Atmung, etwa gleich lang, bei der sich der Ertrinkende relativ ruhig verhält, mit offenen Augen tief atmet und Wasser schluckt;

4. die Phase der aufgehobenen Atmung mit dem Schwund der Sensibilität; sie dauert beinahe eine Minute;

5. die Phase der terminalen Atembewegung von etwa einer halben Minute Dauer.

Brouardels Nachweis der Zählung von roten Blutkörperchen wurde bald von einigen Forschern attackiert; sie hielten sie nicht für beweiskräftig genug, obwohl nun, da jemand den zündenden Gedanken des »verwässerten Blutes« in die Welt gesetzt hatte, niemand mehr an der Richtigkeit der These zweifelte. Placzek beispielsweise schlug vor, die Blutverdünnung durch die Bestimmung der Blutdichte nachzuweisen. Er sah den Vorteil hauptsächlich in der gerichtsmedizinischen Brauchbarkeit der Methode, die »von jedem Arzt zu jeder Zeit, an jedem Ort und mit einfachsten Hülfsmitteln angewendet werden konnte«.

Nun bestätigt der positive Nachweis der Blutverdünnung zwar den Ertrinkungstod, doch der negative widerlegt ihn nicht – nämlich dann, wenn der Tod plötzlich und sofort eintritt. Weitere Pionierarbeit mußte geleistet werden.

Am Anfang des Jahrhunderts haben dann Professor Dr. Leo Wachholz und sein Mitarbeiter Dr. Stefan Horoszkiewicz an der Universität von Krakau umfangreiche Tierversuche vorgenommen. Auch hier zeigte sich der sonderbare Befund, daß die in der Lunge gefundene Wassermenge starker Schwankungen unterworfen war. Sie entsprachen vollkommen der bei Sektionen von menschlichen Leichen nachgewiesenen Unterschiedlichkeit, die auf verschiedene Weise interpretiert wurde. Eduard von Hofmann glaubte, daß sie von der Qualität und von der Stärke der letzten Atembewegungen abhinge, andere beharrten auf der von Morgagni aufgebrachten »Warmwasserthese«. Die Tierversuche von Wachholz und Horoszkiewicz ergaben nun, daß die Menge des während des Ertrinkens in die Lunge dringenden Wassers und damit auch der Grad der Blutverdünnung in der linken Herzkammer vorwiegend von der Lungenkapazität des betreffenden Individuums abhängt, sodann von der Temperatur des Wassers und der Reflexerregbarkeit seiner oberen Luftwege, in Zusammenhang beispielsweise mit Bewußtlosigkeit, weiter, ob er beim Ein- oder Ausatmen das letztemal untertaucht.

Um diese Zeit herrschte auch noch Uneinigkeit darüber, ob die schaumige Beschaffenheit der Flüssigkeit in den oberen Luftwegen von Wasserleichen eine entschieden wichtige Bedeutung für die Diagnose des Ertrinkungstodes habe. Fortschrittliche Mediziner wie Brouardel, Mende, Casper-Liman und Straßmann konstatierten das zwar, doch andere sprachen sich dagegen aus. Buchner zum Beispiel spricht in seinem Lehrbuch davon, daß sie auch durch Gischt erzeugt werden kann, indem Bewegungen der Leiche beim Herausziehen aus dem Wasser oder sonstwie Luft aus den Lungenbläschen in die Röhrenäste pressen, die sich mit der in der Lunge vorhandenen Flüssigkeit vermengen und Schaum bilden. Diese Behauptung konnten die Tierversuche eindeutig widerlegen. Außerdem konnten qualitative Unterscheidungen getroffen werden: Bei Ertrunkenen tritt der Schaum dichter und in größerer Menge auf, der Inhalt ihrer Ballonlunge ist viel lufthaltiger als bei erst nach dem Tod ins Wasser beförderten Leichen. Ein drittes Kriterium fand man im Magen- und Darmbereich: Nur bei Ertrunkenen kann Wasser über den Magen in den Dünndarm gelangen.

Wie man sieht, war schon im ersten Jahrzehnt unseres Jahrhunderts die gerichtsmedizinische Forschung über den Ertrinkungstod in ein für den Laien kaum noch nachvollziehbares Spiel um Detailfragen eingetreten. Trotzdem hat sich die übliche Gepflogenheit des Gerichtsmediziners gehalten, in jedem Fall auch nach äußerlich sichtbaren Wunden zu suchen, deren Charakteristik Vermutungen darüber zuläßt, ob sie auf Verletzungen durch Schiffsschrauben oder dem Anschlagen an Brückenpfeiler, auf Treiben oder Schleifen im Gewässer beruhen oder auf gewaltsame Einflüsse von zweiten zurückzuführen sind.

So weit etwa war der Stand der Kenntnisse, als Bernhard Spilsbury bei der Erforschung des jetzt geschilderten Falls weiteres Neuland im Bereich des plötzlichen Ertrinkungstodes betrat.

Badewannenmorde

Smith zu heißen ist zwar durchaus nicht strafbar, erscheint aber jedem Hobbydetektiv im Zusammenhang mit einem ungeklärten Unfall gleich suspekt. Doch die Polizei darf darauf keine Rücksicht nehmen, denn die Wirklichkeit ist eben nicht mit jenen fiktiven Mordgeschichten zu vergleichen, die man zu Dutzenden im Buchhandel erwerben kann. So etwas hat mit der Wirklichkeit nichts zu tun – jedenfalls meistens. Hören wir nun von einem höchst ungewöhnlichen Fall aus England. Ungewöhnlich in mehrfacher Hinsicht: Zum einen verdanken wir einzig und allein der Aufgewecktheit eines Pensionsbesitzers, daß der Fall überhaupt als solcher erkannt wurde. Zum anderen gilt er als ein historisches Meisterwerk gerichtsmedizinischen Spürsinns; in ihn war einer der bedeutendsten Gerichtsmediziner involviert, der durch seinen Tatendrang beinahe ein tragisches Ende heraufbeschworen hätte.

Was die Aufgewecktheit jenes Joseph Cossley aus Blackpool betrifft, so sei berichtet, daß sie durch seine Vorliebe für Kriminal-, besonders Mordfälle unterstützt wurde. Wie viele seiner Mitbürger sammelte er Zeitungsausschnitte von allerlei Morden und las einschlägige Berichte ausnahmslos und intensiv. Einmal war er ja selbst beinahe in einen Mordfall verwickelt worden, doch es war nur ein Unfall, wie die Polizei ihm leider versicherte. Sein Argwohn war damit nicht aus dem Weg geräumt; aber er hielt den Mund. Vor einem Jahr war es gewesen, als sich in seiner Pension jener sonderbare Unfall ereignet hatte, bei dem die junge Mrs. Alice Smith aus ungeklärter Ursache in der Badewanne ertrunken war. Der Arzt, den sie am gleichen Tag wegen Kopfschmerzen und allgemeinem Unwohlsein aufgesucht hatte, schloß auf eine Herzattacke. Nichts deutete auf einen gewaltsamen Tod hin, absolut nichts.

Wie groß war sein Erstaunen, als er jetzt von einem Todesfall in London las – in wesentlichen Punkten eine genaue Kopie der Vorfälle in seiner Pension. Auch hier mietete ein jungvermähltes Ehepaar, diesmal namens Lloyd, ein Zimmer. Die Frau fühlte sich nicht wohl, ging zum Arzt. Während sich ihr Mann auf einen Spaziergang begab, nahm auch sie ein Bad. Und hier wie dort lag sie bei seiner Rückkehr tot in der Wanne. Zufall? Crossley wußte sofort: Das ist Methode! Umgehend setzte er sich an seinen Schreibtisch, schrieb einen Brief an Scotland Yard. Dort gab es zu allen Zeiten fähige Köpfe wie Inspektor Neil, der für das Londoner Revier zuständig war, in dem sich der neue »Unfall« ereignet hatte. Er teilte augenblicklich Crossleys Bedenken und eilte schnurstracks in das Tathaus. Von der Vermieterin erfuhr er einige nähere Details. So war ihr beispielsweise aufgefallen, daß Mr. Lloyd bei der Besichtigung das Bad eingehend inspiziert hatte. War das ein erster Hinweis?

Von hier ließ sich Neil zu Dr. Bates fahren; er hatte Mrs. Lloyd damals untersucht. Sie hatte, so Bates, etwas weißen Schaum vor dem Mund, ein sicheres Indiz dafür, daß Elisabeth Lloyd ertrunken war. Irgendwelche Anzeichen einer Gewaltanwendung fand er nicht – abgesehen von einer winzigen Quetschung am linken Ellenbogen. Er stellte sie nachträglich bei der von ihm durchgeführten Autopsie fest; sie war als Vorsichtsmaßnahme vom Coroner angeordnet worden. Doch dieses Mal hatte keinen Beweiswert, so daß die Sache, vom medizinischen Punkt aus betrachtet, völlig klar war: Tod durch Unfall. Auf das Verhalten Lloyds befragt, erwähnte Bates, er habe offensichtlich wenig Trauer über den unerwarteten Tod seiner Frau gezeigt, denn er habe den billigsten Sarg gekauft.

Neil ließ umgehend nach Lloyd fahnden. Man fand heraus, daß er zuvor schon bei einer Mrs. Lokker nach einer Mietgelegenheit gesucht hatte. Auch hier galt sein Hauptinteresse der Badewanne: sie schien ihm anfänglich zu klein; er hatte sich erst dann damit zufriedengegeben, als man ihn überzeugte, daß man darin liegen konnte. Sein Verhalten war so sonderbar, daß Mrs. Lokker ihr Mietangebot zurückzog und ihn aus der Wohnung wies.

Wie sich herausstellte, hatte Margaret Elisabeth Lloyd wenige Stunden vor ihrem Tod ein Testament unterzeichnet, das ihren Ehemann zum Universalerben machte. Damit nicht genug: Eine neu eingerichtete Lebensversicherung floß ihm im Todesfall ebenfalls zu. Eine weitere Parallele zum Smith-Fall, bei dem eine beträchtliche Summe aus einer Lebensversicherung bereits ausbezahlt worden war.

Die Versicherungsgesellschaft, die Mrs. Lloyd versichert hatte, wandte sich im Zuge ihrer Überprüfung des Auszahlungsgesuchs an Dr. Bates und wollte von ihm nähere Umstände des Todesfalls erfahren. Auf Anraten Neils zögerte Bates die Antwort hinaus. Unterdessen forcierte Neil auch die Recherchen in der Angelegenheit Smith. Die Ermittlungen waren offenbar ziemlich schlampig geführt worden. Weder der Arzt noch der die Untersuchung leitende Coroner hatte mit dem nötigen Pflichtbewußtsein gearbeitet. So konnte sich keiner von ihnen daran erinnern, in welcher Position sie die Leiche vorgefunden hatten. Ohne großes Aufheben – von einer Autopsie ganz zu schweigen – deklarierten sie den Tod als Unfall; die Versicherung bezahlte murrend.

Neil war inzwischen sicher, daß es sich bei Smith und Lloyd um ein und dieselbe Person handelte. Wie konnte man seiner habhaft werden? Natürlich! Plötzlich kam ihm der zündende Gedanke . . .

Lloyd hatte bei der Versicherung einen Anwalt benannt, der

ihn in den Erbschaftsangelegenheiten vertrat. Bei ihm wollte Neil ihn festnehmen. Über die Versicherung ließ er einen Termin vereinbaren, zu dem Lloyd erscheinen sollte. Vor dem Haus schnappte ihn Neil, fragte, ob er Mr. Lloyd alias Smith sei. Dieser verneinte, doch damit hatte Neil gerechnet.

Der Inspektor eröffnete ihm nun, man suche ihn wegen falscher Papiere. Lloyd war sichtlich erleichtert; in der Hoffnung, durch ein Geständnis Schlimmeres gegen sich abzuwenden, gab er diesen Fehltritt zu. Er konnte natürlich nicht ahnen, daß das für Neil nur ein Vorwand war, ihn dingfest zu machen. Er kam in Polizeigewahrsam, wo sich ohne sein Wissen dunkle Gewitterwolken über ihm zusammenzogen. Denn inzwischen war es Neil gelungen, den in seinem Land wohl besten verfügbaren Gerichtsmediziner zur Mitarbeit zu gewinnen: Bernhard Spilsbury. Er sollte das Geheimnis um die zwei toten Bräute in der Badewanne lüften.

Die Leichenöffnung der exhumierten Elisabeth Lloyd ergab so gut wie nichts – auch keine Giftspuren, die Analyse verlief negativ. Der von Bates nachgewiesene Bluterguß war in der Tat so minimal, daß er unmöglich als ein Hinweis auf Gewaltanwendung interpretiert werden konnte. Andererseits fand Spilsbury aber auch kein einziges Indiz für eine Herz- oder Kreislaufattacke, die zum Ertrinken hätte führen können. Es sprach aber alles für einen ganz plötzlichen Tod, da die Ertrinkungsanzeichen nur gering waren. Bei der Untersuchung der Leiche von Alice Smith ergab sich das gleiche Bild.

Vielleicht kam man aber der Sache von einer anderen Seite her auf die Spur. Spilsbury ließ sich von Neil die Badewannen sicherstellen, um sie für einige Experimente verfügbar zu haben.

Während Spilsbury noch eifrig am Denken war, erhielt Neil eine alarmierende Nachricht aus Herne Bay; dort war im Jahr 1912 auf die gleiche Weise eine jungverheiratete Frau in der Badewanne umgekommen. Smith-Lloyd war unter dem Namen Williams abgestiegen, doch der Nachweis, daß es sich um den Festgenommenen handelte, war nicht schwer zu erbringen. Nun hatte man es also mit einer Serie von drei Morden, die bisher nicht bewiesen werden konnten, zu tun.

Spilsbury war am Zuge.

Den entscheidenden Hinweis gab Spilsbury der zuletzt aufgedeckte Fall. Dr. Bates konnte noch genau angeben, in welcher Lage die Tote in der Badewanne lag. Er berichtete, sie habe ausgestreckt darin gelegen, den Kopf unter Wasser und die Füße am unteren Ende aus dem Wasser ragend. Wie in den beiden anderen Fällen war es rätselhaft, wie das Opfer in der zu ihrer Körpergröße kleineren Badewanne überhaupt mit dem Kopf unter Wasser geraten konnte. Viel wahrscheinlicher wäre es gewesen, wenn sie mit dem Kopf über das schräg gebaute Kopfende der Wanne gerutscht wäre . . . es sei denn, daß sie jemand an den Beinen hinunterzog! Der Täter hatte sie ruckartig daran gezerrt, durch diesen überraschenden Angriff hatte das Opfer den Halt verloren und war sofort untergetaucht: Das plötzliche Eindringen von Wasser in die Nase hatte sofort zur Bewußtlosigkeit geführt und deshalb auch zu den nur gering ausgeprägten Symptomen des Ertrinkens!

Spilsbury war sich seiner Sache sicher. Jedoch gab es über diesen plötzlichen Ertrinkungstod so gut wie keine Literatur, der seine Theorie hätte bestärken können. Aber die Zeit drängte. Es blieb keine andere Wahl: Ausgebildete Taucherinnen, die körperlich den Opfern von William-Smith-Lloyd entsprachen, sollten für Experimente in der Badewanne engagiert werden. Neil war von dem Vorschlag begeistert.

Drei Tage später war es soweit, die Tests konnten durchgeführt werden. Die Mädchen mußten sich in verschiedenen Lagen in die herbeigeschafften Wannen setzen, und Spilsbury erprobte unterschiedliche Verfahren, sie mit dem Kopf unter Wasser zu bringen. Das gleiche Ergebnis: Ohne Gewaltanwendung ließ sich das nicht realisieren. Spilsbury setzte zum großen Coup an: Er zog die Taucherin an den Beinen, bevor sie mit den Händen nach Halt suchen konnte, sie glitt unter Wasser. Nach wenigen Sekunden mußte Spilsbury mit Schrecken erkennen, daß die Versuchsperson leblos in der Wanne lag. Man hob sie aus dem Wasser, und trotz intensivster ärztlicher Bemühung erlangte sie erst nach einer halben Stunde das Bewußtsein. Sie schilderte, was drei Frauen vor ihr in den letzten Sekundenbruchteilen ihres Lebens erlebt hatten: Wasser rauschte in die Nase, dann wurde es schwarz um sie herum.

Der Beinahe-Tod einer geübten Taucherin war für die Geschworenen Indiz genug, Spilsburys Theorie anzuerkennen. Selten lief ein Prozeß so schnell und glatt über die Bühne von Old Bailey. Spilsbury hatte ein weiteres Kapitel in den Analen der Gerichtsmedizin geöffnet: den Ertrinkungstod durch plötzliche Schockwirkung, der von einem Reflex der Steuerung von Kopfnerven, des Nervenzentrums und des Kreislaufs herrührte.

KAPITEL 8

Selbstmord, Unfall oder Mord? –
Die Gerichtsmedizin klärt auf

Die Aufklärung von Kriminalfällen scheint mir der einzige Beruf, zu dem einen die humanistische Bildung befähigt . . . Wenn Sie jemals . . . einen lateinischen Text einfach so vom Blatt her haben übersetzen müssen, werden Sie wissen, daß das eine genaue Parallele zu kriminalistischen Untersuchungen ist. Sie haben einen langen Satz vor sich mit lauter verdrehten Wortstellungen. Zuerst kommt es einem vor wie ein wilder Vokabelhaufen. Und genauso kommt einem ein Kriminalfall auf den ersten Blick vor. Das Subjekt ist ein Ermordeter; das Verbum ist der modus operandi – die Art der Ausführung des Verbrechens; das Objekt ist das Motiv.

Nicholas Blake: Tat auf Tat

Selbstmord, Mord oder gar Selbstverbrennung?

Darmstadt im Sommer des Jahres 1847. Der Tod der Gräfin Görlitz erregte die Gemüter, war das Tagesgespräch Nummer eins. Die Umstände ihres Todes – sie war in ihrem Zimmer jämmerlich und auf mysteriöse Weise verbrannt – waren nur ein Grund für das große Aufsehen, das diesen Fall auch in die überregionale Presse trug. Ein weiterer, vom gesellschaftlichen Standpunkt weitaus delikaterer Aspekt, war die im Zug der mehrjährigen Untersuchung aufgebrachte Vermutung, der Graf selbst habe sich auf diese scheußliche Weise seiner Gattin entledigt. Allerlei Gerüchte kursierten am Hofe des Kurfürsten und in den schmalen Gassen der Stadt, in denen sich das einfache Volk manches zugemunkelt hatte, ehe der wahre Täter entlarvt und der Graf endgültig entlastet war.

Was war geschehen?

Der Graf, der an jenem 13. Juni einer höfischen Einladung gefolgt war, kam erst gegen halb sieben abends in sein Haus zurück. Er wollte sogleich bei seiner Frau vorbeischauen, um sie »mit einigem Bonbon« zu erfreuen, fand die Tür zu ihren Gemächern indes verschlossen. Das brachte den Grafen zu der Ansicht, seine Frau sei noch ausgegangen. Erst nach einigen Stunden – sie war immer noch nicht zurück – wurde er mißtrauisch; so lange blieb seine Frau gewöhnlich nie allein außer Haus. Erneut versuchte er, in ihre Räume einzudringen – erfolglos. Nun merkte er auch einen sonderbaren Geruch, der aus dem Zimmer zu quellen schien. In höchster Aufregung wurde ein Schlosser herbeizitiert, und mit Unterstützung des hauseigenen Personals erbrach man die Tür. Sofort schlug den Anwesenden eine Rauchwolke entgegen.

Hören wir, was man in der »Leipziger Illustrierten« über die folgenden Ereignisse minutiös und in der für die Zeit typisch manieristischen Sprache zu berichten weiß:

»Man gewahrte den Brand des Secretairs und goß, da es des Rauches und der Hitze wegen nicht möglich war, gleich einzudringen, einen Eimer Wasser von der Thüre aus schräg gegen den Secretair, jedoch mehr vor demselben auf die Erde. Zugleich sah man etwas Weißes auf der Erde liegen, und als in demselben Augenblick der Graf und die Marie Haubach die

Leiche der Gräfin liegen sahen und ersterer ausrief: ›Ach Gott, da liegt die Unglückliche‹, so sah auch der Schmiedemeister Wetzel, daß jenes Weiße, über welches der erste Eimer Wasser geschüttet worden, die mit weißen Strümpfen bekleideten Füße der Gräfin waren. Er trat nun einige Schritte in das Zimmer vor, und während ein zweiter Eimer mehr von vorn in die Flammen geschüttet wurde, faßte er die Füße der Leiche mit den Händen an und zog sie zur Thür heraus in das Vorzimmer. Man wollte sie nunmehr in ein anderes Zimmer tragen, und Wetzel versuchte zu dem Ende sie an den Schultern aufzuheben, es gelang ihm jedoch nicht, und es schien ihm, als wenn hierbei der eine Schulterknochen hervorgetreten sei. Die Leiche glitt ihm aus der Hand, weil, wie er angab, sie sehr glatt und weich anzufühlen war und ihm eine schmierige Masse in der Hand blieb. Einen gleich vergeblichen Versuch machte der Korporal Stroh, der angab, daß, als er die Leiche an den Ellenbogen angefaßt, sich das Fleisch losgelöst habe.

Die Nacht hindurch wurde das Zimmer polizeilich bewacht, und schon um sechs Uhr des nächsten Morgens begab sich das Gericht, unter Zuziehung zweier Blutschöffen und des ersten Physikus, großh. Medicinaldirektor Dr. Graf, an Ort und Stelle.«

Der Mediziner und die Abgesandten des Gerichts nahmen die Leichenschau der so »gegrillten« Gräfin vor. Die erste spontane Diagnose des Amtsarztes lautete: Selbstverbrennung – die er allerdings nach der Leichenschau erheblich modifizierte; er hielt einen Unfall oder Selbstmord für höchst unwahrscheinlich und griff den behördlichen Ermittlungen insofern vor, als er »auf den Grafen selbst als den mutmaßlichen Thäter« zielte; er schlug deshalb die Sektion der Leiche vor. Was ihn zu dieser Meinung veranlaßt haben mag, wurde uns leider nicht überliefert. Doch niemand der beteiligten amtlichen Stellen hatte Interesse an einem Mordfall, in dem ein Adeliger als Hauptverdächtiger galt. Die Zeiten waren auch so schon schwer genug!

Nun, die Sache wurde also erst einmal totgeschwiegen, das Gericht sah von einer Anklage gegen den Grafen ab; die Leiche wurde mit allen Ehren beigesetzt.

Damit hätte die Angelegenheit ein frühzeitiges Ende erfahren können, wenn sich nicht die Journalisten dieser Sache angenommen hätten – sei es aus Sensationslust, sei es aus reinem Berufsethos. Sie prangerten in lauten, fast zu lauten Tönen die Ungerechtigkeit an, daß ein Mörder – der Graf, wie sich versteht! – ungescholten davonkomme, nur weil er Mitglied der »High Society« sei. Eine ausgesprochen vertrackte Situation, in die man sich da hineingeritten hatte! Der Knoten löste sich durch den Grafen selbst – niemand weiß, ob mit oder ohne Pression von höherer Stelle. Er leitete nämlich eine Untersuchung gegen sich selbst ein, die jedoch dank eines sicheren Alibis für die Tatzeit ergebnislos abgeschlossen werden konnte.

Die Ereignisse nahmen dennoch ihren weiteren Lauf: Ein Giftmordanschlag gegen den Grafen, der auch die letzten Zweifler von dessen Unschuld überzeugte, konnte gerade noch rechtzeitig abgewehrt werden. Der Kammerdiener Johann Stauff hatte versucht, Grünspan in eine für den Grafen bestimmte Sauce zu mischen. Wen wundert's, wenn sich nun das öffentliche wie behördliche Interesse auf diese bisher unbeachtete Dienstperson richtete. Es sei nicht verschwiegen, daß der unerwartete Wandel dieses Falles von den adeligen Würdenträgern nicht ohne gewisse Genugtuung zur Kenntnis genommen wurde. Wie sich nun herausstellte, war Stauffs Vater im Besitz gräflichen Schmucks, der nach glaubhaften Angaben des Grafen illegal in dessen Hände geraten sein mußte.

Als dann nach zweijährigen Vorermittlungen im März 1850 der Mordprozeß gegen Stauff und seinen Vater, der als Mittäter angeklagt war, eröffnet wurde, verlegte man ihn wegen seiner Bedeutung in den großen Ballsaal des Hofes. Nicht weniger als 116 Zeugen waren aufgeboten, auch eine größere Zahl an Gutachtern; sogar ein maßstabgetreues Modell des gräflichen Hauses wurde im Gerichtssaal aufgebaut. Dieser Aufwand hatte seinen guten Grund: Erstmals wurde in Darmstadt der neue Ernstfall geprüft – der Geschworenenprozeß; er war über Frankreich nach Deutschland gekommen.

Der »Görlitz-Prozeß«, wie er in die Annalen der Kriminalistik einging, sollte zu einer Demonstration der neuen Gerichtsbarkeit werden. Leider gilt das nicht in gleichem Maß für die gerichtsmedizinische Seite; es sei angemerkt, daß die medizinischen Gutachten eher durch ihre Uneinigkeit aufzufallen wußten

Dr. Graf war der erste, der im Zeugenstand aufgefordert wurde, eine medizinische Beurteilung abzugeben. Er schilderte noch einmal den grauenerregenden Zustand der Leiche. Über der Herzgrube, so führte er aus, fand sich ein kaum noch menschlicher Rumpf. Der Kopf war am meisten entstellt, zu einem Klumpen zusammengeschrumpft. Nur der Mund – weit geöffnet – war noch erkennbar. Bei der Exhumierung, 14 Monate später, hatte sich der Zustand der Leiche logischerweise rapide verschlechtert, namentlich der Kopf war arg ramponiert. Das Gehirn und weitere verkohlte Teile waren abgefallen, so daß er eher plattgedrückt erschien. Zudem war seine linke Seite gänzlich zerstört.

Das wurde durch die mit Fug und Recht als nachlässig bezeichnete Behandlung des Schädels nach der Exhumierung in keiner Weise gebessert: Nachdem das, was vom Schädel der Gräfin noch vorhanden war, aus dem Sarg genommen und sorglos auf den Friedhofsboden gelegt worden war, wurde es mit Wasser abgewaschen und anschließend in Packpapier gewickelt. In diesem für eine genaue gerichtsmedizinische Untersuchung wenig brauchbaren Zustand übergab man ihn einem anwesenden Spitalwärter, der ihn zu Dr. Graf in die Wohnung bringen sollte. Der Gehilfe konnte sich bei der späteren Vernehmung nicht mehr daran erinnern, wie und wohin er den gräflichen Kopf tatsächlich gebracht hatte. Fest stand allerdings, daß der Schädel abends noch immer nicht untersucht war, obwohl er inzwischen bei Dr. Graf angekommen war. Dieser legte ihn nun die Nacht über – in Ermangelung eines passenderen Aufbewahrungsortes – aufs Fensterbrett; erst am nächsten Morgen nahm er die Untersuchung des Schädels vor. Schon beim ersten Blick, den er darauf warf, darauf bemerkte er eine Fissur – »als er den Schädel gegen das Licht hielt«. Er führte aus, daß sie aufgrund der schwarzen Färbung seiner fachmännischen Beurteilung nach weder durch Fall noch durch Austrocknung des Schädels im Grabe verursacht worden sein könnte.

Der ihm im Zeugenstand folgende Dr. von Siebold, jener Mediziner, der die Leiche noch am Abend des Verbrechens als erster zu Gesicht bekommen hatte, brachte einige Verwirrung in den Gerichtssaal. Als man ihm den präparierten Schädel der

Gräfin vorzeigte, bestritt er zwar nicht, daß es sich dabei um einen weiblichen Schädel handelte, hingegen protestierte er heftig gegen die ihm mitgeteilte Identität des Kopfes. Niemals, so konstatierte er kraft seiner Persönlichkeit und mit dem Zeigefinger auf ihn deutend, niemals könne das der Kopf jener Leiche aus gräflichem Hause sein! Damals, so erläutert er, seien am Unterkiefer deutlich viele Haarrißchen zu sehen gewesen, die hier gänzlich fehlten; ebenso vermisse er an dem ihm hier gezeigten Objekt die gleichmäßige Verkohlung am Rande des Schädelrestes. Gleichzeitig beteuerte er, daß er nicht glauben könne oder wolle, daß dem Hohen Gericht ein falscher Schädel unterschoben worden sei. Alle waren ratlos. Man hörte einiges Gemurmel – Rufe des Erstaunens. Die Sitzung wurde unterbrochen, und man beschloß, alle für die Aufklärung dieser Frage notwendigen Zeugen noch einmal zu hören. Sie sollten die Identität des Schädels bestätigen. Wie sich zeigte, zweifelte niemand außer Dr. Siebold an seiner Echtheit. Schließlich klärte sich die Sache insoweit, als Siebold – am Ende der Befragung noch einmal vor Gericht gerufen – nun einen Irrtum seinerseits für wahrscheinlich hielt. Er sah auch wieder die Fissuren am Unterkiefer, bemerkte allerdings mit Betonung, daß der kohlige Rand seit seiner Besichtigung am Tatort wohl abgebröckelt sein mußte. Nachdem diese Schwierigkeiten aus dem Wege geräumt worden waren, konnte man die Verhandlung fortführen.

Mit ihren Ansichten teilten sich die Gutachter in zwei sich widersprechende Hauptlager. Ein Teil der Ärzte plädierte für eine »spontane Selbstverbrennung«: Die Gräfin schlummerte auf dem Diwan ihres Cabinets, als sich aus mysteriöser Ursache ihr Kopf und dieser den Diwan entzündete. Sie besaß noch so viel Selbstbesinnung, daß sie aufsprang, dann aber vor dem Sekretär zusammenbrach. Demgegenüber sprach die Expertise des Medicinalkollegs eindeutig von Mord. Zur Schlichtung dieses Gutachterstreits zog das Gericht weitere Experten hinzu.

Einer von ihnen war Professor Bischoff, der zur Klärung dieses Streitpunktes sogar praktische, recht aufwendige Experimente durchführte. In einem »wohlverschließbaren« Kellerraum des Anatomiegebäudes der Universität Gießen verbrannte er zu Testzwecken mehrere menschliche Leichen. Aufgeschichtete Holzdielen sollten die Rolle des Schreibtisches übernehmen, während eine davorgelegte männliche Leiche den gräflichen Part übernehmen sollte. Sie war mit zwei Damenröcken, ähnlich denen, die Gräfin Görlitz bei ihrem Tode trug, bekleidet. Man zündete nun einen Holzscheid an und verließ das Zimmer. Erst nach 50 Minuten trat Professor Bischoff mit seinen Mitarbeitern wieder ein. Die augenfälligen Brandmerkmale stimmten allerdings so gut wie gar nicht mit denen der Gräfin überein. Weitere Versuche wurden angestellt, den üblen Zustand der Gräfin zu simulieren – wobei die Abstände der Leiche vom Brandherd sowie die Branddauer variiert wurden. Einen Kopf, der dem Wunschergebnis am nächsten kam, brachte Professor Bischoff als Demonstrationsobjekt mit in den Gerichtssaal. Aber im Gegensatz zum Schädel des Opfers war er in einem relativ gut erhaltenem Zustand. Warum der Kopf der Gräfin so verheerend aussah, blieb vorläufig ein Rätsel.

Weiteres Licht in die Angelegenheit brachten weitere Versuche des Medicinaldirektors Dr. Graf. Ihm ging es darum, herauszufinden, wie lange es gebrannt haben mußte und ob der Täter dabei zugegen gewesen sein könnte. Im Beisein mehrerer Ärzte und Gerichtspersonen legte er eine weibliche Leiche so, daß ihr Kopf über den Seziertisch herabhing. Darunter stellte er eine Schüssel mit drei Maß Weingeist, den er entzündete. Nach etwas mehr als einer Stunde wurde der Versuch als beendet abgebrochen. Der so präparierte Schädel hatte auffallende Ähnlichkeit mit dem der Gräfin. Sollte sie mit brennbarer Flüssigkeit übergossen und angezündet worden sein? Bei einem weiteren Experiment dieser Art benutzte man Brennöl anstatt Weingeist. Allerdings zwang der Mangel an menschlichem Leichenmaterial, den Test diesmal an einem Hammelkopf vorzunehmen. Immerhin befriedigte er die Anwesenden soweit, daß sie von zusätzlichen Experimenten absahen. Die Ergebnisse legte man dem Gericht nicht nur in Form schriftlich abgefaßter Protokolle vor, sondern brachte beide Köpfe mit in den Gerichtssaal. Der Durchbruch war erzielt, die Sache kam ins Rollen!

Auch Dr. Heumann konnte beim Stand der Dinge einen Teil

zur Entlarvung der Tat beitragen: Anhand der beiden Köpfe konnte er erläutern, daß die von ihm festgestellte dunkle, blutige Flüssigkeit am Hals der Gräfin nicht durch Brand entstanden sein konnte. »Aller Wahrscheinlichkeit nach rührt sie von einer Strangulation der Gräfin her!«

Doch all diese medizinischen Fachsimpeleien der Gutachter machten auf die beiden Angeklagten wenig Eindruck, so daß man sie »nach geendigter Sitzung lächelnd weggehen sah«.

Nach weiterer vierzehntägiger Verhandlung stellte das Gericht an die Expertenkommission folgenden Fragenkatalog zur abschließenden Erörterung:

1. Ist es möglich, wahrscheinlich oder gewiß, daß die Gräfin an einer sogenannten Selbstverbrennung gestorben ist?

2. Ist es nach den vorliegenden Umständen möglich, wahrscheinlich oder gewiß, daß die Gräfin durch die Einwirkung eines außer ihr bestehenden Feuers freiwillig, durch Unglück oder Zufall getötet worden ist?

3. Ist es möglich, wahrscheinlich oder gewiß, daß vor erfolgter Verbrennung die Gräfin durch Zerschmetterung der Hirnschale oder durch Erdrosselung getötet wurde?

Anschließend wurden die Gutachter entlassen, um eine einhellige Meinung zu den vorliegenden Fragen zu formulieren. Ihre Beratung dauerte volle vier Tage – und obwohl nichts über deren Verlauf in die Öffentlichkeit drang, kann man sich wohl vorstellen, daß sie wenig harmonisch vonstatten ging. Am Ende harter Auseinandersetzungen war man sich wenigstens in den wichtigsten Punkten einig. Einstimmig verneinte die Kommission, daß die Gräfin durch Selbstverbrennung ums Leben gekommen sei. Zwar hielt Dr. Graf eine solche auch weiterhin für prinzipiell möglich, nicht jedoch im vorliegenden Fall; dagegen stellte die restliche Majorität die Selbstentzündung an sich in Frage, zweifelte an den angeblich historisch belegten Fällen. Die zweite Frage verneinten die Experten einstimmig; ein Brand allein könne nicht zu den entsetzlichen Verunstaltungen führen. Einig war man sich auch darin, daß die Gräfin erst nach dem Tod der Feuersbrunst ausgesetzt worden war. Auf welche Weise die Gräfin ihr Leben verlor, darauf wollte man sich nicht eindeutig festlegen, obwohl niemand unter ihnen ernsthaft an einen Selbstmord, an einen Tod durch plötzliche Krankheit oder einen Unglücksfall glaubte. Daß sie den Tod durch die Hand eines anderen fand, sei – so die Kommission – möglich, ja wahrscheinlich. Die Fraktur, die man in dem verkohlten Schädel fand, könne der Ausläufer eines größeren Bruchs sein, der durch einen Schlag auf den Hinterkopf entstanden sei; immerhin bestünde jedoch die Möglichkeit, daß er durch Feuer oder erst im Grabe entstanden sei. Dennoch schloß ihre Expertise mit der Meinung, daß summa summarum ein Mord als »wahrscheinlich« angenommen werden müsse.

Daß am Ende der Verhandlung Johann Stauff verurteilt wurde, lag weniger an den medizinischen Gutachten, die zu keiner eindeutigen Aussage über den Tathergang kamen, als vielmehr an einigen Indizien; am schwersten wog der gestohlene Schmuck, den man bei seinem Vater fand. Der solchermaßen überführte Täter sah einer lebenslänglichen Haftstrafe entgegen – neben einer für ihn unbezahlbaren Geldsumme, die sich inklusive der Gerichts- und Anwaltskosten auf über 2000 Gulden belief.

Herrn Trümpys letzte Stunde

Der folgende Fall – er ereignete sich in den sechziger Jahren des vorigen Jahrhunderts in der Schweizer Hauptstadt Bern – ist ein weiteres Paradebeispiel für die Schwierigkeiten, die für das Gericht auftreten können, wenn es um die Unterscheidung Unfall, Selbstmord oder Mord geht. Gift war hier im Spiel, und – wenn diese persönliche Äußerung gestattet ist – mir scheint es nach dem Lauf der Dinge zumindest zweifelhaft, ob das Gericht in diesem Prozeß richtig geurteilt hat.

Opfer war der Berner Spediteur Kaspar Trümpy; verdächtigt, ihn vergiftet zu haben, wurden seine Frau und sein zukünftiger Schwiegersohn, Dr. Karl Demme – nicht irgendwer, sondern Sohn aus »erstem Hause«. Sein Vater, Professor für Medizin an der Berner Universität, galt als Kapazität und war eine stadtbekannte Persönlichkeit. Karl hatte ebenfalls die beste medizinische Ausbildung erhalten: in Bern, Berlin und Paris. 1859 hatte er den Feldzug der französischen Armee in Italien als Arzt miterlebt und seine dort gewonnenen Erfahrungen in einer Schrift niedergelegt, die ihn trotz seiner jungen Jahre zu einem anerkannten Autor werden ließ.

Als ihm der Prozeß gemacht wurde, war er gerade 30 Jahre, von »angenehmem Äußern« und soll sich »in den feinsten gesellschaftlichen Formen« sehr beschlagen gezeigt haben. Was seine Charakterzüge betraf, mag ein zeitgenössisches Zitat erhellen: »Sein innerstes Wesen schilderte einer seiner Lehrer, der berühmte Geologe Professor Bernhard Studer, in der gerichtlichen Verhandlung dahin, daß wissenschaftliche Berühmtheit den Ehrgeiz des Herrn Demme bilde, und daß er von Jugend an gewöhnt gewesen sei, seinen eigenen Weg zu gehen; – so habe er z. B. unterlassen, sich irgendjemals dem Maturitätsexamen zu unterziehen. – Dieser Charakterzug zu weit getriebener Selbständigkeit«, so kommentiert der Berichterstatter, »mag Herrn Demme denn auch das Urtheil zugezogen haben, daß er allzu gleichgültig gegen die öffentliche Meinung sei. In einer Republik, wo alles auf der Öffentlichkeit beruht, geht dies selten ungestraft.«

Frau Trümpy, damals nicht ganz 40, wurde eine eher angenehme Erscheinung nachgesagt, allerdings soll ihr Gesichtsausdruck mehr Gutmütigkeit als Intelligenz ausgestrahlt haben. Dieser Eindruck wurde vom Dienstpersonal bestätigt, nur dahingehend erweitert, daß sie von der Konstitution eher labil und reizbar gewesen sei. Sie arbeitete im Geschäft ihres Mannes als rechte Hand, führte seine Korrespondenz.

Herr Trümpy war als armer Handlungslehrling zu seinem Oheim nach Bern gekommen, der dort eine Spedition besaß. Nach dessen Tod übernahm er das Geschäft. Unter seiner geschickten Führung baute er es zu einer großen Firma aus. Durch die Heirat mit seiner ebenfalls nicht unvermögenden Frau erhöhte sich sein Kapital noch einmal beträchtlich. »Daneben war er ein heiterer Gesellschafter, in den letzten Jahren ein luxeriöser Lebemann, liebte das Großthun. Von seinem Landgut in dem eine halbe Stunde von Bern gelegenen Wabern fuhr er stets in einem eleganten Zweispänner zu seinem Bureau in der Stadt. Feine Weine, elegante Pferde und Wagen und noch ein dritter schöner und eleganter Artikel [welch treffliche Verklausulierung!] waren seine Hauptliebhabereien.«

Das einzige Kind dieser Ehe, die damals siebzehnjährige Flora, war zur Zeit des Prozesses mit Demme verlobt. Dieser Umstand war jedoch nicht Ausgangspunkt für die Bekanntschaft der beiden Familien. Sie rührte von einem Ereignis her, das sich zwei Jahre früher abgespielt hatte. Dr. Demme wurde als Arzt konsultiert, weil Trümpy – zum Jähzorn neigend – bei einem seiner zahlreichen, oft handgreiflich endenden ehelichen Auseinandersetzungen seiner Frau mit einer Flasche ein Auge ausgeschlagen hatte. Lebensstil der gehobenen Schicht! Seither pflegte Dr. Demme ein zunehmend freundschaftliches Verhältnis zur Familie Trümpy und griff bei Streitigkeiten als Hausfreund mehrfach schlichtend ein. Wann er dabei auch ein Auge auf das zarte Töchterlein zu werfen begann und ob er tatsächlich seine Blicke anfangs auf Frau Trümpy gerichtet hatte – wie man sich erzählte –, ist nicht bekannt. Sicher ist jedenfalls, daß er, aus welchen Gründen auch immer, nur kurze Zeit nach dem Ausheilen jener Augenverletzung von Frau Trümpy mit der Familie eine kostspielige Reise nach Konstantinopel unternahm.

Von Anfang an war es zwischen Trümpy und Demme, der stets die Partei von Frau Trümpy ergriff, zu heftigen Szenen gekommen, die Trümpy aber jedesmal bereute und mit großzügigen Geschenken an ihn und seine Frau gutzumachen wünschte. Bei diesen Auseinandersetzungen soll er mehr als einmal Selbstmordabsichten geäußert haben. Der nach außen gewahrte Schein des wiederhergestellten Familienglücks war also mehr als trügerisch. Der Chronist vermerkt dazu: »Nach der Rückkehr von Konstantinopel scheint das gute Einvernehmen in der Familie Trümpy immerhin zeitweise ein sehr gestörtes gewesen zu sein.«

Frau und Tochter entflohen dieser gespannten Situation in den Kurort Bad Weißenburg. Von beiden erfuhr Demme, Trümpy habe sich in drohenden Briefen gegen sie ergangen und sie zur sofortigen Rückkehr nach Bern aufgefordert. Umgehend reiste Demme nach Weißenburg und beratschlagte die entstandene Situation. Man beschloß einmütig, dem Wunsche Trümpys diesmal nicht nachzukommen, sondern vorerst zu bleiben.

Unterdessen wandten sich die Geschicke auch sonst gegen Trümpy. Er hatte sich auf ein finanzielles Vabanquespiel eingelassen: Wechsel, die er einer Sprit- und Branntweinbrennerei ausgestellt hatte – die Gründe dafür blieben unklar –, wurden aufgrund der Bankrotterklärung jener Firma nicht mehr eingelöst und brachten Trümpy seinerseits an den Rand des finanziellen Ruins. Das mag den Ton, den er in den Briefen an seine beiden Frauen wählte, verschärft haben.

Gleichwie, nicht viel später – ein Unglück kommt selten allein! – erlitt Trümpy eine nicht näher spezifizierte Krankheit. Schon damals, drei, vier Wochen vor seinem Tod, äußerte er sich nach Demmes Aussagen des Lebens überdrüssig und über seinen Zustand verzweifelnd. Am 14. Februar 1864 mußte ihn Dr. Demme operieren. Auf Trümpys dringende Bitte blieb der Arzt und Vertraute die Nacht über an seinem Krankenbett, chloroformierte ihn zur Schmerzstillung. Als sich Demme am Morgen verabschiedete, dankte Trümpy mit den bezeugten Worten: »O Herr Doktor, wenn Sie nicht gewesen wären, ich wäre gestorben.« Auch am nächsten Abend kam Dr. Demme zur Visite und ließ sich überreden, die Nacht hier zu wachen.

Am Morgen lief dann das Gerücht durch Berns Straßen, Trümpy habe sich in der Nacht das Leben genommen; die einen behaupteten, er habe sich erhängt, andere wollten wissen, daß er sich erschossen oder vergiftet habe. Von einem Mordverdacht wurde zunächst nicht gesprochen. Das allerdings änderte sich durch einige provozierende Taten Demmes.

Auffällig war schon Demmes Verhalten nach Trümpys Tod, der sich gegen drei Uhr früh ereignet hatte. Um sieben Uhr stand Demme bereits im Geschäft des Schreinermeisters Moser, um einen Sarg zu bestellen – weil, wie er sich ausdrückte, der Leichnam in Verwesung übergehe, was natürlich angesichts der kurzen Zeit seit dem Tode Trümpys gar nicht möglich sein konnte. Und da war die schlechte wirtschaftliche Lage der Trümpys, von der er und dessen Frau wußten. Hatten die beiden nicht ein entschiedenes Interesse daran, zu retten, was noch zu retten war? Außerdem war Demme der einzige, der in jener Nacht bei Trümpy weilte. Als besonders gravierend wertete man seine noch am Todestag durchgeführte Leichenöffnung, bei der er keinen Kollegen hinzuzog und nur von einem ihm sehr ergebenen Krankenwärter namens Bollinger assistiert wurde. In dem von ihm daraufhin erstellten Bericht, den er an den Regierungsstatthalter von Bern richtete, gab er als eindeutige Todesursache einen Bluterguß im Gehirn an.

All diese Belastungsgründe formten sich zu einer neuen Vermutung, die schnell die Runde machte: Demme habe Trümpy ermordet. Die Verdachtsmomente gegen Demme hatten sich inzwischen schon soweit verdichtet, daß von Amts wegen eine gerichtliche Obduktion veranlaßt wurde. Dr. Emmert und Dr. Küpfer nahmen im Beisein Demmes und der Justizbeamten eine vollständige Sektion der sterblichen Überreste Trümpys vor, bei der sie auch Magen-, Darm- und Eingeweideproben zur chemischen Analyse entnahmen.

Am 25. Februar war erwiesen, daß Trümpy an Gift gestorben war, worauf Demme einen weiteren Bericht verfaßte; darin gab er seiner Vermutung Ausdruck, Trümpy habe sich in seinem Beisein, aber ohne sein Wissen das Leben genommen. Dem widersprach das Gutachten der beiden Gerichtsmediziner, die aufgrund der im Magen gefundenen hohen Dosis Strychnin nicht nur einen Unfall ausschlossen, sondern sich auch gegen eine Selbstvergiftung aussprachen. Sie tippten auf Mord.

Zu Beginn des Prozesses schien die Angelegenheit recht eindeutig auf eine Verurteilung hinzudeuten. Doch schon der erste Prozeßtag, er war vornehmlich der Zeugenvernehmung gewidmet, brachte eine handfeste Überraschung.

Es bedarf keiner sonderlichen Erklärung, daß für das Gericht die Ereignisse in Trümpys Todesnacht von speziellem Interesse waren. In der Verhandlung wurde darüber ausgiebig gesprochen, so daß Demme seine Schilderung – sicher während der Haft auch sprachlich schon detailliert formuliert – in aller Breite zum besten geben konnte. Nachdem ihm vom Richter die Genehmigung zum Sprechen erteilt worden war, setzte er zu einem eindrucksvollen Monolog an, in dem ein Glas die Hauptrolle spielte:

»Hohes Gericht, ich bin froh, daß ich hier und heute vor aller Öffentlichkeit Rede und Antwort stehen darf. Ich werde die Vorgänge schildern, die sich in der fraglichen Nacht ereigneten; wie ich hoffe, werden sie zu meiner Entlastung dienen –

im Wissen um meine Unschuld. Der Verdacht, ich könnte meinen Freund und zukünftigen Schwiegervater vergiftet haben, lastet schwer auf mir. Andererseits bedrückt mich die Tatsache, daß ich vielleicht durch allzu große Leichtgläubigkeit, durch unterlassenes Nachforschen, tatsächlich irgendwie am Tode Kaspar Trümpys Schuld trage. Es war an jenem Abend, als mir, während ich das Zimmer meines Patienten betrat, gleich ein halb gefülltes Glas auf dem Tisch auffiel. Auf meine Frage, was sich darin befinde, teilte er mir mit, es handle sich um verdorbenen Wein. Ich rügte das sogleich, denn ich hatte ihm den Genuß von Alkohol streng untersagt, dachte mir aber weiter nichts, obwohl mir die sonderbar blaßtrübe Farbe des Glasinhalts hätte auffallen müssen. Auf den Augenblick, als ich um halb drei Uhr nachts das Zimmer kurz verließ, muß Trümpy die ganze Zeit gewartet haben. Bei meiner Rückkehr konnte ich gerade noch sehen, wie er den letzten Schluck aus dem Glas nahm. Ich tadelte ihn – immer noch ahnungslos – wegen des verbotenen Alkoholgenusses, worauf er mir antwortete: ›Das ist gut, jetzt werde ich bald schlafen können.‹ Eine Viertelstunde später, ich war auf meinem Stuhl halb eingedöst, weckt mich sein Rufen: ›Mir wird so eng und angst!‹ Ich eile an sein Krankenlager, schiebe ihm ein Kissen unter. Noch in meinen Armen lispelt er: ›Ich kann die rechte Seite nicht mehr bewegen.‹ Sein gerötetes Gesicht wird schlagartig wachsweiß, leichtes Zucken durchfährt seine Glieder. Wenig später ist Kaspar Trümpy tot.«

Mit gesenktem Kopf, offensichtlich in schweigendem Angedenken an den Verblichenen, steht Karl Demme vor Gericht.

Der Richter durchbricht die anhaltende Stille: »Herr Dr. Demme, zur Erklärung der Situation muß ich Sie auch um einige erläuternde Worte zu jenen anonymen Briefen bitten, in denen Sie des Mordes beschuldigt werden.«

»Damit verhält es sich so: An die alte treue Magd der Trümpys wurde nach dem Tod des alten Herrn ein Brief geschrieben, in dem ich des Mordes beschuldigt wurde. Der anonyme Schreiber bat sie darin weiteres, vor Gericht nicht zuzugeben, daß Flora den, wie es hieß, ›Verführer ihrer Mutter und Mörder ihres Vaters‹ heiraten wolle. Natürlich tat sie das nicht, sondern ging damit empört zu Frau Trümpy.«

»Wann und von wem erfuhren Sie von diesem Brief?«

»Gleich am nächsten Morgen verständigte mich Frau Trümpy.«

»Was haben Sie unternommen?«

»Ich brachte den Brief persönlich zum Regierungsstatthalter, um die üble Meinungsmache zu dokumentieren, die gegen mich im Schwange war.«

»Was weiter? Sie erhielten angeblich doch noch weitere Schreiben.«

»Nun . . . ich gebe zu . . . ich habe sie geschrieben.« Es war ihm sichtlich peinlich, darüber zu sprechen, warf es doch einen arg dunklen Fleck auf seine so weiß polierte Weste. Aber der Richter fragte unerbittlich weiter.

»Können Sie uns einen Grund dafür nennen? Das Abfassen anonymer Briefe ist zwar nicht gegen das Gesetz, aber es bessert ihre Lage keinesfalls.«

»Wie soll ich sagen . . . ich dachte mir, daß ich den Spieß damit vielleicht umdrehen könnte.«

»Wie meinen Sie das?«

»Ich hoffte, daß ich durch übertriebene Briefe die schlechte Meinung gegen meine Person aufheben könnte.«

»Sie haben also an sich und die Magd selbst Briefe verfaßt, in denen Sie frohlocken, daß es dem ›großen Unbekannten‹ gelungen sei, Demmes Stellung in Bern zu erschüttern. Zu diesem Zweck haben Sie die Schrift des ersten Briefes kopiert. War es so?«

»Ja, so war es.«

Trotz dieser Belastungsmomente gab es einiges, was für einen Selbstmord Trümpys sprach: beispielsweise die zahlreich belegten Selbstmordäußerungen und das vorherige plötzliche Verenden eines Hundes und eines Schwans, die wohl vergiftet worden waren. Hatte Trümpy an diesen Tieren möglicherweise experimentiert, um die richtige Dosis zu finden?

Auch die Gerichtsmedizin kam noch einmal zum Zuge: Während Dr. Emmert weiterhin auf seiner Meinung beharrte, nur fremde Beibringung des Gifts sei wahrscheinlich, äußerte sich Dr. Küpfer nicht mehr so eindeutig wie in dem gemeinsamen Gutachten. Das abschließende Obergutachten des Sanitätskollegiums kam demgegenüber zu einem anderen Schluß:

1. Trümpy starb an einer Überdosis Strychnin.
2. Seine Gemütsverfassung muß als äußerst deprimiert bezeichnet werden.
3. Die Angaben Dr. Demmes sind in einigen Punkten sich widersprechend und unwahrscheinlich (siehe sein medizinisches Gutachten).
4. Das Benehmen Dr. Demmes als Arzt verdient ernsten Tadel.
5. Es liegt kein Grund zur Annahme einer Vergiftung durch Zufall vor.
6. Für Selbstmord könnten die in Punkt 2 genannten Motive verantwortlich sein.

Die zur Verteidigung des Obergutachtens erschienenen Mitglieder des Kollegiums, Dr. Schärer und Dr. Bourgeois, erklärten auf Befragen, Dr. Emmert habe auch in seiner Eigenschaft als Mitglied des Sanitätskollegiums sehr bestimmte Ansichten geäußert, allein, die übrigen Fachleute hätten sich von ihm nicht beeinflussen lassen.

Der medizinische Kollegenstreit wurde von der Verteidigung natürlich weidlich ausgeschlachtet. Dr. Vogt und Dr. Aebi, die Demme juristisch betreuten, hoben in ihrem Plädoyer darauf ab und warfen Dr. Emmert gleichzeitig vor, seine Stellung als gerichtlicher Experte mißbraucht zu haben, um seinem verbissenen »Ingrimm« gegen einen Rivalen und dessen Sohn Luft zu machen. Und obwohl das Obergutachten einen Mord nicht ausschloß, sondern nur einen Selbstmord für ebenso wahrscheinlich hielt, schlug das Stimmungsbarometer dadurch völlig um. Am Ende des Prozesses war klar: Es muß einen Freispruch geben. Das Bild des depressiven, jähzornigen Trümpy rundete sich zum Selbstmörder.

Demme verließ das Gericht als freier Mann.

Ein ebenso furioses wie tragisches Ende erfuhr die Affäre dann doch noch drei Wochen nach der Urteilsverkündung. Demme und seine Verlobte Flora begingen Selbstmord im Genfer See. Warum, blieb ungeklärt . . .

Das Werther-Fieber

Schon in der Antike begegnen uns ganz heterogene Ansichten zum Thema Selbstmord. Während Aichylos, Sophokles und Euripides, ja sogar Platon, den Selbstmord aus Motiven unauslöschlicher Schande oder persönlicher Not – wie einer unheilbaren Krankheit – für entschuldbar ansahen, verurteilten ihn Aristoteles und Neuplatoniker aus Pietätsgründen ganz entschieden. Für sie zog er den Verlust sämtlicher Totenehren nach sich – eine Auffassung, die von der christlichen Tradition aufgegriffen wurde und bis in die Neuzeit ihre Gültigkeit behielt. Die Stoiker, eine weitere philosophische Schule der Antike, waren hingegen der extremen Meinung, Selbstmord könne zur Pflicht werden, nämlich dann, wenn das persönliche Schicksal als unerträglich empfunden wurde. Für die Entscheidungsfreiheit des einzelnen über Leben und Tod setzten sich auch die Sophisten ein, und auf der Insel Massalia wurde auf Anfrage und Prüfung des Antrags bei ausreichender Begründung sogar von Amts wegen der Giftbecher ausgehändigt.

Welch verändertes Bild zeigt sich uns im Mittelalter, wo Selbstmord zu den verabscheuenswürdigsten, weil religiös unentschuldbaren Delikten zählte. Mit einem Pardon war nicht zu rechnen; wie der Name schon sagt: Selbstmord war Mord am eigenen Körper – und gegen den göttlichen Willen gerichtet. So war selbst nach dem Tod für den Selbstmörder bei Aufdeckung der Tat mit unausweichlichen Konsequenzen zu rechnen: zum Beispiel mit der Verbrennung seines Leichnams, die im Gegensatz zu unserer Anschauung als symbolischer Akt der völligen Vernichtung des Wesens verstanden wurde. Aus dem gleichen Motiv heraus entsprang der Brauch, Selbstmörder in fließende Gewässer zu werfen. Abgesehen davon wurde sein Vermögen vom Staat konfisziert. Da man zudem den Selbstmörder mit dem Teufel im Bunde sah, rundeten einige rituelle Handlungen das Totenzeremoniell ab: Um Unheil von den Verwandten abzuwenden, durfte die Leiche die Tür des Sterbehauses nicht überqueren, sondern mußte aus dem Fenster geworfen werden; auch der Weg zum Grab – vom Henker organisiert! – durfte aus den gleichen Gründen nicht auf einem normalen Wagen vorgenommen werden. Man transportierte den Leichnam auf dem für umgekommenes Vieh vorgesehenen Schinderkarren ab. Und wer einen Selbstmordversuch überlebte, dem drohte entweder eine hohe Freiheitsstrafe oder gar die Verbannung.

Es darf unter solchen Umständen nicht wundern, daß Angehörige in aller Regel versuchten, einen Selbstmord zu vertuschen – was sie oft selbst in den Verdacht des Mordes brachte.

Uns ist ein derartiger Fall überliefert, der nicht nur in der französischen Ortschaft Toulouse für heftigen Wirbel sorgte. Bis in das benachbarte Ausland drang seine Kunde – entscheidend gefördert von keinem geringeren als Voltaire, der sich lautstark in die Diskussion einschaltete und daraus nicht wenig publizistisches Kapital zu schlagen verstand. Sein »Traité sur la Tolérance«, seine »Abhandlung von der Toleranz«, basierte ausschließlich auf jenen Vorfällen, bei denen im übrigen auch ein gerichtsmedizinisches Urteil bedeutsam war. In kaum einer der umfangreicheren Biographien Voltaires fehlt inzwischen der Hinweis um die legendären Ereignisse jener bis dato völlig durchschnittlichen Familie Calas.

Johann Calas, in Toulouse ansässig und dort seit mehr als 40 Jahren stadtbekannter Grossist, ehrenwert und geschätzt, lebte mit seiner aus England stammenden Frau und seinen beiden Söhnen unter einem Dach. Mark Anton schien sich den Wissenschaften zuzuwenden, Peter, der jüngere, war im väterlichen Betrieb tätig.

Wie ein Lauffeuer verbreitete sich am Abend des 13. Oktober 1760 das Gerücht, Mark Anton sei plötzlich verschieden. Viele Bürger drängten sich um das Haus der Familie Calas. Herbeigerufene Wundärzte untersuchten den Leichnam, der in der Tür zu den Gewölben lag. Einer der Ärzte nahm ihm den Kragen ab und entdeckte am Hals blutunterlaufene Striemen. Sofort schloß er daraus, der arme Junge sei erdrosselt worden. Unterdessen standen Vater, Mutter und Bruder sowie La Vaisse, ein befreundeter Advokatensohn aus Bordeaux, der bei den Calas zu Abend gegessen hatte, schluchzend um den Toten herum und »zerflossen in Thränen«.

Die Neugierigen, die es ja immer und zu allen Zeiten gibt, hatten die Äußerung des Wundarztes aufgeschnappt und daraus messerscharf abgeleitet, Mark Anton sei von seinem eigenen Vater ermordet worden. Das Gerücht machte die Runde und setzte sich in den Köpfen der Toulouser fest. Die sich teilweise widersprechenden Äußerungen der Beschuldigten bei der Vernehmung verstärkten diese Vermutung bis zur Gewißheit. Da sie gleichlautend beteuerten, zur fraglichen Zeit zusammen gewesen zu sein, wurden sie allesamt wegen Verdachts einer Gemeinschaftstat in den Kerker geworfen, es wurde ihnen der Prozeß gemacht.

Vor Gericht zitierte Zeugen wollten wissen, daß Mark Anton – aus einer Familie strenggläubiger Calvinisten stammend – zu den Katholiken konvertieren wollte. Sie erzählten, sein Vater sei deshalb sehr erbost gewesen und habe ihn deswegen wiederholt bedroht. Just am Tag nach seinem Tode wollte er den Glauben endgültig wechseln, was – so folgerte man mit viel Phantasie – durch die liederliche Tat in letzter Stunde verhindert wurde. Das brachte auch die Kirche auf, die ihrerseits Einfluß auf die katholische Obrikeit nahm. Eigentlich war allen klar: Mark Anton war von seinem eigenen Vater erwürgt worden. Daraufhin fand die Beisetzung des Leichnams mit allen Ehren in der örtlichen Stephanskirche, aber ohne Beteiligung der Familie statt.

Tatsächlich aber hatte sich Mark Anton »aus schwarzgälliger Melancholey erhenkt«, so daß er widerrechtlich in den Genuß dieser Feier kam, während seine Verwandten unschuldig verurteilt wurden, um die Ehre ihres Sohnes zu retten. Sie hatten nichts anderes getan, als ihn vom Strick zu lösen und darüber zu schweigen. Der Fall wäre heute von der Gerichtsmedizin zweifelsohne aufgeklärt worden, denn längst ist eine Unterscheidung von Hänge- und Würgemalen möglich.

Mit acht zu fünf Stimmen wurde Johann Calas zum Tode durch Rädern bei lebendigem Leib verurteilt, vollstreckt am 9. März 1762. »Die Richter hatten gehofft, er würde noch unter den Streichen des Henkers sein Verbrechen gestehen, und seine Mitschuldigen angeben; allein er nahm bey seinem Tode Gott zum Zeugen seiner Unschuld, und starb mit allen Zeichen eines ruhigen Gewissens, das sich das unnatürliche Laster eines Kindermordes nicht vorzuwerfen hatte.« Möglicherweise stürzte dieses Verhalten die Juroren in ernstere Zweifel, denn erstaunlicherweise wurde nun der mitschuldige Sohn Peter nur des Landes verwiesen, während die Mutter, La Vaisse sowie eine ebenfalls inhaftierte Dienstmagd auf freien Fuß gesetzt wurden.

Erst danach erfuhr Voltaire, Handlungsreisender in Sachen Moral, durch einen Freund von dem Fall; sofort weckte er seinen ausgeprägten Gerechtigkeitssinn. Obwohl anfangs eher skeptisch, ging er der Sache nach, da ihm sein Freund beteuerte, die Familie sei schuldlos und der Vater unberechtigt hingerichtet worden. »Ich gab ihm zur Antwort, sein Verbrechen sey zwar nicht wahrscheinlich; aber es sey noch unwahrscheinlicher, daß Richter einen Unschuldigen ohne allen Nutzen zu dem Rade verurtheilt haben.«

Seine Recherchen machten ihn schnell stutzig. Der barsche Ton, mit dem ihm die Behörden mitteilten, es gäbe keinen Zweifel an der Schuld der Calas und er solle sich aus dieser erledigten Angelegenheit heraushalten, spornte ihn zu weiteren Nachforschungen an. Es gelang Voltaire, eine Wiederaufnahme des Verfahrens zu erwirken und den angesehenen Rechtsanwalt von Beaumont für die Verteidigung von Frau Calas zu gewinnen. Drei Jahre nach der Hinrichtung von Johann Calas war die Familie vollständig rehabilitiert und erhielt vom König die damals wahrhaft astronomische Summe von 36 000 französischen Pfunden als Entschädigung ausbezahlt.

Jeder andere hätte es wohl bei diesem Triumph bewenden lassen – nicht so Voltaire. Nimmermüde, Mißstände ohne Rücksicht auf die eigene Person aufs schärfste anzuprangern, nutzte er die bloßgelegten Wunden, um darin mit spitzen Nadeln herumzusticheln – mit beträchtlichem Erfolg. Die ihm schon vorher nicht sonderlich freundlich gesinnte Kirchenobservanz blies ihrerseits zum Angriff, man tauschte längere Zeit hindurch mehr oder weniger pointierte Schmähschriften aus:

»Soll ich Ihnen sagen, daß mir während der Zeit, da meine Empfindlichkeit durch das erstaunliche Unglück der Calas gerühret war, ein Mann, dessen Stand Sie aus seinem Reden errathen können [es handelte sich um einen Priester], den Vorwurf machte, daß ich an einer Familie, die mich nichts angieng, so vielen Antheil nehme? Was mengen Sie sich darein? sagte er mir: lassen Sie immer die Todten ihre Todten begraben.

Freylich ist man mit mir, zum Lohne meiner Bemühungen, als mit einem Samaritanen umgegangen; man hat unter dem Namen eines Hirtenbriefs und einer bischöflichen Verordnung eine Lästerschrift wider mich gemacht; aber man muß es vergessen: es hat sie ein Jesuit verfertigt. Der Elende wußte dortmals nicht, daß ich einem Jesuiten Herberge gab. Hätte ich wohl besser beweisen können, daß wir unsere Feinde für unsere Brüder ansehen sollen?«

Die klerikale Ablehnung des Selbstmordes umging man zunehmend durch den »indirekten« Selbstmord. Im 18. Jahrhundert verübten zahlreiche Selbstmordkandidaten, die aus religiösen Gründen nicht selbst Hand an sich legen wollten, einen Mord oder ein anderes Kapitalverbrechen. Der Tod am Schafott war ihnen damit sicher – aber dank reuevoller Buße doch die glückselige Ewigkeit verheißend. Denn wer vor der Hinrichtung die Absolution empfangen habe, so das Glaubensgesetz, ging bei der Exekution sofort ins Himmelreich ein. Die in Reue angenommene weltliche Strafe ersetzte also die höllische. Mit Vorliebe wählten solche Todeskandidaten ein Kind als Corpus delicti, weil diesem nach alter Meinung kein Schaden damit angetan wurde; es trat voll Unschuld und ohne Umwege direkt in das Reich Gottes ein, ohne die Qualen und Bußen der menschlichen Existenz erleiden zu müssen. Auch das Ritual der Hinrichtung tat ein übriges, solch sonderbare Ausgeburten menschlichen Denkens zu rechtfertigen. Das würdevolle Zeremoniell eines sakralen Schauspiels mit seinen geistlichen Gebeten und Chorälen unter den Augen des Volkes ließ das selige Ende gewiß sein.

Uns mag ein derartiges Denken unvorstellbar, ja grotesk erscheinen, damals war es aber derart verbreitet, daß selbst Gesetzgeber diesen Todeskandidaten den Wind aus den Segeln nehmen wollten und nach anderen, nicht minder abschreckenden Strafen suchten.

In diese Phase zunehmender Todessehnsucht hinein platzten im Jahr 1774 »Die Leiden des jungen Werther«. Weite Kreise verstanden das Werk als Kampfschrift für die Rechtfertigung des Selbstmordes. Die Wirkung war entsprechend heftig. Ja, in einigen Ländern war der »Werther« sogar als Schundliteratur verboten. Dem Autor Johann Wolfgang von Goethe war's vielleicht gar nicht unlieb, denn für Publicity, und sei sie negativ, hatte er etwas übrig – insbesondere wenn sie der eigenen Person galt.

Worüber war man so aufgebracht?

Jener junge Werther beging wegen einer unglücklichen Liebe einen im Stück beinahe verherrlichten Selbstmord. Kritiker behaupteten, das Werk sei Vorbild für zahllose jugendliche Selbstmörder geworden, weshalb er das Etikett »jugendgefährdend« verdiene. In der Tat kennen wir Fälle, in denen die Opfer das Buch bei sich trugen – mehr jedoch nicht. Man sprach allseits vom »Werther-Fieber«, von der »Werther-Krankheit«, Begriffe, die als geflügelte Worte bis heute am Leben geblieben sind. Auf Antrag der Theologischen Fakultät in Leipzig wurde den ortsansässigen Buchhändlern der Vertrieb der Schrift im Jahr 1775 verboten.

Im »Werther« findet sich auch eine kurze kriminalistische Deutung der Vorfälle: »Als der Medicus zu dem Unglücklichen kam, fand er ihn an der Erde ohne Rettung; der Puls schlug, die Glieder waren alle gelähmt. Ueber dem rechten Auge hatte er sich durch den Kopf geschossen, das Gehirn war herausgetrieben. Man ließ ihm zum Ueberfluß eine Ader am Arme; das Blut lief, er holte noch immer Atem. Aus dem Blut auf der Lehne des Sessels konnte man schließen, er habe sitzend vor dem Schreibtische die That vollbracht; dann ist er heruntergesunken, hat sich konvulsivisch um den Stuhl herumgewälzt. Er lag gegen das Fenster entkräftet auf dem Rücken, war in völliger Kleidung, gestiefelt, im blauen Frack mit gelber Weste.«

Ihr Auftritt, Todesschütze Ortelli!

Es war schon spät abends, als Inspektor Jones von der Mordkommission in das farbenfroh leuchtende Lichtermeer des Zirkus gerufen wurde. Jones, den man gerade vom Fernsehapparat weggeholt hatte, fühlte sich sichtlich gestört. Draußen herrschte feuchtkaltes Januarwetter, wie es für San Francisko um diese Jahreszeit typisch war. Als sich Jones, leicht fröstelnd, in seinen Wagen setzte und die Powell Street hinausfuhr, wußte er kaum etwas über die jüngsten Ereignisse – nur so viel: Auf offener Bühne hatte sich ein Unfall ereignet, dem eine junge Artistin zum Opfer gefallen war. Ihr Chef, ein Todesschütze, hatte sie erschossen.

Als der Inspektor eintraf, hatten seine Sicherheitsbeamten und der Coroner bereits vor Ort mit der Untersuchung begonnen. Der Zuschauerraum war geleert, das Publikum aber drängte sich immer noch im Foyer des Zeltes. Routinemäßig ließ Jones die Personalien der Neugierigen aufnehmen. Anschließend zog er einen Mitarbeiter zur Seite, der ihm den bis jetzt ermittelten Hergang der Tat schilderte:

»Die Tote heißt Sinje Vermeeren; sie war Assistentin bei Jack Ortelli . . . gehört dem Zirkus schon mehrere Jahre an. Die Vorbereitungen für seinen Auftritt verliefen ganz normal. Keinem der Kollegen ist etwas aufgefallen.«

»Was genau macht er denn auf der Bühne?«

»Er ist Kunstschütze. Er schießt aus sämtlichen Lagen auf seine Assistentin, die vor einer dünnen Leinwand steht. Der Unfall ereignete sich beim schwierigsten Teil seiner Darbietung. Sie setzt dazu eine Art Leuchter mit drei Kerzen auf den Kopf. Ortelli schießt auf die Kerzen, indem er – mit dem Rücken zu ihr – sein Ziel mit einem Spiegel anvisiert.«

»Wundert mich nicht. Ganz schön riskante Angelegenheit. Wo ist denn die Leiche?«

»Dort hinten; Doktor Forbes untersucht sie gerade.«

Inspektor Jones – im Laufe seiner Karriere an den Anblick von Toten gewöhnt – betrachtete sich die Leiche des Mädchens teilnahmslos; über sie gebeugt nahm Dr. Forbes die erste Obduktion vor. Sie sah recht attraktiv aus, hatte lange blonde Haare; ihr stark geschminktes Gesicht war durch einen Kopfschuß arg entstellt; der leblose Körper lag ausgestreckt auf dem Bühnenboden, bekleidet mit einem knappen, schwarzen Paillettenkostüm, das ihren mädchenhaften Körper betonte.

»Können Sie schon etwas sagen, Doktor?«

Forbes blickte auf.

»Sie wurde von einer Kugel erschossen, die ihr Gehirn zerschlug. Eine genaue Diagnose kann ich allerdings erst nach der Sektion im Institut geben.«

»Wann wird das sein?«

»Morgen vormittag bekommen Sie meinen Bericht.«

»Danke, Doktor.«

Jones rief einen Mitarbeiter und fragte, wo er Ortelli finden könne.

»Er ist in seiner Garderobe, den Gang dort hinunter; die dritte Tür rechts.«

Auf dem Weg zu Ortelli ging Jones manches durch den Kopf: »Es sieht ganz nach einem Unfall aus; aber vielleicht steckt mehr dahinter!

Er klopfte an Ortellis Tür. Auf das leise »Herein« trat Jones in das Zimmer. Ortelli, noch in seinem Kostüm aus schwarzem Leder mit silbrig glänzenden Nieten und Fransen an den Nähten, machte einen ziemlich niedergeschlagenen Eindruck.

»Ich bin Inspektor Jones. Es tut mir leid, aber ich muß Sie bitten, mir einige Fragen zu beantworten.«

Ortelli blickte starr vor sich hin auf den Boden, sagte sekundenlang nichts.

Und wie plötzlich aus einer Lethargie gerissen: »Natürlich, Herr Inspektor.«

Das folgende Gespräch – es dauerte nur wenige Minuten – brachte nichts Neues. Allerdings machte Ortelli auf Jones den Eindruck, als stünde er unter Schock und sei zu einer ernsthaften Unterredung noch nicht in der Lage.

Jones befragte daher zuerst die anderen Mitglieder und Kollegen Ortellis. Was er von ihnen erfuhr, brachte zwar einige Mosaiksteinchen, wirklich brauchbare Informationen erhielt er jedoch nicht. Immerhin wußte er jetzt, daß Sinje mit Ortelli vor kurzem einen heftigen Streit hatte. Doch das reichte nicht, um Ortelli des Mordes zu verdächtigen. Sinje Vermeeren, nicht viel über zwanzig, wurde ihm als sensibles, leicht reizbares Mädchen geschildert. Man munkelte, sie habe mit Ortelli ein Verhältnis gehabt, dieser habe sich aber in letzter Zeit zunehmend von ihr gelöst und eine Beziehung mit Evelyn Bernard, einer Striptänzerin aus Chicago, begonnen. Das hätte schon mehrfach zu Spannungen zwischen Sinje und Ortelli geführt, die sich in lautstarken Auseinandersetzungen Luft gemacht hatten.

Nach einer Stunde klopfte Jones erneut an Ortellis Garderobentür. Dieser schien sich inzwischen sichtlich gefaßt zu haben.

»Es tut mir leid, Herr Ortelli, aber ich muß Sie noch einmal belästigen. Ich habe von einigen ihrer Kollegen erfahren, daß Sie vor kurzem eine heftige Auseinandersetzung mit Ihrer Partnerin hatten. Darf ich fragen, worum es dabei ging?«

»Ist denn das so wichtig?«

»Sagen wir so: Es könnte von Wichtigkeit sein.«

»Ja glauben Sie denn, ich habe sie absichtlich getötet?«

»Im Moment glaube ich noch gar nichts; aber sie werden einsehen, daß ich jeder Spur nachgehen muß. Mord ist nicht völlig auszuschließen. Also . . . was war der Grund? War es Ihre Verbindung mit dieser Tänzerin aus Chicago?«

»Wenn Sie sowieso schon alles wissen, warum fragen Sie dann noch?«

»Weil ich gern Ihre Meinung dazu hören möchte. Also?«

»Sinje glaubte wohl, irgendein Anrecht auf mich zu haben. Aber ich habe ihr nie die Ehe versprochen.«

»Sie war also eifersüchtig?«

»Und wie! Aber sie hatte keinen Grund dazu. Wir haben zusammen gearbeitet, mehr nicht. Bei dieser letzten Auseinandersetzung, nach der Sie mich fragten, habe ich ihr klipp und klar gesagt, ich würde sie niemals heiraten. Sie hat darauf einen hysterischen Anfall bekommen, sich auf den Boden geworfen und geschrien: ›Das wirst du noch einmal bereuen!‹«

Jones wechselte das Thema: »Gibt es denn bei Ihren Vorführungen keine Vorsichtsmaßnahmen? Das ist ja jedesmal ein Spiel mit dem Tod.«

»Überhaupt nicht. Der Trick ist völlig ungefährlich. Das ist es ja. Normalerweise kann ich sie gar nicht erschießen.«

»Ihre Meisterleistung als Schütze in Ehren, Herr Ortelli! Aber wir von der Polizei haben schließlich auch eine Ausbildung an der Pistole erhalten. Eine Unbedachtsamkeit, und . . .«

»Ich sage es noch einmal: Ich kann sie nicht erschossen haben, weil in meinem Revolver gar keine Munition ist.«

Jones machte ein verdutztes Gesicht.

»Meine Pistole ist mit speziell präparierten Wachspatronen geladen, die sich beim Abfeuern erhitzen und keinen Schaden anrichten können. Wenn damit ein Mensch getroffen würde, könnte absolut nichts passieren.«

»Aber sie durchschlagen immerhin eine Papierwand hinter ihrer Assistentin.«

»Nein; sie verursachen darauf nur einen schwarzen Fleck, der von der Entfernung so aussieht, als wäre es ein Durchschußloch.«

Das war eine verblüffende Erkenntnis für Jones, der nun erst einmal seine Gedanken neu sortieren mußte. Wenn Ortelli üblicherweise mit Wachspatronen schoß, dann mußte ihm jemand eine falsche Patrone in die Pistole geschoben haben; vielleicht war er es aber auch selbst gewesen. Jedenfalls konnte es dann kein Unfall gewesen sein, sondern Mord! Jones ließ sich die Tatwaffe zeigen. Neben fünf Patronenhülsen fand sich eine von den übrigen gänzlich unterschiedene, dem Inspektor wohlvertraute Hülse eines Kleinkalibers. Als Ortellis Blick darauf fiel, erklärte er: »Bis vor wenigen Jahren habe ich mit scharfer Munition geschossen; es sind genau dieselben Patronen gewesen – ich habe noch einige davon.«

Unterdessen ging er zu einer Lade, zog sie auf und holte ein Schächtelchen heraus, in dem sich mehrere dieser Patronen befanden. Es mußte also jemand absichtlich eine Patronenhülse mit scharfer Munition geladen haben. Aber wer? Und wer, außer Ortelli, konnte Interesse am Tod des Mädchens gehabt haben? Jones war zu müde, um noch einen klaren Gedanken fassen zu können. Es war inzwischen drei Uhr morgens. Am nächsten Tag wollte er weitermachen; vielleicht brachte bis dahin das gerichtsmedizinische Gutachten Licht in das Dunkel.

Jones betrat sein Büro am nächsten Tag etwas später als sonst. Der Bericht von Dr. Forbes lag bereits auf seinem Schreibtisch. Noch während er ihn überflog, wurde Ortelli zu einem weiteren Verhör zu ihm gebracht. Die weitreichende Schlußfolgerung des Gutachters, es handle sich bei der Schußverletzung um den Einschlag eines Querschlägers, führte in Verbindung mit der Tatsache, daß Ortelli ein treffsicherer Schütze war, unweigerlich zu dessen Entlastung. Hätte er sie absichtlich töten wollen, hätte er sie auch getroffen. Der Schuß war offensichtlich von dem metallenen Kerzenständer, den Sinje auf dem Kopf trug, abgeprallt. An der herauspräparierten Kugel ließen sich Messingspuren nachweisen, am Leuchter fand man Metallteilchen der Kugel.

Damit war ziemlich klar: Ortelli hat seine Partnerin nicht absichtlich getötet.

Alles konzentrierte sich nun auf die Frage: Wie war die scharfe Munition in den Revolver geraten? War es ein Versehen, oder hat doch jemand einen Mord beabsichtigt?

Der Fall trat in seinen letzten Akt. Er begann mit einer Äußerung Ortellis, der sich aufgrund der nebenher erwähnten Verdächtigung sichtlich gesprächiger zeigte. Er teilte Inspektor Jones mit, Sinje habe sich vor jenem letzten verhängnisvollen Schuß bewegt und er, Ortelli, ihr daraufhin zugerufen, sie solle still stehen. Außerdem habe ein Fotograf in diesen Sekunden einige Blitzlichtaufnahmen geschossen.

Die Nachprüfungen ergaben, daß Ortelli seiner Partnerin so etwas wie »Bleib doch ruhig stehen« zugerufen hatte; Zuschauer in den ersten Reihen hatten das mehrfach bestätigt. Auch der Fotograf konnte schnell ausfindig gemacht werden; man bat ihn, die entsprechenden Bilder vorzulegen. Unterdessen formte sich in Jones ein neues Bild des Tathergangs . . . Es konzentrierte sich auf eine Person: auf Sinje Vermeeren.

Als er die Bilder vor sich liegen sah, die Sinje Sekunden vor ihrem Tod zeigten, da wußte er: Es war kein Unfall, es war Mord! – Selbstmord! Angst und Schrecken erfüllten ihren Ausdruck; sie wußte, daß sie gleich tot sein würde, hatte die Kugeln selbst vertauscht. Bis aufs äußerste gestreckt auf ihren Zehenspitzen stehend, hatte sie den Tod vor Augen. Um damit gleichzeitig den so gehaßten Geliebten zu bestrafen, wollte sie den Selbstmord als Mord tarnen, als Mord Ortellis an Sinje Vermeeren.

KAPITEL 9

Schüsse aus dem Hinterhalt: Morde, Morde, Morde . . .

Er ist mit einer Zweiunddreißiger erschossen worden, zweimal, durchs Herz. Er ist hinter einer Reihe von Reklamewänden erschossen worden, auf dem unbebauten Grundstück an der Nordwestecke der Hyde und Eddy Street, gegen zehn Uhr gestern abend . . . Der Regen . . . hat zwar alle Spuren verwischt, die dagewesen sein mochten, aber dem Zustand von Teals Kleidung nach zu schließen und der Lage, in der er gefunden wurde, möchte ich sagen, daß kein Kampf stattgefunden hat und daß er dort erschossen worden ist, wo er aufgefunden wurde, und nicht nachträglich dorthin geschafft.

Dashiell Hammett: Wer hat Bob Teal ermordet?

Aus dem Nähkästchen geplaudert

Es gibt doch immer wieder Fälle, in denen der Zufall bei den Ermittlungen eine große Rolle spielt. Im folgenden spielte er in Form eines Nähkästchens mit. Wer es bekam und warum, führte die untersuchende Behörde auf die richtige Spur.

November 1937. Die Szenerie wirkt durch den dichten Nebel beinahe gespenstisch: Auf einer wenig befahrenen, etwas abschüssigen Straße steht ein Lastwagen am Straßenrand. Der Fahrer sowie zwei Polizisten, die ihr Auto auf der anderen Straßenseite geparkt haben, starren wortlos auf die Leiche einer etwa dreißigjährigen Frau; ihr arg verletzter Schädel ist von einer großen Blutlache umgeben. Etwa drei Meter von ihr entfernt liegt ein Damenrad; die Speichen des völlig verbogenen Vorderrades sind mit Blutspritzern übersät. Blut zeigt auch einer der Prellsteine am Straßenrand, der nächste ist sogar aus seiner Verankerung gerissen, offensichtlich die Böschung hinuntergekollert. Er findet sich einige Meter weiter im Gestrüpp – ebenfalls mit Blutspuren bedeckt. Der eine Polizist beginnt die Leiche vorsichtig zu inspizieren. In der Tasche steckt ein Personalausweis, der auf den Namen Irmgard Schröder ausgestellt ist. Während er noch versucht, das Bild im Ausweis mit der Toten zu vergleichen, ruft ihm sein Kollege etwas zu. Er hebt den Kopf: dort, aus dem Nebel auftauchend, kommt ein Mann auf sie zugeradelt. Der Polizist winkt ihm weiterzufahren. Doch der Mann bremst, bis er zum Stehen kommt – er steigt vom Rad, nähert sich der Leiche und schlägt die Hände vors Gesicht. Auf die Frage, ob er die Tote denn kenne, antwortete er: »Es ist meine Frau!«

Eine Stunde später saß er auf dem Polizeirevier, noch sichtlich verstört; man bat ihn, alles zu Protokoll zu geben, was sich in den letzten Stunden des Lebens von Irmgard Schröder ereignet hatte.

Er gibt folgendes zu Protokoll: Nach dem Mittagessen, so gegen ein Uhr, sind sie zu zweit zu einer Radtour aufgebrochen, um Hagebutten zu suchen. Sie fuhren dazu in einen rund zehn Kilometer entfernten Wald, der schon öfter Ziel ihrer Fahrten war. Um halb fünf machten sie sich auf den Rückweg. Inzwischen begann der Nebel schon einzufallen; die Sicht wurde immer schlechter. Rudolph Schröder, der einige Meter vor seiner Frau fuhr, konnte sie kaum noch erkennen. Er rief ihr zu, sie solle sich beeilen. Nach einem kurzen Gespräch kamen sie überein, daß er vorfahren solle. Denn Rudolph wollte vor dem Abend noch einen kurzen Besuch beim Gerichtsvollzieher machen, mit dem er einige Dinge zu besprechen hatte: Er hatte Schulden gemacht, die er nun nicht mehr zurückzahlen konnte. So trennten sie sich. Seit dieser Zeit hatte er nichts mehr von seiner Frau gehört oder gesehen.

Rudolph Schröder überlegte es sich jedoch anders, fuhr direkt nach Hause; mit seinen beiden Kindern sortierte er die Hagebutten aus. Auf die Frage der Buben, wo denn die Mutter bliebe, antwortete er, sie müsse gleich kommen. Als sie nun längere Zeit doch nicht erschien, machte er sich mit dem Rad auf die Suche, fuhr den Weg zurück. Er selbst hielt es für wahrscheinlich, daß seine Frau von einem Lastwagen angefahren wurde, hatte aber keine Erklärung dafür, wie der Unfall geschehen sein konnte. Immerhin mußte er zugeben, daß seine Frau – im Gegensatz zu ihm – am Fahrrad kein elektrisches Licht besaß. Der Polizist hielt ihm deshalb vor, er habe doch recht fahrlässig, ja beinahe unverantwortlich gehandelt, seine Frau ohne genügende Beleuchtung bei diesen schlechten Sichtverhältnissen fahren zu lassen.

Vorsichtshalber ordnete der Untersuchungsrichter eine Begutachtung der Leiche an. Zu diesem Zweck wurde sie im pathologischen Institut entkleidet und gewaschen. Die äußerliche Untersuchung – vorgenommen von einem Arzt des städtischen Krankenhauses – brachte keine nennenswerten Ergebnisse. Alle Verletzungen seien, so das Ergebnis, typisch und kämen bei Verkehrsunfällen häufig vor. Die Leiche wurde daraufhin zur Beerdigung freigegeben.

Damit war die Sache vorläufig abgeschlossen.

Drei Tage später erschien die Traueranzeige von Rudolph Schröder in der Zeitung: »Es ist bestimmt in Gottes Rat, daß man vom Liebsten, was man hat, muß scheiden.«

Skeptisch bei der ganzen Angelegenheit blieb ein einziger Polizist. Er traute dem Frieden nicht ganz, suchte nochmals den Unfallort gründlich ab. Er konnte nicht genau sagen, warum, aber irgendwie kam ihm die Sache nicht ganz geheuer vor. Außerdem war ihm von verläßlicher Seite zu Ohren gekommen, daß das Familienleben der Schröders durchaus nicht so harmonisch verlaufen war, wie es das nach der Aussage von Herrn Schröder den Anschein hatte.

Und so kam der Fall erneut ins Rollen: Der zweite Akt der Tragödie begann mit der Exhumierung der Leiche, eine Woche nach ihrer Beerdigung. Zur Freude des Gerichtsmediziners hatte die kühle Witterung eine Verwesung der Leiche verhindert; er bekam sie in fast »frischem« Zustand auf seinen Seziertisch. Jetzt kam der große Auftritt des damals noch jungen Erich Fritz, der, von Innsbruck kommend, damals gerade Assistent an der Universität Münster war und schon eine Stelle als Dozent an der Universität München in Aussicht hatte.

Am 4. Dezember trat er morgens in den Seziersaal, bekleidet mit seinem weißen Mantel, die Gummihandschuhe überstreifend. Schon bei der äußeren Besichtigung fiel ihm auf, daß die Leiche so gut wie keine äußeren Verletzungen zeigte, nicht die geringsten Abschürfungen am ganzen Körper, während der Kopf in beträchtliche Mitleidenschaft gezogen war. Mehrere Wunden und umfängliche Zertrümmerungen stellte er sofort mit Kennerblick fest. Der Schädelknochen war übel zugerichtet, mehrfach gesplittert und in sich verschoben. Besonderes Interesse erweckte jedoch die kleine Wunde an der linken Schläfe; sofort kam Fritz ein Verdacht. Und tatsächlich, die Leichenöffnung brachte es ans Licht: Hier lag eine Schußwunde vor. Auffallenderweise ließ sich eine Ausschußlücke in der Kopfschwarte nicht nachweisen. Erst die genaue Untersuchung der großen Platzwunde auf der rechten Kopfseite ergab einen Hinweis: Im oberen und unteren Rand fand sich ein kleiner Einriß, der – setzte man die aufgeklafften Hautteile zusammen, – die Größe eines Ausschußloches annahm. Damit war erwiesen, daß auf das Opfer zuerst geschossen worden war. Wäre die Verletzung nämlich zuerst dagewesen, wäre also geschossen worden, als die Wundränder bereits klafften, hätte der Ausschuß keine Spur an den beiden zehn Zentimeter weit entfernt liegenden Hauträndern hinterlassen. Der Verdacht einer vertuschten Mordtat reifte zur Gewißheit.

Nebenbei bemerkt hat Fritz die zuerst obduzierenden Kollegen in Schutz genommen; dem Arzt des Krankenhauses, der diese Wunde nicht gleich als Schußwunde erkannte, machte er dabei überhaupt keinen Vorwurf. Er habe, so Fritz, in der Beurteilung von Schußverletzungen sicherlich gar keine oder eben nicht die genügende Erfahrung, um sie eindeutig zu erkennen; immerhin hatte er versucht, mit Hilfe einer Wundsondierung festzustellen, ob es sich dabei um eine Schußverletzung handeln könne. Dieser Versuch schlug indes aufgrund der hochgradigen Knochenverschiebung fehl, was den Arzt zu der irrigen Annahme einer Entstehung durch stumpfe Gewalt veranlaßte.

Was die Entfernung betraf, aus der auf das Opfer geschossen wurde, konnte Fritz nur indirekt Rückschlüsse ziehen. Wie erwähnt war die Leiche für die erste ärztliche Besichtigung gewaschen worden. Er vermutete aber, daß es sich bei den als »Straßenschmutz« bezeichneten Verunreinigungen um die Wunde tatsächlich um Pulverschmauch gehandelt hatte. Außerdem fand sich eine pulvergeschwärzte Tasche unter der Einschußwunde, und auch die strahligen Einrisse an den Wundrändern ließen einen absoluten Nahschuß aus einer Entfernung von nur wenigen Zentimetern als höchst wahrscheinlich annehmen. Fritz tippte auf ein 6,35-mm-Mantelgeschoß.

Es war eindeutig, daß die schweren Verletzungen des Schädelknochens nicht allein auf die Schußverletzung zurückzuführen waren. Auf den ruhenden Kopf mußte heftige Gewalt mit »breiter Angriffsfläche« eingewirkt haben. Daß sie durch einen vorbeifahrenden Lastwagen entstanden sein könnte, hielt Fritz glattweg für ausgeschlossen. Dann hätte man auch am übrigen Körper Abschürfungen und Verletzungen finden müssen. Der 54 Kilogramm schwere Prellstein schien ihm dafür jedoch bestens geeignet. Vor allem der Nachweis kleinster Kalkbröckelchen in den Kopfhaaren und in der schwarzen Wollmütze der Leiche war eindeutig. Empört zeigte sich Fritz darüber, daß diese Indizien schon am Tag nach der Tat festgestellt, aber von den örtlichen Polizeibehörden offensichtlich fehlinterpretiert oder einfach ignoriert worden waren.

Als die Sektion beendet war und die Polizei erste Ergebnisse hören wollte, fragte er den die Untersuchung leitenden Polizisten aufgebracht, wie sie diese deutlichen Anzeichen einer Mordtat denn eigentlich mit der Unfalltheorie in Einklang gebracht hatten. Allein der Befund von Blut an dem mehrere Meter entfernt im Straßengraben liegenden Prellstein hätte verdächtig genug erscheinen müssen; wäre er von einem Lastwagen dorthin befördert worden, wäre noch lange nicht einsichtig, warum an ihm Blut gefunden worden war. Kopfschüttelnd – und nicht ohne einen gewissen ironischen Unterton – meinte er: »Oder hatte man sich etwa vorgestellt, daß die Frau bei ihrem Sturz vom Rad an diesen Stein anstieß und ihn mit ihrem geringen Körpergewicht aus dem Straßenbett heraus und in den Graben schleuderte?«

Wie die Polizei nun kleinlaut zugeben mußte, hatte der Stein bereits mehrere Tage vor dem »Unfall« umgelegt neben seiner Einbaugrube gelegen.

»Und wie ist es mit den Blutspritzern an dem nebenstehenden Prellstein? Sie verliefen, so das Protokoll, von unten nach oben. Wie sonderbar! Durch bloßes Anschlagen konnten sie also überhaupt nicht entstanden sein, wohl aber, wenn man auf der Straße liegenden Kopf ein Prellstein fallen gelassen und später in den Straßengraben befördert worden ist!«

Wie umfassend ein guter Gerichtsmediziner Tatortspuren zu beachten hat, zeigt das besondere Interesse, das Fritz auch dem Fahrrad der Getöteten zuwandte; es trug eine Kruste von Straßenschmutz, der mit Blut verschmiert war. Bei einem Verkehrsunfall allein, so schilderte Fritz, konnten diese Blutspuren keineswegs an diese Stelle geraten sein! Ihr Vorhandensein konnte einzig und allein – jedenfalls für den geübten Gerichtsmediziner – den Schluß einer Gewalttat zulassen. Sie mußten unbeabsichtigt entstanden sein, als jemand mit einem blutbefleckten Schuh gegen die Speichen trat, um den Eindruck eines Verkehrsunfalls hervorzurufen.

Unter dem dringenden Verdacht, seine Frau ermordet und einen Unfall nur fingiert zu haben, wurde Rudolph Schröder in Untersuchungshaft genommen. Die Polizei begann umgehend mit Ermittlungen, um Motive für einen Mord zu finden. Von Nachbarn erfuhr man, daß Rudolph Schröder wohl ein Verhältnis mit seiner Hausangestellten Erika hatte. Danach befragt verweigerte sie die Aussage. Als daraufhin ihre Freundinnen befragt wurden, konnten sie zwar keine eindeutige Angabe machen, da sich Erika zu ihnen dazu nie direkt geäußert hatte, aber immerhin wußte eine zu berichten, Erika habe ihr vor wenigen Wochen ganz stolz ein neues Nähkästchen gezeigt, das sie von ihrem Freund erhalten hatte. Von ihr über die Person befragt, sagte Erika, sie könne den Namen leider nicht preisgeben. Die Vermutung lag sofort nahe, es handle sich um einen verheirateten Mann. Und das Gerücht, daß sie mit Rudolph Schröder ein Verhältnis habe, war sowieso schon seit einiger Zeit im Umlauf. Es gab aber in diesem Ort nur zwei Läden, in denen solche Objekte verkauft wurden, und so war es ganz leicht, den Käufer zu ermitteln: Er hieß Rudolph Schröder.

Inzwischen meldete sich auch ein Waffenhändler aus der Umgebung, der angab, ein Mann habe bei ihm versucht, Munition vom Kaliber 6,35 mm zu kaufen. Bei Gegenüberstellung erkannte er Schröder sofort. Doch der so in die Enge getriebene Verdächtige blieb bei seiner Aussage, er wisse nicht, wie seine Frau ums Leben gekommen sei.

Die Polizei, die sich von Dr. Fritz in vollem Umfang über die modernsten Möglichkeiten aufklären ließ, die die Gerichtsmedizin auch bei Untersuchungen auf Blutspuren verfügbar hat, brachte die Kleider ins Labor, die Schröder am Tag der Tat getragen hatte. An Jacke und Hose konnten nach der neuen Holzerschen Methode tatsächlich die Blutspritzer nicht nur als menschlich, sondern als der Blutgruppe A 1 zugeordnet identifiziert werden. Da Schröder selbst die Blutgruppe 0 besaß, seine Frau aber A 1, war der letzte Beweis der Täterschaft erbracht.

Für Fritz war dieser Fall ein gewichtiges Indiz für seine gern vorgebrachte Meinung, es käme vor allem bei der ersten Tatortbesichtigung darauf an, geschulte und erfahrene Gerichtsmediziner hinzuzuziehen, weil nur sie in der Lage seien, auch unwichtig scheinende Befunde richtig zu bewerten.

Am 11. Dezember legte Schröder dann in seiner Zelle ein volles Geständnis ab: »Fräulein Erika ist in Hoffnung. Da ich Fräulein Erika gerne hatte, habe ich meine Frau erschossen und den Stein auf ihren Kopf fallen lassen.« Am folgenden Tag wurde es protokolliert.

Einen Tag darauf hatte sich Rudolph Schröder mit einem Leintuch in seiner Zelle erhängt.

Mündungsfeuer

Die Zusammenhänge von Schußwaffenverletzungen sind eigentlich erst in unserem Jahrhundert wirklich aufgedeckt worden. Zuvor gab es zwar Mutmaßungen, erste Ansätze von Kriterien zur Beurteilung, aber mehr nicht. Die Fortschritte, die auf diesem Spezialgebiet erzielt wurden, sind enorm. Der Gerichtsmediziner kann dazu fast das gesamte moderne Instrumentarium einsetzen: von Röntgenapparaten über das Mikroskop bis hin zur Spektralanalyse.

Durch Schußwaffen hervorgerufene Verletzungen unterteilt der Gerichtsmediziner in zwei Kategorien: den Nah- und den Fernschuß; sie sind weiter gekennzeichnet durch die drei Merkmale: Einschuß, Schußkanal und Ausschuß.

Der Nahschuß ist noch einmal unterteilt in den Schuß mit aufgesetzter Waffe, in den absoluten Nahschuß mit fast angesetzter Mündung (bis etwa 20 cm Entfernung), den relativen Nahschuß (zwischen 20 und 50 cm), bei dem die typischen Nahschußanzeichen nur noch mit der Lupe oder unter dem Mikroskop feststellbar sind.

Im Gegensatz zum Fernschuß, der bei etwa einem halben Meter beginnt, gelangen beim Nahschuß auch alle treibenden und explosiven Bestandteile der Zündung in die Wunde und sind hier nachweisbar. Sie werden an der Mündung des Laufes frei, wo sich eine kleine Explosion bildet, deren Stärke auch von der Ladung und dem Waffentyp abhängt. Früher war sie auffälliger, zeitigte deshalb auch deutlichere Spuren, die mit dem bloßen Auge sichtbar waren. Medizinern wie Eduard von Hofmann, Tardieu und Brouardel soll es beispielsweise möglich gewesen sein, allein am Brandgeruch sagen zu können, ob ein Nahschuß vorlag oder nicht.

Neben der Schwärzung der Wundränder kennzeichnen den absoluten Nahschuß weitere Merkmale wie der Brandsaum, eine lederartig bräunliche Vertrocknung der Außenhaut um die Einschußstelle. Allerdings ist bei dem Brandsaum Vorsicht geboten; Eduard von Hofmann hat schon am Ende des vorigen Jahrhunderts festgestellt, daß es auch bei Schüssen aus weiteren Distanzen zu einem ähnlichen Effekt kommen kann – nämlich durch eine Abschürfung der Haut durch das Geschoß, das dann ebenfalls zu einer bräunlichen Verfärbung der Haut führt. Sie wurde mehrfach in der Geschichte als Brandsaum und der Schuß damit irrtümlich als Nahschuß angesehen. Am Brandsaum läßt sich meist erkennen, ob es sich um die Einschuß- oder Ausschußwunde handelt, da er sich entweder nach innen oder nach außen wölbt.

Nicht minder aufschlußreich ist beim Nahschuß der »Schmauchhof«, der sich je nach Art und Länge des Waffenlaufes kegel- oder pilzförmig um die Einschußwunde niederschlägt. Am deutlichsten ausgeprägt ist er in einer Schußentfernung zwischen zwei und zwölf Zentimeter. Während beim absoluten Nahschuß Haare versengt und verkohlt werden und die Wunde äußerlich vom Pulverschmauch geschwärzt wird, fehlen diese Anzeichen beim Schuß mit aufgesetzter Waffe. Hier lassen sich jedoch im Wundkanal und unter der Haut mikroskopische Einsprengungen von Pulverkörnchen finden.

Die Entwicklung der Waffentechnik, die seit dem Ersten Weltkrieg immer mehr zur Verwendung sogenannter rauchloser Pulver führte, hat die Gerichtsmediziner erneut vor Probleme gestellt; der »Schmauchhof« wurde kleiner, undeutlicher, die Einsprengungen weniger. Schon lange konnte man nicht mehr mit dem bloßen Auge zu Ergebnissen kommen, aber selbst das Mikroskop versagte gelegentlich. So mußten die Fachleute immer genauere Nachweismethoden finden, um diese verschwindenden Spuren richtig zu deuten. Vorwiegend chemische und physikalische Analysen lassen heute selbst winzigste Mengen von Explosivstoffen sicher ausmachen; die exakte Bestimmung ihrer Konzentration erlaubt Rückschlüsse auf die Entfernung.

Längst entdeckte man auch den »Schmutzsaum«, der wie der Brandsaum um die Wunde liegt und inzwischen als sicherstes Einschußzeichen gilt; denn der von der Kugel aus dem Lauf heraustransportierte Ölschmutz, Rost oder kleine Metallteilchen werden naturgemäß nur am Einschuß abgestreift, können nicht durch den Körper hindurch befördert und dann am Ausschußloch zurückgelassen werden. Dazu muß natürlich auch die Kleidung einer genauen Untersuchung zugeführt werden. Neben der Infrarotfotografie dienen Röntgenuntersuchung und Spektrographie dazu, diesen Staub- und Schmutzpartikelchen auf die Spur zu kommen. Trifft ein Geschoß durch die Kleidung hindurch auf den Körper, so ist es zudem wahrscheinlich, daß in der Wunde auch Textilfasern und andere Fremdkörper in den Schußkanal mit hineingerissen werden, die eine mikroskopische Untersuchung aufdecken kann.

Der Schußkanal muß im Körper nicht notgedrungen einen geradlinigen Verlauf nehmen; trifft die Kugel beispielsweise auf Knochen, so können sie die Bahn des Geschosses erheblich ablenken. Dann treten meist starke Gewebszerreißungen, Knochensplitterungen und erhebliche Organverletzungen auf. Heute nutzt man die Röntgenologie zur Feststellung der Schußkanäle im Inneren des Körpers.

Bei Nahschüssen steht vielfach die Frage im Mittelpunkt, ob ein Selbstmord denkbar wäre. Hierfür kennt der Gerichtsmediziner einige Indizien. Dabei ist erst einmal die Lage der Leiche und der Waffe von Bedeutung, weiter die Frage, ob es sich bei dem Toten um einen Rechts- oder Linkshänder gehandelt hat – Lösung so mancher Detektivstory! Wird eine Waffe von der totenstarren Hand fest umklammert, spricht das für einen Selbstmord, nicht so eindeutig aber, wenn die Waffe nur lose in der Hand liegt oder ihr entglitten zu sein scheint.

Stellt man an der Hand der Leiche Pulverschwärzung an Daumen und Zeigefinger fest, ist das ein Hinweis darauf, daß die Hand des Toten den Schuß geführt hat. Auszuschließen ist dabei jedoch nicht, daß diese Hand von einer fremden dazu gezwungen wurde, daß also eine zweite Person ihre Hand mit im Spiel hatte. Ist ein mußmaßlicher Täter gefaßt, läßt sich auch bei ihm testen, ob seine Hände Anzeichen von Schwarzpulver zeigen. Diese Methode funktioniert natürlich nur, wenn nicht allzuviel Zeit zwischen der Tat und der Festnahme verstrichen ist. Abgesehen davon muß bei der kriminalistischen Auswertung von Spuren auch auf Fingerabdrücke geachtet werden. Aber das ist so selbstverständlich, daß man es eigentlich gar nicht extra zu erwähnen braucht.

Die langjährige gerichtsmedizinische Untersuchung von Selbstmorden führte dazu, daß man heute sogenannte »Selbstmordregionen« kennt: Körperteile, die bevorzugt von Selbstmördern anvisiert werden; wie leicht zu erraten, sind es vor allem der Schläfen- und Stirnbereich des Kopfes sowie die

Herzgegend. In einem Lehrbuch steht dazu folgender aufschlußreicher Satz: »Die nächsttödliche Region, die Selbstmörder bevorzugen, ist das Herz, obwohl solche Schüsse mangels Kenntnis über seine wirkliche Lage im körperlichen Organismus oft versagen, das Brustbein treffen, an Rippen abprallen, einen Lungenflügel streifen oder Unterleibsverletzungen hervorrufen.«

Andererseits berechtigen mehrere Einschüsse nicht unbedingt zu dem Schluß: Mord. Es ist aus zahlreichen Fällen bekannt, daß sich Selbstmörder aus Nervosität einen oder mehrere Schüsse beibringen, die nur geringe Verletzungen hervorrufen oder nicht sofort tödlich sind. Man spricht dann von »Zauderschüssen«, was die Situation wohl ganz gut charakterisiert.

Speziell bei Schußverletzungen ist eine enge Zusammenarbeit zwischen dem gerichtsmedizinischen Institut und den Polizeiorganen erforderlich. Denn die ballistische Untersuchung von Patronenhülsen, Waffen und Munition nimmt das Labor der Kriminalpolizei vor, hingegen ist es Aufgabe der Gerichtsmedizin, Auskunft über Schußentfernung und Schußrichtung zu geben und natürlich auch die Kugel, sofern sie noch im Körper steckt, zu entfernen und für die ballistische Untersuchung zugänglich zu machen.

Die kriminalistische Charakteristik von Geschoßspuren ist heute schon ziemlich weit vorangetrieben worden; mit Gewißheit läßt sich feststellen, ob eine Kugel aus einer möglichen Tatwaffe abgegeben wurde oder nicht. Denn die Rillen und Linien, die während des Ausfeuerns an der Hülsenwand entstehen, sind wie Fingerabdrücke, die die Waffe darauf hinterläßt.

Überführt!

Professor Richard Kockel, längere Jahre hindurch Chef der gerichtlichen Medizin an der Universität in Leipzig, gehörte zweifellos zu den versiertesten Gerichtsmedizinern seiner Zeit.

Der hier geschilderte »Kockel-Fall« ereignete sich im Jahr 1926. Wir wissen davon, weil Kockel darüber einen ausführlichen Bericht in einer der angesehenen gerichtsmedizinischen Zeitschriften publizierte. Wie üblich wurden die betroffenen Personen nicht mit ihrem ganzen Namen genannt, sondern nur mit den ersten Buchstaben. Nehmen wir also an, daß A. für Anna und E. für Erich steht. Auch den die erste Untersuchung leitenden Pathologen hat Kockel aus kollegialer Achtung namentlich nicht erwähnt. Aber das tut schließlich nichts zur Sache.

Es war Anfang Mai, als ein Herr auf der Polizeistation erschien und eine Vermißtenmeldung gab. Es handelte sich um seine Schwägerin Anna, die Zwillingsschwester seiner Frau. Sie war nun schon seit einigen Wochen nicht mehr aufgetaucht. Den letzten Aufenthaltsort, den man von ihr kannte, war ein Gasthof in einem abgelegenen Tal; dort hatte sie sich 14 Tage mit ihrem Freund Erich einquartiert. Die Besorgnis des Ehepaares, das in relativ engem Kontakt zu Anna stand, war vor allem deshalb erregt worden, weil sie von Anna nun schon seit vier Wochen keinen Brief mehr erhalten hatten, obwohl sie sonst, wenn sie unterwegs war, wöchentlich schrieb. Angeblich, so schilderte ihr Schwager, sei sie vom Gasthof spurlos verschwunden, von einem gemeinsamen Spaziergang mit ihrem Freund nicht zurückgekehrt, worauf dieser sofort abgereist sei. Das jedenfalls habe ihm die Wirtin auf seine schriftliche Anfrage hin mitgeteilt. Seine Frau war sicher: Hier lag ein Verbrechen vor!

Zwei Schwerpunkte hatten die nun folgenden Ermittlungen: die Suche nach Erich Hofmann, der nicht in seiner Wohnung aufzufinden war und über den man sich weitere Informationen zum Fall erhoffte, sowie die Suche nach Hinweisen auf die verschwundene Anna.

Die Polizei brachte bald schon weitere Details in Erfahrung: Die achtundzwanzigjährige Anna war seit ungefähr einem Jahr mit dem um fünf Jahre jüngeren Erich befreundet. Schon ein halbes Jahr früher hatten sie einmal für einige Tage in jenem stillen Waldgasthof Quartier gemacht, waren auch sonst viel herumgereist. Wie es schien, hatte Anna in letzter Zeit mehrfach versucht, die Beziehung zu beenden, ließ sich aber immer wieder umstimmen.

Zunächst konnte man nur auf die Aussage der Wirtin zurückgreifen, die folgende Angaben machen konnte: Am 24. März war Erich Hofmann, wie jeden Tag seit ihrer Ankunft, mit Anna früh und nachmittags im Wald spazierengegangen, der in dieser Jahreszeit noch tief verschneit lag. Am späteren Nachmittag ist er allerdings allein zurückgekehrt und erzählte, er habe mit seiner Freundin eine Meinungsverschiedenheit gehabt, sie wolle sich von ihm trennen. Deshalb tauschte sie ihre kostbaren Perlenohrgehänge gegen bares Geld ein und entfernte sich in Richtung auf die eine halbe Stunde entfernt liegende nächste Bahnstation. Erich Hofmann sei zwei Tage später mit unbekanntem Ziel vom Gasthof abgereist und habe das gesamte Gepäck, auch das von Anna, mitgenommen.

Die letzte bekannte Spur lag also irgendwo hier draußen im Wald zwischen dem Gasthof und der nächsten Bahnstation. Von der Wirtin ließ man sich zeigen, in welche Richtung die beiden zu ihrem letzten gemeinsamen Spaziergang aufgebrochen waren. Die Polizei durchkämmte die Region nach der vermißten Anna, erhoffte dadurch wenigstens Hinweise auf ihren Verbleib.

Am 23. Mai – fast auf den Tag genau zwei Monate nach ihrem Verschwinden – fand man ihre Leiche im Unterholz eines alten, dichten Fichtenbestandes: erschossen – eine Pistole des Kalibers 6,35 mm dicht neben ihr. Sie lag auf dem Rücken, der Kopf war nach rechts geneigt, unter ihm befand sich ein Filzhut, und zwar mit der Innenseite nach unten. Die Schmeisser-Pistole lag in Schulternähe. Sie war einfach gekleidet und trug robuste Schnürstiefel, die ihr offensichtlich einige Nummern zu groß waren. Darauf befragt erklärte die Wirtin, daß Anna wegen des Schnees die Stiefel ihres Freundes trug. Nachdem etliche Tatortfotos gemacht wurden und die genaue Lage der Toten dokumentiert war, wurde sie abtransportiert.

Als diese Beschreibung an Verwandte und Freunde gegeben wurde, bestätigten alle einstimmig, daß Anna aufgrund ihres beinahe schon notorischen Sinns für elegante und teure Kleidung niemals in solchem Aufzug eine Reise angetreten hätte. Hatte Erich Hofmann gelogen?

Tags darauf lag Annas lebloser Körper auf dem Seziertisch des Pathologischen Instituts in Leipzig. Obwohl die Leiche schon eine ausgedehnte Mumifikation des Gesichts befallen hatte, war es für den nicht näher benannten Pathologen nicht sonderlich schwierig, zwei Kopfschußverletzungen zu erkennen. Die eine fand sich in der linken Schläfengegend; der Knochen in der Umgebung des Einschußloches war deutlich angeschwärzt. Die Kugel hatte den Kopf durchschlagen und war an der gegenüberliegenden Schläfe ausgetreten. Der zweite Schuß war dicht oberhalb des linken inneren Augenwinkels eingetreten, hatte die Knochenplatte, die die Augenhöhle dort begrenzte, zertrümmert und wie der andere Schuß den Schädelknochen zerquetscht und einige böse Verletzungen des Hirns verursacht. Für den Arzt war klar: Der Augenschuß mußte aus allernächster Nähe abgefeuert worden sein, nicht so der Schläfenschuß. Beide Schüsse waren tödlich. Die zugehörigen Patronen fand man in acht Metern beziehungsweise in knapp einem Meter Entfernung von der Toten.

Während der Pathologe über der Niederschrift des Gutachtens saß, wurde Erich Hofmann vor seiner Wohnung festgenommen. Wie sich nun herausstellte, hatte er Annas Besitz, darunter wertvolle Kleider und Schmuckstücke, größtenteils veräußert. Im Polizeirevier über den Fund der Leiche informiert, gab er eine neue Version der Vorfälle des 24. März. Er behauptete nun, Anna habe sich selbst erschossen. Auf die Frage, woher sie die Waffe gehabt hätte, antwortete er, sie stamme aus seinem Besitz. Zwar wußten sowohl Freunde wie Verwandte anzugeben, daß Anna als ausgesprochen lebenslustiges, ja beinahe oberflächliches Mädchen niemals etwas derartiges wie Selbstmordgedanken äußerte. Auch die Zwillingsschwester hielt das für ausgeschlossen, hatte Anna doch in ihrem letzten Brief mit keinem Wort irgendeine deprimierte Stimmung verraten. Doch die Polizei mußte der neuen Aussage nachgehen. Wenige Tage nach der gerichtlichen Sektion verfaßte der Pathologe ein umfangreiches Skript, in dem er die Möglichkeit eines Selbstmordes nicht ausschloß – nachdem er sich in der Literatur eingehend über das Phänomen informiert hatte. Er verwies dabei hauptsächlich auf einige Studien über Gehirnschüsse.

An diesem Punkt der Verhandlungen wurde Richard Kockel eingeschaltet, um sein fachmännisches Urteil abzugeben. Die

Frage, um die sich alles drehte, hieß: Wieweit ist ein Gehirnschußverletzter handlungsfähig? Denn wenn tatsächlich ein Selbstmord vorlag, mußte Anna nach dem ersten Gehirnschuß noch in der Lage gewesen sein, einen zweiten auszulösen. Es mußte dazu nicht nur berücksichtigt werden, ob neben der örtlichen Zerstörung der Gehirnsubstanz auch Stoßwirkungen auf das Gehirn im ganzen ausgeübt wurden, und zwar durch die in die Schädelhöhle eindringenden, unter hohem Druck stehenden Pulvergase. Kockel hielt die von dem unbenannten Pathologen zusammengetragene Literatur zwar für wertvoll; da sie sich aber vorwiegend auf Erkenntnisse stützte, die bei Kriegsschußverletzungen gemacht worden waren, wollte er ihnen in diesem Fall keine Bedeutung beimessen: Denn bei Kriegsverletzungen werden die Schüsse üblicherweise nicht aus nächster Distanz abgegeben.

Um hier Aufklärung zu erhalten, war für Kockel zunächst zu prüfen, aus welcher Entfernung die beiden Schüsse tatsächlich auf das Opfer trafen. Wie schon geschildert, hatten die Obduzenten behauptet, der linke Schuß in die Schläfe sei wahrscheinlich nicht aus nächster Entfernung abgegeben worden, hatten dafür jedoch keine nähere Begründung, und schon gar keinen Beweis. Kockel begann beim Punkte Null und kam da zu einem ganz anderen Schluß: Wegen der Schwärzung der Knochenränder in der Umgebung des Einschusses war es vom Gerichtsmedizinischen her völlig eindeutig, daß der Schuß aus unmittelbarer Nähe abgefeuert worden war. Schwieriger war die Begutachtung des Augenschusses, den die ersten Obduzenten für einen absoluten Nahschuß hielten. Sie begründeten das mit der starken Zertrümmerung der Augenhöhlenwandknochen und der starken Zerstörung der Weichteile. Für Kokkel war es jedoch nicht schwer, auch hier einen Irrtum der Pathologen nachzuweisen; denn die Zerstörung besonders der linken Gesichtshälfte war durch Madenfraß verursacht worden, was den Pathologen offensichtlich entgangen war. Gerichtsmediziner hingegen werden immer wieder mit den Folgen von Madenfraß konfrontiert. Kockel erinnerte sich an jenen Fall, bei dem sämtliche Geschlechtsteile einer weiblichen Leiche von diesen kleinen Tieren nicht nur befallen, sondern gänzlich vertilgt worden waren.

Wie so oft, haben auch in diesem Fall die Pathologen die Einschußstellen nicht herausgeschnitten und für eine spätere Untersuchung konserviert, so daß eine genauere Begutachtung nicht möglich war. So konnte Kockel nur auf die Fotos zurückgreifen, die von der Leiche am Tatort angefertigt wurden. Immerhin zeigten sie die Einschußstelle am Auge als kleine rundliche Wunde, deren Ränder nicht im geringsten aufgerissen oder aufgeplatzt waren. Kockel plädierte hier eindeutig für einen Fernschuß.

Doch damit nicht genug; er nahm aufgrund der Tatortfotos eine genaue Analyse der Lage der Leiche vor, schloß in seine Überlegungen auch den Fundort der Pistole mit ein – und schloß ganz folgerichtig, warum die Tote sich nicht hatte selbst erschießen können, wenn all diese Faktoren die ihnen gebührende Beachtung fänden. Seine Ausführungen zeigen wieder einmal in verblüffender Weise den scharfen, schon detektivischen Verstand, der bei der Aufklärung von Verbrechen mitunter nötig ist.

Will man, so Kockel, von einem Selbstmord ausgehen, so muß der Schuß in die linke Schläfe zuerst abgegeben worden sein; denn der in die linke Augenhöhle eingedrungene Schuß mußte wegen der Zerreißung der linken inneren Hirnschlagader und der Zerstörung wichtiger Teile des Nachhirns sofort zur Lähmung und baldigem Tod führen. Anna mußte also die Pistole als Rechtshänder in der linken Hand gehalten und sich in die Schläfe geschossen haben. Anschließend hätte sie mit ausgesprochen gezwungener Handstellung, die Waffe vor die linke Stirn haltend, zum zweitenmal geschossen – vorausgesetzt, sie behielt die Waffe in der gleichen Hand. Dafür spricht aber die Lage der Pistole auf der linken Seite der Leiche. Kockel erörterte auch kurz die Möglichkeit eines sogenannten »Doppelschusses«, bei dem sich durch eine Betätigung zwei Schüsse lösen. Die sich fast in rechtem Winkel kreuzenden Schußkanäle ließen das als höchst unwahrscheinlich annehmen. Auf jedenfall mußte der zweite Schuß im Liegen erfolgt sein. Denn: Hätte Anna, nach dem zweiten Schuß im Stehen sofort bewußtlos geworden, die Pistole fallen gelassen, so wäre die Waffe viel näher an den Füßen, jedenfalls nicht in dieser Lage, aufgefunden worden.

Ein weiteres wichtiges Indiz gegen einen Selbstmord – und das letztlich schlagende – war die Lage des Filzhutes!

Man erinnere sich: Er lag, mit der Innenseite zum Boden, unter Annas Kopf. Das Geschoß des Schläfenschusses steckte in ihm, und zwar so, daß die Außenseite durchschlagen war, nicht so das Innenfutter. Das bedeutet aber nichts anderes als: Anna mußte schon auf der Außenseite ihres Hutes gelegen haben, als ihr der Schläfenschuß beigebracht wurde! Wer trägt den Hut schon völlig schief und verkehrt herum auf dem Kopf?! Geht man von der sicheren Tatsache aus, daß sie sich den Schläfenschuß als erstes beibrachte, so hätte sie sich für den zweiten Schuß nicht nur erheben, acht Meter weit gehen – der Fundort der leeren Patronenhülse! –, sondern dann auch wieder an diese Stelle zurückkriechen, -taumeln oder -wanken müssen. Das war aber, wie oben schon ausgeführt, aufgrund der sofort eingetretenen Handlungsunfähigkeit nach dem Augenschuß völlig undenkbar. Ergo: Ein Selbstmord war ausgeschlossen!

Mord in Manila

Inzwischen ist einige Zeit über das Attentat von Manila hinweggezogen; als es im August 1983 den philippinischen Inselstaat in die Schlagzeilen der Weltpresse brachte, kamen sofort wüste Spekulationen über die wahren Hintergründe des Anschlags auf. Zwar ist der Fall im Lande inzwischen zu den Akten gelegt und der Prozeß abgeschlossen worden, der alle Angeklagten – darunter hochrangige Militärs – freigesprochen hatte. Doch es blieb ein bitterer Nachgeschmack. Die Richter setzten sich bei ihrer Urteilsfindung offensichtlich über die Zeugenaussagen und das gerichtsmedizinische Gutachten hinweg und blieben bei der offiziellen Version des Tathergangs. Bis heute aber halten sich Gerüchte hartnäckig, nach denen Präsident Marcos selbst in das Attentat verstrickt gewesen sein soll . . .

Am 7. August dieses Jahres hatte der in Boston im Exil lebende philippinische Oppositionsführer Benigno Aquino beschlossen, in seine Heimat zurückzukehren. Von der Regierung unter Staatspräsident Ferdinand Marcos wurde ihm die

Einreise jedoch verweigert – mit der Begründung, gegen ihn sei eine Mordverschwörung geplant. Das hinderte Aquino allerdings wenig; er kündigte an, am 21. August in Manila einzutreffen. Die philippinische Regierung gab darauf die Anordnung, Aquino sofort nach seiner Landung, also noch auf dem Flughafen, abzufangen und wieder ins Ausland abzuschieben. So jedenfalls lautete die offizielle Version.

Nach dreijährigem freiwilligen Exil landete Aquino am 21. August in seiner Heimat. Neben ihm waren zahlreiche Journalisten an Bord des Flugzeugs, die beruflich daran interessiert waren, die Ankunft des Nationalhelden mit zu verfolgen. Weitere Journalisten und Tausende seiner Anhänger – darunter auch seine Mutter und neun Geschwister – warteten draußen auf die Rückkehr des Politikers. Ihnen war der Zugang zur Empfangshalle gesperrt; sie drängten sich vor dem Flughafengebäude, nichts ahnend von dem, was sich dort nach der Landung abspielen sollte.

Als der beliebte frühere Senator des Inselreiches das Flugzeug um dreizehn Uhr fünf Ortszeit verließ, wurde er sofort von zwei Staatssicherheitsbeamten in Empfang genommen. Die übrigen Passagiere wurden daran gehindert, die Maschine zu verlassen. Einige Journalisten, die versuchten, wenigstens von der Maschine aus einen Blick auf den heimkehrenden Aquino werfen zu können, berichteten eine sonderbare Version der Vorfälle: Einer der zwei Polizisten zog unvermittelt seine Pistole und schoß Aquino in den Kopf; tödlich verletzt brach er zusammen.

Der Reporter der angesehenen amerikanischen Nachrichtenagentur UPI, Max Vanzi, sah Aquino kurz darauf in einer Blutlache mit dem zerfetzten Gesicht zum Boden liegen. Anschließend wurde der leblose Körper in einem Militärfahrzeug abtransportiert; mit ihm zusammen ein zweiter Toter, der niedergeschossen am Fuß der Gangway lag.

Die Schilderung, die von offizieller Seite verbreitet wurde, sprach von einem Attentat eines Geistesgestörten, der sofort von den Sicherheitsbeamten »eliminiert« wurde. Seltsame Methoden jedenfalls für ein Land, das behauptet, frei zu sein. Präsident Marcos, der das Land seit 18 Jahren diktatorisch regiert, sprach von einem »abscheulichen Verbrechen«, doch niemand, nicht einmal die Wohlgesonnensten, wollten ihm seine vorgegebene Trauer so recht glauben. Nun, die Frage stand natürlich sofort im Raum, ob Marcos vielleicht selbst für die Ermordung Aquinos verantwortlich gewesen sein, sie initiiert haben könnte. Immerhin hatte er zu fürchten, daß sich Aquino wieder lebhaft in das politische Tagesgeschehen integrieren wollte. Man munkelte, er hätte beabsichtigt, sich bei den nächsten Wahlen zum Präsidentenamt als Gegenkandidat für Marcos aufstellen zu lassen – und man räumte ihm zumindest gewisse Chancen ein. In einer für seine Ankunft vorbereiteten Rede, die von seiner Familie schnell veröffentlicht wurde, hieß es: »Ordnet meine sofortige Hinrichtung an, oder laßt mich frei!« Weiter: »Ich bin aus freiem Willen zurückgekehrt, um mich den Reihen jener anzuschließen, die um die Wiederherstellung unserer Rechte und Freiheiten durch Gewaltlosigkeit kämpfen. Ich bin auf das Schlimmste gefaßt und habe mich gegen den Rat meiner Mutter, meiner geistlichen Berater, vieler meiner erfahrenen politischen Förderer entschieden.«

Am späten Abend des Mordtages wurde die Autopsie des Ermordeten durchgeführt. Anwesend waren auch drei von der Familie Aquino herbeigerufene Ärzte, die verständlicherweise nur als passive Beobachter zugelassen waren. Was in dem geheimgehaltenen Gutachten festgehalten war, warf ein eher trübes Licht auf die Regierung. Von ihr wurde deshalb auch nur die amtliche Todesursache bekanntgegeben: Aquino starb an einem Gehirnriß und Gehirnblutungen als Folge eines Kopfschusses. Offiziell nicht verlautbart wurden folgende Fakten: Im Autopsiebericht wurde die Einschußwunde links hinter der linken Ohrmuschel angegeben; der Schußkanal lief geradlinig zum Ausschuß unter dem rechten Kinn.

Die Tatwaffe, eine großkalibrige Smith & Wesson, war eindeutig jene Pistole, aus der die tödlichen Schüsse abgefeuert worden waren; sie lag neben dem als »Rolly« bezeichneten Unbekannten, der nach offizieller Stellungnahme, als Flugzeugmechaniker verkleidet, das Sicherheitsnetz überwunden hatte. Trotzdem: Er konnte die Tat nicht verübt haben, denn er war um zehn Zentimeter kleiner als sein angeblicher Kontrahent. Wie wollte man so die nach unten führende Schußbahn erklären? Rolly hätte die Waffe dazu einen halben Meter über seinen Kopf halten müssen – in eine Höhe von 2,10 Metern. Kaum zu glauben! Noch dazu, wo diese Smith & Wesson selbst von einem geübten Schützen aufgrund des starken Rückstoßes möglichst mit zwei Händen geführt werden muß.

Auch das Verhalten der offiziösen Stellen trug kaum zur Beruhigung der Situation bei. Zwei Tage später waren die Umstände der Tragödie immer noch völlig ungeklärt; der wachsende Unmut, der auch die Politiker auf internationaler Ebene dazu veranlaßte, mahnende Worte zu sprechen, und die zunehmenden Angriffe auf die Regierung forcierten Marcos, eine staatlich gebilligte Spekulation über die Hintergründe des Attentats verlauten zu lassen: Der noch immer nicht identifizierte, von Marcos trotzdem als »professioneller Killer« bezeichnete Mörder sei von Kommunisten für die Mordtat angeheuert worden, um die philippinische Regierung in Mißkredit zu bringen. Nähere Angaben zu dieser Vermutung wollte Marcos auf seiner Pressekonferenz nicht geben.

Die bohrenden Fragen der Journalisten konnte er trotzdem nicht zu deren Zufriedenheit beantworten: Woher wußte der Täter, daß Aquino das Flugzeug nicht über den normalen Passagiertunnel, sondern über einen Seitenausgang verlassen würde? Wie ist zu erklären, daß die Schußbahn im Kopf nach unten führte, obwohl der vermeintliche Todesschütze kleiner war als Aquino. Nach einem Pressefoto, das die Lage der beiden Leichen kurz nach dem Anschlag zeigte, mußte der Attentäter von vorn auf das Opfer geschossen haben. Aber die Obduktion hatte gezeigt: Der Schuß war seitlich hinter Aquino abgegeben worden. Mysteriöse Tatumstände, die offenblieben – bis heute!

All die einzelnen Mosaiksteinchen ließen eine ganz andere Mordtheorie als wahrscheinlicher erscheinen: Nach der Landung der Boeing 767 wird die Maschine nicht an den üblichen Flugsteig herangeführt, der von der VIP-Lounge des Flughafens einzusehen ist, sondern an einen weiter entfernten geleitet. Aquino wird von zwei Sicherheitsbeamten mit festem Griff aus der Maschine zum Notausstieg am Ende des Flugzeugs geleitet; ein dritter Uniformierter folgt ihnen. Aquinos Schwager, der aufspringt, hinterherrennt und den Polizisten zuruft: »Ich bin Aquinos Schwager, ich gehöre dazu«, schlägt ein Sicherheitsbeamter die Notausgangstür so heftig ins Gesicht, daß dieser benommen zurücktaumelt.

Nur wenige Sekunden später wird die Tür verriegelt – dann ein Schuß: Von einem der auf der Treppe stehenden Polizisten wird Aquino hinterrücks niedergeschossen, just in dem Augenblick, als er wieder philippinischen Boden betritt. Von der Wucht des Einschlags getroffen, fällt Aquino vornüber auf den harten Asphalt.

Das Interesse der Weltöffentlichkeit aber wendet sich schnell wieder anderen Themen zu . . .

KAPITEL 10

Der heilige Saft: Blut als Indiz

Was ich gerade bemerkte, war etwas, das sich kaum natürlich und trivial erklären ließ. Aber ich sagte ja schon, daß meine Phantasie mit mir davonflog, und da ich nichts tat, um sie wieder einzufangen, schleifte sie mich eben mit. Auf Andrés Hemdbrust, halb von der Weste verdeckt, war ein winziges rotes Fleckchen, glänzend wie unter der Liebe erglühte Lippen. Ein kleiner frischer Blutstropfen! Und ich fing an, mit kühnen Pinselstrichen ein Gemälde in Rot zu entwerfen aus dramatischen Ereignissen, aus Wahnsinn und Rache.

Emilio Pardo Bazán: Der Blutstropfen

Die Blutbibel

Die Aufgabe der Gerichtsmedizin ist es natürlich in erster Linie, an der Aufklärung von Verbrechen teilzunehmen. Das hindert Gerichtsmediziner aber nicht, sich auch einmal etwas abseitig gelegenen Fragen zuzuwenden. In die gleiche Rubrik wie die Untersuchung der 1000 Jahre alten Leiche des Papstes Clemens II., die letztlich keinen tiefsinnigen Zweck erfüllte, paßt folgender kurioser gerichtsmedizinischer Nachweis in Sachen Blutskunde – ein Ausflug in die Geschichte des »aufklärerischen« 18. Jahrhunderts.

Der nicht unbekannte preußische Offizier Freiherr von Trenck mußte seit 1754 mehr als neun Jahre im Gefängnis sitzen. Wir wollen einmal dahingestellt sein lassen, ob zu Recht oder nicht. Jedenfalls hatte man ihm ein angebliches Verhältnis mit Prinzessin Amalie vorgeworfen. Kaum war er eingekerkert, als auch schon Gerüchte kursierten, er sei nicht wegen dieser Liaison verhaftet worden; das sei nur ein Vorwand gewesen, eine gerechte Strafe für seinen Hochverrat mit anschließender Desertierung und Flucht zum verfeindeten Österreich. Auf Befehl Friedrichs des Großen wurde er zeitweise sogar in Einzelhaft gehalten. Auch das Ende des unsteten Freiherrn war übrigens eher unrühmlich zu nennen: Die Französische Revolution hatte ihn nach Paris gelockt; hier war er zuerst ein gefeierter Held, wurde dann aber als Opfer von Robbespierre auf der Guillotine geköpft.

In seiner fast zehnjährigen Haft verfaßte er die berühmte »Blutbibel« – ein Werk, das er angeblich mit seinem eigenen Blute geschrieben haben soll, so jedenfalls sagt die Legende. Nach zweihundertjähriger Geschichte dieses Buchs, das dabei weit herumkam, gelangte es 1976 in den Preußischen Kulturbesitz, wo es seither im geheimen Staatsarchiv gelagert ist.

Es war zusammengesetzt aus nicht numerierten, leeren Seiten, die Trenck während seiner Gefangenschaft beschrieb. Woher er sie bekommen hatte, ist unklar, letztlich aber auch unbedeutend. Gefüllt hat sie der Freiherr mit ganz unterschiedlichen, bei weitem nicht nur geistlich-kirchlichen Inhalten, wie es die Bezeichnung »Bibel« verlangen müßte. Sicher, sie enthält auch Kommentare zu Bibelstellen, genauso aber auch erotische Zeichnungen, Lebenserinnerungen, Sinnbilder und Sinnsprüche weltlicher Herkunft, Gedichte und Erzählungen, ja sogar Lieder. So findet man etwa die »Klage an eine Freundin, da mir mein Halseisen abgenommen ward und Bitte um eine Halsbinde statt der verlornen eisernen aus der Borckschen Fabrique«; man liest ein »Geistliches Morgenlied einer in der Ehe glücklichen und zum ersten male schwangeren Dame« in der Melodie »Wer nur den lieben Gott läßt walten«.

Trencks Handschrift blieb über all die Jahre hinweg ziemlich gleichmäßig, so daß man annehmen darf, daß seine Hände nicht mit einer Eisenstange gefesselt waren. Als Schreibwerkzeuge dienten ihm zugespitzte Holzstückchen oder ein herausgebrochener Kammzahn. Anfangs beschaffte er sich Licht und Schreibmaterialien wohl durch Bestechung der Wächter, offensichtlich konnte er auf diese Weise jedoch nicht genug bekommen. An einer Stelle beschreibt er die Selbsthilfe: »Tinte aber wurde mir keine gestattet, ich stach mir also in den Finger und ließ Blut in einen Scherben laufen; wenn es geronnen war, ließ ichs wieder in der Hand erwärmen, das fließende ablaufen, und warf die fibrösen Teile weg. Auf diese Art hatte ich nicht nur gute flüssige Tinte zum Schreiben, sondern auch zugleich Farbe zu Malen.« Seine Dichtungen unterzeichnete er seither mit »Trenck manu propria. Rittmst. sanguine propria.« – was soviel heißt wie: Trenck eigenhändig und mit eigenem Blut!

Seine Werke wurden dem Hofe gnädigst zugestellt und fanden dort Gefallen: Es wurden ihm sogar Aufträge erteilt – vor allem für Sinnbilder und Gedichte. »Meine Schriften rührten und haben mir auch wirklich die Freiheit zuwege gebracht«, schreibt Trenck in seinen Lebenserinnerungen. Dabei war er einem Irrtum aufgesessen, denn seine Begnadigung hatte nichts mit einem seiner Werke zu tun, sondern war ganz banal von der ihm ausgesprochen gewogenen österreichischen Kaiserin Maria Theresia in die Wege geleitet worden.

Die Frage, die den Gerichtsmediziner nun interessiert, ist: Hat Trenck wirklich – wie geschildert – das Buch mit seinem eigenen Blut geschrieben, oder hat er das nur erfunden, um gesteigertes Mitleid zu erregen? Denn prinzipiell wäre ja auch denkbar, daß er die damals in Kerkern in größeren Mengen anzutreffenden Ratten, Mäuse und anderen Tiere als Quellen für seine selbsthergestellte Tinte angezapft hat. Kann man nach mehr als 200 Jahren noch feststellen, ob das verwendete Blut tatsächlich menschlichen Ursprungs war?

Es war Dr. Maike Schmerling, Mitarbeiterin am Institut für Gerichtsmedizin in Berlin, die Ende der siebziger Jahre diesen Fragen nachging. Sie wollte mit den modernen Kenntnissen der Gerichtsmedizin aufdecken, ob Trenck in diesem Punkte der Rührseligkeit seiner Schilderung halber wieder einmal Fakten frisiert hatte oder nicht. In der Tat, ein kurioses, einmaliges Unterfangen – von Schmerlings Institutsleiter Professor Krauland bestens unterstützt.

Von Moorleichen und Mumien wußte man bereits, daß Blutgruppensubstanzen noch nach Jahrtausenden nachweisbar sind – sofern sie richtig, das heißt die Substanz erhaltend, gelagert sind. Blut hält sich am besten trocken; Feuchtigkeit, aber auch Wärme und Licht sind besonders schädlich. Trencks Blutschrift war ihnen während der langen Periode kaum ausgesetzt, so daß man sich berechtigte Hoffnung auf einen Erfolg machen konnte.

Der erste Schritt bestand nun darin, die Schrift unter starker stereoskopischer Lupenvergrößerung zu analysieren. Schon der erste Blick zeigte, daß die »Tinte« nicht, wie sonst, in das Papier eingesogen, sondern auf dem Papier getrocknet und teilweise sogar geklumpt war. Von diesen »Klümpchen« wurden nun mehrere mit einem feinen Skalpell entnommen – etwa 30 Proben aus verschiedenen Seiten. Schmerling unterzog sie nun der sogenannten »Porphyrinprobe«, die nur im Fall von Blut positiv verläuft: Es erwies sich, daß es sich tatsächlich um Blut handelte, aber – um tierisches oder menschliches? Diese Unterscheidung mußte anschließend getroffen werden. Dazu stehen den chemischen Labors der gerichtsmedizinischen Institute heute exakte, hochempfindliche Methoden zur Verfügung. Die Untersuchung ergab ziemlich eindeutig, daß es sich bei den Proben tatsächlich um menschliches Blut, höchstwahrscheinlich der Gruppe A, handelte.

Skeptisch blieben die Chemiker jedoch, was die von Trenck beschriebene Methode der Herstellung betrifft. Speziell sein Hinweis nur die Erwärmung des geronnenen Blutes in der bloßen Hand erschien ihnen mehr als fragwürdig, denn die Körperwärme reicht nicht aus, um es wieder zu verflüssigen. Man durfte vielleicht vermuten, daß Trenck das Blut über den kleinen Ofen hielt, der während eines Teils seiner Haft in seinem Gemäuer untergebracht war. Es gilt jetzt aber als gesichert, daß seine Unterzeichnung »sanguine propria« zu Recht vermerkt war.

Blutstropfen

Einer der wichtigsten Bestandteile des menschlichen Organismus – obwohl kein Organ im eigentlichen Sinn – ist das Blut. Welch wundersamer Saft es ist, wußten oder besser ahnten schon die prähistorischen Menschen. Sie schlürften das Blut des getöteten Feindes, um so dessen Mut und Kraft in sich aufzunehmen. Die Quacksalber des Mittelalters hatten herausgefunden, daß Blutverlust zum Tode führt. War diese Erkenntnis erst einmal gewonnen, lag der Versuch nahe, das fehlende Blut zu ergänzen. Doch die von ihnen und ernsthaften Ärzten in den folgenden Jahrhunderten praktizierte Methode, Blut von Schafen und Ziegen in die Adern der Patienten zu injizieren, mußte notgedrungen zum Tode der armen Opfer führen. Später ging man daran, dafür menschliches Blut zu verwenden. Eigenartigerweise schien es bei manchen Menschen tadellos zu wirken, doch andere starben ohne äußerlich sichtbare Ursache. An dieser Situation hatte sich bis an die Schwelle zu unserem Jahrhundert nicht viel geändert; der Wissenschaft war es immer noch nicht gelungen, für dieses Phänomen eine plausible Erklärung zu finden.

Es war daher wirklich eine wissenschaftliche Großtat, die auch für die forensische Wissenschaft weitreichende Bedeutung erlangte, als im Jahr 1900 der österreichische Pathologe Karl Landsteiner die »klassischen« Blutgruppen entdeckte, wofür er 1930 mit dem Nobelpreis gewürdigt wurde. In zahllosen experimentellen Studien stellte er fest, daß sich das Blut mancher Menschen mit dem Blut gewisser anderer ohne weiteres mischen läßt, daß es sich aber mit dem Blut einer dritten Gruppe nicht verträgt: Die Blutkörperchen werden klebrig, ballen sich zusammen und bilden kleine Klümpchen – der Fachmann spricht hier von Agglutination. Das führt dann zu Verstopfungen der Blutbahn und zum Tod solcher Patienten, denen das falsche Serum injiziert wurde. Die Hauptgruppen nannte Landsteiner A und B; er nahm ganz richtig an, daß im Blut der Gruppe A eine Substanz Anti-B, im Blut der Gruppe B ein Serum Anti-A enthalten sein müßte, das im eigenen Blut nicht wirksam ist, sondern nur mit der anderen Blutgruppe zur Reaktion führt. Außerdem fand er noch eine Mischgruppe AB, in der weder Anti-A noch Anti-B enthalten ist, und eine Gruppe 0, in der beide auftreten. Landsteiners Entdeckung des klassischen Blutgruppensystems hatte zuerst einmal große Wirkung bei Bluttransfusionen.

Für die Gerichtsmedizin wurde die Entdeckung des AB0-Blutsystems in mancherlei Hinsicht ein wichtiges Instrument. Man stelle sich vor: Oft waren am Tatort oder an Kleidern von mutmaßlichen Tätern Blutspritzer sichtbar. Sie redeten sich damit heraus, daß es sich dabei um tierisches Blut handelte, das beim Schlachten oder sonstwie dorthin gelangt sei, nicht aber um menschliches. Vielleicht gaben sie auch an, sie hätten sich in den Finger geschnitten und es wäre ihr eigenes Blut. Die Gerichtsmedizin hatte bis in unser Jahrhundert hinein kein probates Mittel, um diese Behauptungen überprüfen zu können.

Dazu mußte aber noch eine weitere wissenschaftliche Hürde genommen werden: die Möglichkeit, eingetrocknete Blutspuren erstens als von menschlichem Ursprung zu belegen und gleichzeitig dem von Landsteiner entdeckten AB0-System zuzuordnen.

Zwar wußte man schon seit geraumer Zeit, daß Blut außerhalb des Körpers eintrocknete und sich verfärbte – über Braun bis zu Grünlichgelb. Wie aber ließ sich nachweisen, ob in einem völlig undefinierbaren Fleck, der genausogut von Schmutz oder Essensresten herrühren konnte, Blut war oder nicht? Wie viele Fälle der Kriminalgeschichte hätten gelöst werden können, wenn diese Frage früher beantwortet worden wäre? Es dauerte bis in das Jahr 1901. Damals veröffentlichte der junge Paul Uhlenhuth, Assistent am Hygienischen Institut der Berliner Universität Greifswald, seine epochemachende Schrift: »Eine Methode zur Unterscheidung der verschiedenen

Blutarten, insbesondere zum differentialdiagnostischen Nachweis des Menschenblutes« – es war nicht irgendeine, sondern die entscheidende Methode, die er gefunden hatte.

Dabei hatte Uhlenhuth ursprünglich ganz andere Forschungsziele im Kopf; er war auf der Suche nach dem Erreger der Maul- und Klauenseuche, das heißt eigentlich auf der Suche nach einem Gegenmittel und deshalb intensiv mit Blutexperimenten beschäftigt. In beinahe zweijähriger Forschungstätigkeit gelang es ihm, ein aus Kaninchenblut erzeugtes Serum herzustellen, das, wenn es mit Menschenblut – und nur mit Menschenblut – zusammengebracht wurde, dazu führte, daß sich das im Blut enthaltene menschliche Eiweiß trüb niederschlug. Es gelang mit der gleichen Methode, auch unterschiedliche Tierblutarten nachzuweisen. Noch im gleichen Jahr konnte sie in einem großen Berliner Mordprozeß auch praktisch erfolgreich erprobt werden.

Seit 1901 konnte man also Tier- von Menschenblut unterscheiden; umgehend machte man sich auf die Suche nach einem Nachweis von Landsteiners Blutgruppen in eingetrockneten Spuren; doch die Forschungen verliefen zäh. Die Blutgruppen ließen sich in diesem Fall ja nicht über Agglutinine ermitteln, da das Blut in den Spuren schon getrocknet und geklumpt war. Es dauerte bis in das Ende der zwanziger Jahre, ehe auf diesem Gebiet wissenschaftlicher Experimente ein Durchbruch erzielt werden konnte. Franz Josef Holzer hat hierzu, wir haben davon schon im Zusammenhang mit dem Innsbrucker Institut für Gerichtsmedizin gehört, Pionierarbeit geleistet.

Nicht viel später gelang es, Blutgruppen auch in anderen Sekreten wie Schweiß, Tränen und Magensäften nachzuweisen – wenn es sich um Menschen handelte, die der Gruppe der »Ausscheider« angehören, bei denen die Agglutinine sich auch in den übrigen Körpersäften niederschlagen. Es gibt aber auch Menschen, »Nichtausscheider«, bei denen solche Agglutinine nur im Blut auftreten. Das mag auf den ersten Blick eher wie eine wissenschaftliche Spielerei wirken, hatte aber gerade gerichtsmedizinisch hinlänglich Bedeutung. Denn nicht immer muß Blut geflossen sein: Ein als Selbstmord getarnter Mord konnte 1930 von dem italienischen Serologen Lattes, einem der führenden Spezialisten, dadurch aufgeklärt werden,

daß es ihm erstmals gelang, die Blutgruppe auch an Speichel-
resten nachzuweisen, die sich an der Gummierung des Ab-
schiedsbriefes befanden; sie war mit der Blutgruppe des vermeintlichen Selbstmörders nicht identisch. Sechs Jahre später
konnte ein anderer Italiener, Gallero, zum erstenmal durch
Speichelreste an einem Zigarettenstummel erfolgreich auf eine
Blutgruppe schließen.

Seither ist die serologische Spurensicherung zu einem wichtigen Faktor der Verbrechensaufklärung geworden. Die
Kenntnisse sind so verbessert und bis in kleinste Nuancen aufgeschlüsselt worden, daß aus Lage und Form der Blutspritzer
sogar Rückschlüsse auf den Tatverlauf gezogen werden können.

Unsichtbare Beweise

Etwas abgespannt fuhr der junge Ingenieur Jean Cellier in der
Nacht vom 1. auf den 2. August 1963 von Paris nach Tours. Er
wollte dort seine Freundin abholen, um mit ihr zusammen in
die Bretagne weiterzufahren, wo sie ihren Urlaub verbringen
wollten. In Gedanken spazierte Cellier schon an der Küste,
Hand in Hand mit Madelaine. Plötzlich eine unerwartete
Szene, die ihn jäh aus seinen Träumen riß, seine ganze Konzentration wieder auf die Straße lenkte. Im Scheinwerferlicht
vor ihm tauchte aus dem Dunkel etwas auf – mitten auf seiner
Spur. In Bruchteilen von Sekunden stand er auf der Bremse.
Doch der Wagen rutschte auf der leicht regennassen Fahrbahn,
kam ins Schleudern; in rasanter Fahrt näherte er sich diesem
Körper, ohne jedoch erkennen zu können, um was es sich dabei handelte . . . sein Vorderrad stieß auf Widerstand . . .
drückte etwas zur Seite . . . einige Meter weiter kam der Wagen zum Stehen. Noch ganz benommen öffnete Cellier die Au-
totür, ging zurück. Mit Entsetzen stellte er fest: Das Etwas war
ein Mensch – von ihm angefahren!

Cellier hielt ein aus entgegengesetzter Richtung kommendes
Auto an, erzählte aufgeregt, was passiert war, und bat den In-
sassen, bei der nächsten Telefonzelle die Polizei zu verständigen. Nach einer von ihm als endlos empfundenen Wartezeit

von einer halben Stunde traf der erste Polizeiwagen ein, wenig später auch der Krankenwagen; der Arzt konnte nur noch den Tod des Mannes konstatieren. Cellier schilderte der Polizei noch einmal die schrecklichen Erlebnisse dieser wenigen Sekunden. Er war ganz sicher: Der Mann lag schon auf der Straße, als er ihn in den Kegel seines Scheinwerferlichts bekam. Die Polizisten verständigten daraufhin die Pariser Mordkommission.

Mit den Beamten der Sureté traf auch ein Gerichtsmediziner am Unfallort ein. Schon wenig später war Jean Cellier außer Verdacht, denn der Arzt hatte einen eindeutigen Beweis für die Unschuld des jungen Ingenieurs: »Dieser Mann ist seit mindestens 48 Stunden tot – die Leichenstarre hat sich bereits wieder gelöst.« Sein fachmännisches Auge erkannte außerdem schnell, daß der Mann erschossen worden war.

Der mit Hemd und Hose bekleidete Tote hatte keine Papiere bei sich, blieb also vorläufig unidentifiziert. Auch sonst fehlten jegliche Hinweise oder Spuren, die aufschlußreich gewesen wären. Es war offensichtlich, daß die Person erst nach ihrer Ermordung hierhergebracht worden war. Vielleicht, so vermutete die Polizei, rechnete der Täter damit, daß der Tote von einem Lastwagen überfahren und damit die Spur des Verbrechens verwischt würde. Immerhin setzte hier im Morgengrauen ein reger Lastwagenverkehr zu den Markthallen von Paris ein.

Die Leiche wurde umgehend in die Pariser Gerichtsmedizin gebracht und dort noch am frühen Morgen einer Sektion unterzogen. Wie sich hier herausstellte, war der Schuß, der das Opfer getroffen hatte, nicht tödlich gewesen, sondern hatte es nur kampfunfähig gemacht. Die Kugel steckte noch in der Lunge und wurde zur ballistischen Untersuchung herausoperiert. Mit einem Messerstich, der direkt ins Herz führte, war der Mann dann ermordet worden. Ein Streifschuß am Kopf – soweit ersichtlich aus dem gleichen Revolver – war durch eine blutende Wunde nachweisbar, in der einige Haare verklebt waren. Sie wurden umgehend ins chemische Labor gebracht und unter Speziallupen, Mikroskopen untersucht und chemisch ausgewertet; es zeigte sich, daß sie mit Kohlenstaub, Sand, Kies sowie einigen Sägespänen und einem winzigen

Stückchen gelben Papiers vermengt waren. Die Kleidung, die ebenfalls einer genauen Analyse unterzogen wurde, zeigte an den Schulterpartien winzige Teilchen von Kohlenschmutz, genauso wie der Kragen; dort fand man überdies zwei winzige Insekten, denen jedes Pigment fehlte. Sie hatten weder Blutfarbstoff noch Augen, was die Vermutung nahelegte, sie hätten seit Generationen in einem lichtlosen Keller oder Tunnel gelebt. Hatte die Leiche erst in einem dunklen Kellerraum gelegen, ehe sie zu ihrem Fundort auf der Straße gebracht wurde?

Die weiteren chemischen Analysen führten Experten im Kriminallabor durch; sie fanden heraus, daß der Kohlenstaub aus Anthrazit bestand, während sich der Sand als ein eisenhaltiges Silikat herausstellte. Die Sägespäne waren von Kiefern- und Eichenholz gewonnen. Besonderes Aufsehen erregten fünf Haare, die sich an der Kleidung des Toten befanden und die aus dem Fell eines Kaninchens stammten.

Andererseits fand man bei der bakteriologischen Untersuchung der Kleidung auch Sporen von Schimmelpilzen – was darauf hindeutete, daß der Tote an zwei Orten gelegen haben mußte: zum einen an einem völlig dunklen Ort, wo Tiere lebten, und zum anderen an einer Stelle mit geringem Lichteinfall, wo Gärungs- und Schimmelpilze leben konnten. Die Polizei vermutete, daß beide Örtlichkeiten in ein und demselben Gebäude lagen, da der Transport eines Toten immer ein großes Risiko bildet. Außerdem fanden sich in der Kleidung keine Anzeichen dafür, daß der Tote in einer Kiste, in einer Segelplane oder sonst einem Transportbehälter gelegen hatte.

Eine der wichtigsten Aufgaben bei der weiteren Ermittlung war, die Identität des Toten aufzudecken. Da er weder Papiere noch sonst irgendwelche über seine Person Auskunft gebende Unterlagen bei sich trug, blieb der Polizei nur ein Schritt: Sie mußte das Bild in allen Zeitungen veröffentlichen, in der Hoffnung, daß sich Angehörige oder Bekannte des Vermißten melden würden. Zunächst einmal erfüllte sich dieser Wunsch nicht – und das, obwohl eine größere Belohnung dafür ausgesetzt war. Über eine Woche kamen Kommisar Leduc und seine Mitarbeiter keinen Schritt weiter, tappte man völlig im dunkeln, wer der Tote von der Autobahn sein könnte. Inzwischen hatte man das Bild auch in einigen Regionalblättern veröffentlicht und eine Suchanzeige an allen Polizeistationen und Bahnhöfen angeschlagen. Trotzdem meldete sich niemand, keine Angehörigen, keine Bekannten. Dieses Schweigen verstärkte bei der Polizei den Verdacht, es könnten politische Motive hinter dem Mord stehen. Das Jahr stand im Zeichen blutiger Auseinandersetzungen zwischen der Polizei und in Frankreich ansässigen Algeriern. Wenn es sich bei dem Toten um einen entlarvten Spitzel oder Verräter handelte, war verständlich, warum sich keine Zeugen oder Mitwisser meldeten. Sie hätten sich damit selbst in Gefahr gebracht.

Der Zufall war es wieder einmal, der hier im Spiel war; die Szene war filmreif. In dem etwas verrufenen Stadtteil Montmartre war es zu einer handgreiflichen Szene zwischen einer Zimmervermieterin und einer »leichten Dame« gekommen. Die Wirtin wollte das Mädchen mit Gewalt auf die Straße setzen, weil sie die Miete seit längerem schuldig blieb; die jedoch wehrte sich heftig und schrie die Wirtin an, sie könne ja die Polizei holen und dabei gleich angeben, daß sie den »Toten von der Autobahn« kenne. Ein heraufeilender Polizist, durch den Lärm aufmerksam geworden, hatte diese Worte aufgeschnappt und beide Frauen umgehend auf das nächste Revier am Place Pigalle gebracht. Hier warteten sie nun auf den verständigten Kommissar Leduc. Wie zu erwarten, zeigte sich das junge Mädchen auf dem Revier längst nicht mehr so gesprächig. Sie erinnerte sich an nichts. Leduc blieb also bei der Vernehmung der Wirtin nichts anderes übrig, als zu einem Trick zu greifen. Er klärte sie nicht über die Verschwiegenheit ihrer Kampfgenossin auf, sondern betonte, ohne mit der Wimper zu zucken, daß ihre Mieterin angegeben hatte, sie kenne den Toten von der Autobahn. Weiter bluffte er mit einer drohenden Gegenüberstellung mit dem Mädchen.

Leduc machte sein Gegenüber mit diesem simplen Trick ausgesprochen gesprächig und erfuhr nun einige wichtige Fakten. Der Wirtin war der Tote unter dem Namen Richard bekannt; er war früher öfter bei ihr gewesen. Er hatte ihr den stillen Teilhaber Charles Voisier vermittelt, mit dem sie ein Hotel eröffnete. Leduc ließ sich umgehend zu Voisier bringen. Von ihm erfuhr er einige Details, wenngleich auch er den Mann nur als Monsieur Richard kannte. Allerdings konnte er mit Bestimmtheit angeben, daß der Mann kein Franzose war. Auch einige Lokale, in denen Richard verkehrte, erfuhr Leduc von ihm.

Die einsetzenden Ermittlungen in diesen Restaurants und Bars klärten, daß Richard aus Nicaragua stammte und sich mehrfach mit Personen traf, die in seiner Heimat ein Attentat auf den regierenden Präsidenten José Figuerras geplant hatten, aber dann fliehen mußten; sein eigentlicher Name war Medrano gewesen. Ein Barbesitzer hatte auch gesehen, daß er seinen Freunden, von denen er übrigens eine ziemlich genaue Beschreibung geben konnte, mehrfach größere Geldbeträge zusteckte.

Nach unermüdlichen Nachforschungen fand man schließlich ein einsam gelegenes Gärtnereigelände mit einem tief gelegenen Keller, in dem die Tat wohl verübt worden war. Hier kam es zu einer Schießerei zwischen drei Männern und der Polizei, die die Schießwütigen eine halbe Stunde später verhaften konnten. Sie gaben an, nicht gemeldete Flüchtlinge zu sein, die in Frankreich auf Asyl hofften. Sie stritten nicht ab, den Toten von der Autobahn gekannt zu haben, nur mit seinem Mord wollten sie natürlich nichts zu tun gehabt haben.

Die nun folgende gründliche Durchsuchung des Gebäudes ergab viele Hinweise darauf, daß der Tote hier gelegen hatte. In einer Grube fand Kommissar Leduc die kleinen farblosen Insekten. Unter dem halbverfallenen Wohngebäude fand man einen Keller, in dem eine größere Menge frisch gesägten Brennholzes und eine Kiste mit Anthrazitkohlen lag. Aber an keiner der Wände, auch nicht am Boden, fanden sich irgendwelche Anzeichen einer Bluttat – keine Blutspritzer, ja nicht einmal verdächtige Stellen, die gezeigt hätten, daß solche Spuren entfernt worden waren. Offensichtlich hatte der Tote auch hier nur gelegen.

Aber wo war die Tat dann vollbracht worden? Leduc erinnerte sich der Gärungskeime, die im Labor nachgewiesen worden waren. Nirgends hier hatte er Bier, Wein oder Schnaps lagern sehen. Sollte die Mordtat vielleicht doch nicht an diesem Ort begangen, der Tote erst später hierhergebracht worden sein?

Wie er sinnierend im Keller stand, alle Details noch einmal

auf sich wirken und die Blicke ziellos umherschweifen ließ, bemerkte er plötzlich eine deutliche Unstimmigkeit: Wozu, um alles in der Welt, dachte er sich, braucht man im Hochsommer soviel Brennholz zum Heizen? Und da hatte er die Lösung des Falles! Die Sache war im Grunde wirklich ganz einfach: Man benötigte das Holz für den Betrieb eines Destilliergerätes! Er erinnerte sich in der gleichen Sekunde, daß gerade in Gärtnereien nach dem Krieg ein reger Schwarzhandel mit selbstgebranntem Schnaps aus eigener Rohstoffproduktion entflammt war. Hier mußte also irgendwo ein Destilliergerät stehen. Er rief einige Mitarbeiter zu sich, und noch einmal suchte man Zentimeter für Zentimeter die Wände ab. Es mußte hier ein Versteck geben! Die schwere Kohlenkiste! Mit vereinten Kräften schob man sie zur Seite; sie verdeckte den Eingang in einen mannshohen Raum, der mit einem einfachen Tisch und wakkeligen Stühlen karg möbliert war. Dafür interessierte sich Kommissar Leduc aber nicht; sein Kennerblick fiel sofort auf den Destillierapparat, der in der Ecke des Raumes stand. Nicht viel später entdeckte er auch die Blutspuren auf dem Boden. Sofort wurden Proben entnommen und in das gerichtsmedizinische Institut gebracht. Dort wurde mit letzter Sicherheit nachgewiesen, daß sich der Mord an dem Toten von der Autobahn in diesem winzigen Raum abgespielt hatte: Das Blut war das Blut der Autobahnleiche!

Das bei einer gründlichen Untersuchung dann aufgestöberte Messer konnte von den Gerichtsmedizinern einwandfrei als Tatwerkzeug identifiziert werden. Die drei in Haft verwahrten Männer blieben dennoch schweigsam. Auch nach ihrer Verurteilung blieben die wahren Hintergründe dieser Bluttat ungeklärt.

»Zweifelhafte geschlechtliche Beziehungen«

Das Thema ist wohl so alt wie die Menschheit selbst und mit ihrer Geschichte auf das engste verwoben. Man erinnere sich nur des Neuen Testaments: Maria gebar ein Kind von Gottes Gnaden, als Jungfrau – so jedenfalls will es die Legende. In unserer Zeit hätte diese Vermutung nicht allzu lange der letzten

Gewißheit entbehrt. Denn mit Hilfe der modernen Gerichtsmedizin wäre zumindest ein negativer Vaterschaftsbeweis möglich gewesen. Josef, der ja nie ganz aus dem Verdacht geriet, wäre damit einwandfrei außer Obligo gewesen.

Bei Maria und Josef allerdings hätte die Klärung dieser Frage kaum größeren Nutzen gebracht, denn die beiden waren arm wie »Kirchenmäuse«, außerdem soll Maria schließlich selbst an die unbefleckte Empfängnis geglaubt haben, so daß von ihr keine Unterhaltszahlungen gefordert wurden. Und Josef blieb weiterhin treu an ihrer Seite.

Anders sah da die Sache schon bei Paul McCartney aus, dem ehemaligen Beatle; er wurde 1982 mit der Nachricht überrascht, er habe in seiner Hamburger Zeit (Anfang der sechziger Jahre) ein Kind gezeugt. Diese Behauptung hatte die Mutter der zwanzigjährigen Bettina Hübner vor Gericht vorgebracht und damit eine Forderung von sieben Millionen Mark(!) als Alimente verbunden. Nun, die Angelegenheit war erstens lange her und zweitens konnte sich McCartney an seine Jugendsünden auch nicht mehr so ganz genau erinnern. Er hatte wirkliche Bedenken. Es standen immerhin sieben Millionen auf dem Spiel, selbst für einen Ex-Beatle ein Betrag, der schmerzen würde. Sein Anwalt wollte die Sache mit Hübners im Einvernehmen klären, doch die beiden Damen gingen auf Konfrontation. Mutter, Tochter und Paul mußten beim Berliner Institut für Rechtsmedizin einem Bluttest unterzogen werden. Paul McCartney ging aus diesem Rennen als strahlender Sieger hervor, denn der Test hatte eindeutig ergeben: Er ist nicht der Vater von Bettina. Die sieben Millionen ließen sich anderweitig verjubeln.

Ein anderes Beispiel aus der Antike: Eine Griechin sollte als Ehebrecherin bestraft werden. Sie hatte ein sehr schönes, indes weder Eltern noch anderen Angehörigen der Familie ähnlich sehendes Kind zur Welt gebracht. Die darüber erzürnten Familienmitglieder, die darin eine Bestätigung für vermutete außereheliche Beziehungen sahen, rüsteten zum Kampfe. Der vom Gericht hinzugezogene Arzt sprach sich jedoch gegen einen Ehebruch aus; seine Begründung: Im Schlafzimmer hing ein Männerporträt, dessen Züge dem des Babys ähnlich waren. Er vermutete daher, daß die Einprägung dieses Bildnisses

Einfluß auf die entstehende Leibesfrucht genommen hatte. Eine aus unserer Sicht verwegene Annahme!

Solche Ähnlichkeitsbeweise hatten jahrhundertelang eine wichtige Funktion bei der Klärung »zweifelhafter geschlechtlicher Beziehungen«. Selbst vor 100 Jahren noch hielt man in Ermangelung geeigneterer Verfahren an ihnen fest, und es schien, als ob durch die neue Errungenschaft der fotografischen Abbildung ein weiteres, noch effizienteres Kapitel des Ähnlichkeitsbeweises aufgeschlagen werden könnte. Aber erst die Einführung von Bluttests ließ die untersuchenden Gerichtsmediziner zu verläßlichen Ergebnissen kommen.

Doch auch noch vor weniger als 40 Jahren konnten diese Methoden im Durchschnitt nur einen dreißigprozentig sicheren Befund gewährleisten. Es war daher vor Gericht immer noch üblich, gleichzeitig mit dem Bluttest den inzwischen als »erbbiologisch-anthropologisch« bezeichneten Antrag eines Ähnlichkeitsbeweises zu verlangen, dem vom Richter meist stattgegeben wurde. Von den Gerichtsmedizinern wurde er jahrelang mit Naserümpfen quittiert; sie wollten diesem Nachweisverfahren keinen Wert beimessen.

Lesen wir, was uns der Gerichtsmediziner Karl Meixner dazu schreibt, der dieser Frage eher als Hobby nachging. »Von altersher beschäftigt die Ähnlichkeit oder Unähnlichkeit von Kindern und Eltern deren Mitwelt . . . Schon vor 35 Jahren (also 1908), da ich mir die Sporen als ärztlicher Sachverständiger verdiente, luden die Gerichte in solchen Fällen einen ihrer ständigen Gerichtsärzte zu einem Augenschein. Damals erklärten wir gewöhnlich, daß bei einem so kleinen Kind die Vergleichung aussichtslos sei.« So entstand die kuriose Situation, daß aufgrund irregulärer Gutachten Urteile gefällt wurden, die meist für die männliche Partei zum besseren verliefen. Wegen dieser doch prekären Rechtslage haben sich Meixner und einige wenige Anthropologen der Frage zugewandt, wie und welche Ähnlichkeitsmerkmale von Eltern an Kinder vererbt werden. Meixner ging es nicht um irgendwelche vage Übereinstimmungen im Aussehen von Vater und Kind, denn er stand fest in der Tradition naturwissenschaftlichen Denkens. Für ihn galt nur eine exakte Methode. Wesentliche Hilfen erhielt er durch anthropologische Forschungen über die menschliche

Vererbung, die immer mehr genetisch bedingte Vererbungen unscheinbarer Details aufspürten. In den zwanziger Jahren hat beispielsweise Kristine Bonnevie nachgewiesen, daß die Tastlinienmuster an den Fingerbeeren in wesentlichen Merkmalen und mit individuellen Besonderheiten vererbt werden können. Meixner hat als einer der ersten darauf aufmerksam gemacht, daß sie auch bei strittigen Vaterschaftsfragen Beweischarakter erhalten könnten, und sie zusammen mit der Untersuchung der Muster von Handflächen und Fußsohlen in vielen Gutachten mit in seine Beurteilung eingeschlossen. Tatsächlich konnte er manchen Vater so entlarven und überführen.

Auch andere Kriterien wurden von ihm mit ins Kalkül gezogen: Pigmentreichtum, Beschaffenheit der Haut, Haarform, Haargrenze, ungewöhnliche Scheitelbildungen, Wirbel, Struktur der Regenbogenhaut des Auges und ähnliches. Um auch Besonderheiten im Mund- und Nasenbereich erkennen zu können, forderte er die Männer immer auf, »ganz rasiert zu erscheinen, und wenn sie trotzdem mit Bart kamen, habe ich's immer leicht erreicht, daß sie ihn noch wegnehmen ließen«.

Im übrigen war Meixner auf diesen Ähnlichkeitsbeweis nicht fixiert; er sah dabei vor allem den pragmatisch-gerichtlichen Aspekt. Tatsächlich war er einer der ersten, der die Bedeutung erbbiologischer Blutanalysen für die Rechtsmedizin erkannt hatte. Die vererbten Abhängigkeiten der Blutzusammensetzung waren ja nicht eigentlich von Gerichtsmedizinern erforscht, sondern wie vieles andere, was sich die Gerichtsmedizin als Hilfswissenschaft einverleibte, innerhalb anderer Wissenschaftsdisziplinen erarbeitet worden.

Heutzutage sind anthropologisch-erbbiologische Gutachten seltener geworden, aber immer noch gebräuchlich; allerdings werden sie jetzt von Spezialisten der Anthropologie durchgeführt, nicht mehr von Gerichtsmedizinern.

Daß sich Väter gern von einer in ihren Augen fraglichen Vaterschaft überzeugen wollen, ist einzusehen; wenn sie für den negativen Befund zu unlauteren Mitteln greifen, wird die Sache aber kriminell – und von einem »Kavaliersdelikt« kann man in diesem Zusammenhang kaum sprechen!

Folgende Episode wird uns Ende der sechziger Jahre aus der Berliner Studentenszene berichtet: Die beiden engen Freun dinnen zweier Studenten bekamen fast auf den Tag genau beide ein Baby. Sie freuten sich riesig, ohne zu wissen, was hinter ihrem Rücken für ein übles Komplett ausgeheckt wurde. Die beiden Männer nämlich wollten die Vaterschaft anzweifeln, wollten sich nicht mit Unterhaltszahlungen belasten, die ihre schwierige finanzielle Situation noch komplizierter gestaltet hätte. Sie verfielen deshalb auf eine extrem arglistige Idee.

Kaum waren die beiden Mädchen aus dem Krankenhaus, als jeder seiner Freundin mitteilte, er sei nicht der Vater des Kindes. Den beiden Mädchen blieb nichts anderes übrig, als eine Vaterschaftsklage zu erheben. Alle mußten sich vor der Verhandlung einem Bluttest unterziehen. Im Labor erschienen die zwei Freunde mit ausgetauschten Pässen – das ist weiter gar nicht aufgefallen, denn wer sieht schon seinem Paßbild ähnlich! Natürlich kam es, wie es kommen mußte: Der Nachweis verlief negativ.

Vor Gericht konnten die beiden selbstverständlich nicht unter falscher Person auftreten, da ja die beiden Frauen auch anwesend waren und das Verwechslungsspiel sofort entlarvt hätten. Aber die beiden Tauschväter waren sich ihrer Sache ziemlich sicher. Der einzige Beweis wäre ein Fingerabdruck gewesen, der, wie üblich, auf dem Protokoll der Blutentnahme festgehalten war – aber kein Richter hatte je einen Fingerabdruck vor Gericht erneut überprüfen lassen. Zum Entsetzen der beiden Frauen, die absolut keinen Zweifel an der wahren Vaterschaft hatten, sprach das Gericht die Väter aufgrund der erstellten Gutachten von jeglicher Unterhaltszahlung frei.

Aufgeflogen ist die Sache erst, als sich einer der beiden Schwindler, von Gewissensbissen geplagt, seinem ehemaligen Verteidiger anvertraute. Dieser konnte ihn überzeugen, den Fehler einzugestehen.

Für die gerichtsmedizinische Arbeit hatte speziell dieser Fall insofern Folgen, als daraufhin in Berlin beschlossen wurde, die Fingerabdrücke durch Fotografien zu ersetzen. Jetzt kann der Richter wesentlich einfacher feststellen, ob der zur Blutprobe erschienene Mann mit dem vor Gericht stehenden wirklich identisch ist.

Eher heiterer Natur war eine andere Begebenheit aus Münster, die sich einige Jahre früher ereignete und in der freundschaftliche Bande, kompliziert verwickelt, ebenfalls »Früchte« trugen. Nach dem sechsten Kind seiner Frau wurde ein Bergmann mißtrauisch; er zweifelte die Vaterschaft an. Der Blutnachweis ergab, daß nur ein einziges Kind von ihm war. Solchermaßen überführt, gab die Ehefrau ein jahrelanges Verhältnis mit seinem Bergwerkskumpel zu. Der hatte sich zu helfen gewußt: Hatte der Mann Tagschicht, gab sich der andere ein Stelldichein und nahm die Nachtschicht . . .

KAPITEL 11

Von Scheintod und Leichenstarre:
Der Zeitfaktor des Verbrechens

Schließen Sie ihre Augen, mon cher, anstatt sie weit zu öffnen. Benutzen Sie die Augen des Verstandes, nicht jene des Körpers. Lassen Sie die kleinen grauen Zellen in Tätigkeit treten . . . lassen Sie es ihre Aufgabe sein, Ihnen zu zeigen, was sich tatsächlich ereignete.

Hercule Poirot (Agatha Christie)

Der Fall mit dem Haustürschlüssel

Wir schreiben den 2. September des Jahres 1923. Anna Welch wird gerade zu Grabe getragen. Es ist kühl, fast regnerisch: die Stimmung der kleinen Gruppe vor dem Grab ist ebenfalls kaum dazu angetan, die fröstelnde Atmosphäre vergessen zu lassen.

Anna Welch, erst Mitte zwanzig und schwanger, hatte sich erhängt. Die Familie der Toten und ihre Freunde wußten jedoch, daß Anna für diesen Selbstmord nicht verantwortlich war, in ihn hineingetrieben worden war: von ihrem Mann, der sie seit längerer Zeit beinahe ungeniert betrog, flüchtige Damenbekanntschaften sogar mit in die Wohnung genommen hatte. Das hat Annas Vater zu der erzürnten Äußerung provoziert, ihr Mann habe seine Tochter umgebracht. Der so Angesprochene – Sicherheitsbeamter in Wien – brachte den erregten Vater deswegen umgehend und persönlich zur nächsten Polizeistelle. Dort mußte er klarstellen, daß er das nicht wörtlich, sondern nur in übertragenem Sinne gemeint habe. Immerhin hätte der Schwiegersohn seine Tochter zum Selbstmord getrieben.

Nun also wurde sie zu Grabe getragen und mit ihr die noch ungeborene Frucht des Leibes. Gebete wurden gesprochen. Da plötzlich hörte man laute Schritte, zwei Polizisten traten an das Grab, unterbrachen jäh die Andacht. Sie teilten mit, daß die Beerdigung aufgrund einer polizeilichen Anzeige untersagt und die Leiche zur Sektion in das Institut für gerichtliche Medizin gebracht werden müsse. Aller Protest der Angehörigen half nichts, der Sarg wurde beschlagnahmt und wortlos abtransportiert.

Der Vater ließ sich sofort zur Polizeibehörde bringen und über die Vorfälle aufklären, die zu der peinlichen Szene am Grab geführt hatten. Nach Ermittlungen der Polizei kursierten Gerüchte, nach denen Frau Welch von ihrem Mann ermordet, genauer: vergiftet, worden sein sollte.

Wieder einmal hatten die Behörden zum Tatort keinen ausgebildeten Gerichtsmediziner entsandt: Er war zur fraglichen Zeit in Urlaub, so daß ein Vertreter der Pathologie seine Aufgabe übernahm. Alle Bedenken der Polizisten, die schon am

Tatort einige Umstände für sonderbar hielten, wischte er mit seiner Obduktion glatt vom Tisch. Sein Gutachten endete mit den Sätzen: »Selbstmord liegt zweifellos vor und dürfte schon gestern abend ausgeführt worden sein. Die Leiche, welche in der Wohnung belassen wird, eignet sich zur gewöhnlichen Beschau und Beerdigung.«

Wie so oft, hatte es auch am Tag des Todes von Anna Welch heftige Streitereien zwischen den beiden Ehepartnern gegeben; Nachbarn des hellhörigen Wohnhauses hatten das bestätigt. Nicht viel später war Anna auf einen kurzen Besuch zu einer Nachbarin gegangen, der sie schon öfters ihr Herz ausgeschüttet hatte; ihr teilte sie mit, ihr Mann hätte sie wieder einmal heftig beschimpft. Vor allem habe er sie wegen des Haustürschlüssels angeschrien, den sie auf sein Befragen nicht finden konnte. Der sollte nun im weiteren Verlauf der Ermittlungen zum Mittelpunkt der Affäre werden. Abgesehen davon war Annas Erwähnung dieses Schlüssels ihre letzte Lebensäußerung.

Am nächsten Morgen um sieben Uhr früh vernahmen Nachbarn ein lautes Klopfen, das minutenlang andauerte. Jemand streckte den Kopf aus der Tür, um zu sehen, was da draußen vorging. Da stand Herr Welch und schlug an seine Haustür. Eines der Glasfenster war herausgeschlagen. Welch erklärte der verdutzten Nachbarin, er könne nicht in seine Wohnung, weil der Riegel von innen zugeschoben sei. Er habe versucht, ihn durch das eingeschlagene Fenster zu erreichen, doch das sei ihm nicht gelungen. Er war offensichtlich in Sorge, denn seine Frau reagierte auf sein Klopfen nicht. Er machte sich nun auf, um einen Schlosser und einen Wachmann zu holen. Die drei Personen betraten eine halbe Stunde später den Hausflur. Wie ein Lauffeuer hatte sich die Nachricht verbreitet, etliche Türen öffneten sich, neugierige Blicke lugten den Männern nach, als sie die Treppe in den zweiten Stock hinaufstiegen.

Dem Wachmann gelang es schließlich, die Tür auch ohne Hilfe des Schlossers zu öffnen: Durch das eingeschlagene Türglas ließ sich ein zum Flur führendes Fenster öffnen, durch das der Riegel leicht zur Seite zu schieben war. Welch und der Polizist betraten die Wohnung als erste. Schon durch die geöffnete Zimmertür sahen sie Anna Welch, unterhalb des Fensters auf einem Stuhl sitzend – erhängt! Die um den Hals gelegte Schnur war oben am Fensterkreuz befestigt. Der Polizist erinnerte sich später auf Befragen, daß der Körper der Frau beim Abschneiden des Strickes nicht tiefer gesunken sei, ja, er habe eigentlich überhaupt keine Fallbewegung der Toten wahrgenommen. Unter dem Rock der Leiche fand man einen Brief, offensichtlich einen Abschiedsbrief, den der Wachtmeister an Franz Welch aushändigte. Inzwischen waren schon etliche Nachbarn vor der geöffneten Haustür versammelt und blickten entsetzt auf den toten Körper der werdenden Mutter.

Die einen Tag später routinemäßig durchgeführte Befragung dieser Leute zerrte einige Details ans Licht, die trotz des ärztlichen Gutachtens einen Mord nicht mehr ausschließen konnten. Vor allem die Aussage jener Vertrauten ließ die Polizei Anklage gegen den Ehemann erheben. Sie erzählte, Anna sei vor einiger Zeit zu ihr gekommen und habe die Vermutung geäußert, sie sei von ihrem Mann vergiftet worden. Sie berichtete ihrer Vertrauten, daß Zwetschgenknödel, bei deren Zubereitung ihr Mann zu Hause war (er hatte dann aber vor dem Essen die Wohnung verlassen), bei ihr starkes Erbrechen ausgelöst hätten; sie habe sich miserabel gefühlt. Doch da die Übelkeit einen Tag später vergangen war, hatte sie der Sache keine Bedeutung mehr beigemessen und sich gegen den Vorschlag verwehrt, den Knödel untersuchen zu lassen. Aufgrund dieser Aussage fiel dem Polizisten wieder ein, wie einfach es schließlich war, in die Wohnung zu gelangen. Er wunderte sich nun, warum Franz Welch dabei so große Schwierigkeiten hatte, obwohl er doch mit den Gegebenheiten durchaus vertraut war. Daraufhin befragt, äußerte Welch, er sei so aufgeregt gewesen, als seine Frau auf sein Klopfen nicht öffnete, daß er nicht mehr ganz Herr der Lage war, sondern nur schnell zur Polizei rannte. Er hatte gleich vermutet, so Welch, daß etwas Schreckliches passiert sei.

Unterdessen lag die Leiche im gerichtsmedizinischen Institut, wo sie von Dr. Anton Werkgartner und Professor Albin Haberda erstmals fachmännisch aufgeschnitten und untersucht wurde. Die Tote befand sich dabei schon im Zustand hochgradiger Fäulnis, »so daß der Körper sehr stark gedunsen und die Oberhaut in großen Blasen (durch Austritt von Fäulnisflüssigkeit) abgehoben war. Die Lederhaut war größtenteils grün verfärbt, und fast überall war es in den inneren Teilen der Leiche zur starken Durchtränkung mit Blutfarbstoff gekommen.« So schrieben sie in ihrem ausführlichen Gutachten. Annas Hals wies eine Strangfurche auf, die nach ihrer Form von einer dünnen, ziemlich glatten Schnur herrühren mußte. Aus dem Verlauf dieser Furche ging hervor, daß sie doppelt um den Hals geschlungen war. Nun, auch der typische Bruch des Kehlkopfhornes konnte durch die Strangulation erklärt werden. Aber ein anderer Befund am Kehlkopf machte die beiden Gerichtsmediziner sofort stutzig: der doppelte Bruch der vorderen Spange des Ringknorpels, in Zusammenhang mit blutunterlaufenen Gewebestellen. Beim Erhängen entsteht dieser Bruch höchst selten und eigentlich nur, wenn der Kehlkopf infolge hochgradiger Altersveränderung besonders brüchig ist. Aber der Kehlkopf Anna Welchs, die erst 24 Jahre alt war, zeigte sich sonst ungemein elastisch und nicht im mindesten spröde oder gar brüchig. Der Schluß der Gutachter war eindeutig: Diese Verletzung konnte niemals durch Erhängen verursacht worden sein; hier lag ein eindeutiger Beweis dafür vor, daß das Opfer gewürgt oder erdrosselt worden war.

Abschließend ließen sie eine Frage offen: »Ob dieses Würgen oder Drosseln den Tod herbeigeführt hat und die Frau erst als Leiche aufgehängt worden ist oder ob vielleicht sie, durch das Würgen oder Drosseln bewußtlos, aufgehängt wurde, vermögen die Gefertigten aus dem Leichenbefunde nicht zu beurteilen. Es läßt sich aber auch nicht mit voller Bestimmtheit ausschließen, daß Anna Welch im Streit gewürgt wurde und daß sie sich alsbald nachher selbst erhängt habe.«

Die folgenden polizeilichen Erhebungen belasteten Franz Welch so sehr, daß er in Untersuchungshaft genommen wurde. Das ursprünglich für einen Abschiedsbrief gehaltene Schreiben war, so stellte sich jetzt heraus, gar nicht von Anna Welch geschrieben worden; es handelte sich dabei um einen Brief, den ihre Schwiegermutter an Anna geschickt hat. Die darin niedergeschriebenen Beschimpfungen galten nicht Franz, sondern Anna. Ihr Ehemann behauptete nun, Anna habe sich wegen des Briefes aus Gram selbst umgebracht. Dazu konnte er mehrere Zeugen benennen, die versicherten,

Anna habe Selbstmordabsichten geäußert. Allerdings hatte sie zu anderen Gegenteiliges gesagt: Sie werde ihrem Mann nicht die Freude machen, einen Selbstmord zu begehen.

Es war bekannt, daß Welch intime Beziehungen zu anderen Mädchen unterhielt. Einer von ihnen hatte er sogar die Heirat versprochen. Mehrfach sagte er zu ihr: »Ich muß Witwer werden, von einer Scheidung habe ich nichts.« Trotz alledem gelang es Welch, sich geschickt aus der Schlinge zu ziehen – wenn dieser etwas rüde Vergleich mit dem Tod seiner Frau gestattet ist.

Es war nun ausschließlich Aufgabe der Gerichtsmediziner, Licht in das Dunkel dieser Angelegenheit zu bringen und genügend Indizien für die Entlarvung des Mörders bereitzustellen.

Mitte Oktober wurden deshalb die beiden Gutachter Werkgartner und Haberda gerichtlich aufgefordert, selbst den Tatort zu inspizieren und ein ergänzendes Gutachten zu erstellen. Dieser Augenschein brachte nicht viel Neues zutage. Auch danach konnten sie kein eindeutiges Votum dafür abgeben, ob Anna Welch erwürgt wurde oder ob die Würgemale nur von einer nicht zum Tode führenden Verletzung stammten. Vom Staatsanwalt darauf befragt, warum sie dazu nicht Stellung nehmen wollten, ließ sich der Institutsvorstand Professor Haberda mit all seiner Persönlichkeit darüber aus, daß es leider noch immer nicht üblich wäre, bei solchen Todesarten den Gerichtsmediziner in jedem Fall zu Rate zu ziehen. Die vorliegende Panne hätte so verhindert werden können. Beispielsweise sei nicht einmal mehr feststellbar, ob die Leiche bei ihrer Auffindung am Hals bekleidet war oder nicht, ob also zwischen Schnur und Haut Stoff lag. Das wäre aber wichtig für die Interpretation der Würgemale und Strangfurchen. Ebenso sei nichts Näheres über die Leichenstarre vermerkt; im Gutachten heiße es nur, Totenstarre und Leichenflecken seien deutlich ausgeprägt. Weitere Details wären gerade in diesem Punkt von größter Bedeutsamkeit. Denn kam sie lebend oder nur wenig nach ihrem Tod an den Strang, dann mußte sich das Blut in ihrer sitzenden Stellung nach unten senken. Hatte die Leiche dagegen erst Stunden auf dem Rücken gelegen und wurde erst später in sitzende Stellung gebracht, dann wären die Totenflecken vorwiegend auf dem Rücken zu finden.

Der einzige Hinweis könnte von dem Polizisten stammen, der angab, daß er bei der Auffindung der Leiche am Tatort ihren Kopf noch beweglich fand. Da Anna Welch aber zu diesem Zeitpunkt schon länger tot war, sprach das für eine nachträgliche Manipulation an der Leiche, die die Totenstarre wieder löste. Warum? Weil erfahrungsgemäß die Leichenstarre genau an jenen Muskeln der Nacken- und Halspartien zuerst einsetzt und sich von hier über den gesamten Körper ausbreitet. Wenn nun aber gerade diese Nackenmuskeln wirklich locker waren, muß die Tote nach ihrem Ableben noch in ihrer Lage verändert worden sein – beispielsweise bei ihrer nachträglichen »Erhängung«.

Abschließend erwähnte Haberda noch einen Aspekt, der ihn von seiner gerichtsmedizinischen Erfahrung aus ebenfalls an einem Selbstmord zweifeln ließ: Der Magen der Toten war stark gefüllt. Das Opfer mußte also kurz vor seinem Tod noch ausgiebig gegessen haben. Für Selbstmörder ein eher untypisches Verhalten.

Die Lage für Franz Welch wurde allmählich prekär. Immer drohender wurden die Beschuldigungen, er habe seine Frau ermordet. Er versuchte zu retten, was noch zu retten war. Mit dem Mute der Verzweiflung erklärte er, der belastende Bruch des Kehlkopfes und die Lösung der Totenstarre seien auf andere Weise zustande gekommen, als vom Gericht angenommen. Er gab an, die Leiche sei in einer »schleimigen Lache« gelegen, deshalb habe er sie beim Hals gepackt und weggezogen, um die eklige Flüssigkeit vom Boden aufzuwischen. Dabei sei er ausgerutscht und konnte sich nur durch ein kräftiges Anpacken am Hals der Leiche vor einem vollständigen Sturz schützen. Dabei habe er ein leichtes Knacken gehört und vermute nun, daß das die Ursache für den Bruch des Kehlkopfes war.

Obwohl mehrere Zeugen versicherten, die Leiche habe in überhaupt keiner Flüssigkeit gelegen, wollte das Gericht nichts unergründet lassen. So holte der Untersuchungsrichter auch hier das Gutachten eines sachverständigen Gerichtsmediziners ein. Dieser hielt es für gänzlich ausgeschlossen, daß diese Verletzung erst nach dem Tod zugefügt worden wäre. In seiner langjährigen Praxis sei so etwas noch nie vorgekommen.

Die blutig-rote Verfärbung des noch vorhandenen Zellgewebes um den Kehlkopf herum sprach eindeutig für eine Verletzung, die einem lebenden Körper zugefügt wurde. Trotzdem: Um ganz sicher zu gehen, hatte er bei drei Frauenleichen im Alter von 27, 30 und 33 Jahren einschlägige Versuche angestellt. Sie wurden über den Fußboden geschleift und der Hals dabei in der vom Beklagten beschriebenen Weise kräftig gepackt und gestoßen. In keinem der Experimente kam es zu irgendeiner Verletzung des Kehlkopfes – und auch die blutunterlaufenen Stellen waren nirgends zu finden.

Während dieser Verhandlungstage geriet auch das Alibi Welchs ins Wanken. Bisher hatte er dank mehrerer Zeugenaussagen von diversen weiblichen Bekanntschaften ein so gut wie lückenloses Alibi vom Mittag des umstrittenen Tages bis zum nächsten Morgen, an dem die Leiche entdeckt worden war. Den Abend und die Nacht hatte er laut bestätigter Aussage bei Marie Bletschek zugebracht. Die intensive Befragung der Hausbewohner ergab jedoch etwas anderes: Eine Nachbarin gab an, ihr Sohn habe Franz Welch zwischen sieben und halb acht Uhr abends vor dessen Tür gesehen. Sie hatte ihn zu Anna Welch schicken wollen, um sie für den Abend ins Kino einzuladen. Als der Junge aber Franz Welch sah, machte er kehrt. Vor Gericht befragt, konnte der Jugendliche diese Aussage glaubhaft wiederholen.

Inzwischen beging Franz Welch den allergrößten Fehler: Er weihte einen Zellengenossen, den er offenbar wegen seiner Intelligenz schätzte, in die wirklichen Geschehnisse ein. Wahrscheinlich erhoffte er sich von ihm Rat in seiner für ihn doch schon aussichtslos erscheinenden Verteidigung. Um Informationen darüber zu erhalten, wie man gegen die ärztlichen Gutachten angehen könnte, schilderte er alle Details des Mordes und erstellte sogar eine Zeichnung über Lage und Stellung der Riegel an der Tür und des danebenliegenden Fensters.

Der Mithäftling, dem nach eigener Aussage vor diesem schauerlichen Zyniker graute, hat wohl die wahren Vorfälle nicht ganz uneigennützig offengelegt; denn selbstverständlich brachte ihm, der als Betrüger und Wechselfälscher hinter Schloß und Riegel saß, diese Aussage bei seinem eigenen Prozeß eine nicht unbedeutende Strafmilderung. Kurzum, er berichtete haargenau, was ihm Welch in der Zelle alles mitgeteilt hatte.

Am Mordtage hatte es wegen des Briefes von Welchs Mutter wieder einmal heftigen Streit gegeben; dabei war Welch aufgeregt auf seine Frau losgesprungen, hatte sie bei der Gurgel gepackt und den Hals zusammengedrückt. Als sie tot war, hat er sie einfach hingelegt und ist davongelaufen. Erst am Abend kam er wieder in die Wohnung, um den Selbstmord vorzutäuschen. Beim Verlassen hat er das Fenster geöffnet, hinter sich die Tür verschlossen, durch das Fenster die Schlüssel seiner Frau angesteckt und den oberen Türriegel vorgelegt. Das Gangfenster hat er nur fest zugezogen. Am nächsten Morgen schlug er das Türglas ein, um das Fenster schließen zu können. Kurz darauf erschien die Nachbarin – die weiteren Geschehnisse waren bekannt.

Der von Welch verzweifelt vorgebrachte Versuch, die Mitteilung seines Zellengenossen als Rache an seiner Person hinzustellen, schlug fehl. Niemand glaubte ihm, daß er seinem Kumpan das Versteck entlockt hatte, in dem der seine gestohlenen Gelder verborgen hielt, und der ihn deshalb aus dem Wege schaffen wollte. Es hörte eigentlich kaum noch einer richtig hin. Wild schlug der Überführte um sich; er wußte, was auf ihn zukam: lebenslänglicher Kerker.

Klingelzug für einen Toten

Als in den sechziger Jahren in den Vereinigten Staaten die Mode grassierte, in Gräber Telefone einzubauen, war das alles andere als eine neue Erscheinung. Zumindest die dahinterliegende Vermutung, der Mensch könnte vielleicht noch leben, nur »scheintot« sein, zählt zu den ältesten menschlichen »Todesängsten«. Um dem Schrecken des Scheintodes seine Macht zu nehmen, war nun das beste verfügbare Kommunikationsmittel, das Telefon, gerade gut genug. Sonderbar ist die Sache eher unter dem Gesichtspunkt, daß die Medizin heute viele Möglichkeiten besitzt, den Tod eines Menschen zweifelsfrei festzustellen.

Daß diese Furcht früher jedoch zu Recht bestanden hatte,

belegen zahllosen Fälle, in denen Tote wieder »auferstanden«, einfach weil sie bei lebendigem Leib begraben worden waren. Das führte zu allerhand abenteuerlichen Gerüchten über das verborgene Leben von Scheintoten, den sogenannten »Wiedergängern«.

Nicht gänzlich von der Hand zu weisen ist beispielsweise jenes von Vesalius überlieferte Vorkommnis bei der Einbalsamierung der sterblichen Hülle Kardinals Ximenes', der während dieser Prozedur die Augen aufschlug und sich aufrichtete. Sofort griff er wie in Trance nach dem Arztmesser. Aus Furcht vor möglichen Folgen soll der Wundarzt selbst danach gegriffen und damit auf den plötzlich zu neuem Leben erweckten Körper eingeschlagen haben. Das aber führte nun endgültig zum Exodus. Auch von Abé Prevost erzählt man sich, er sei im Oktober 1763 bei einem Waldspaziergang vom Schlag getroffen und umgehend ins Pfarrhaus gebracht worden, wo die Leiche gerichtlich seziert werden sollte. Bei den ersten Schnitten ertönte zur Überraschung aller Anwesenden ein ängstlicher Schrei des Unglücklichen, »worauf sein Tod erfolgte«. Mehr als einmal sollen Scheintote auf dem Seziertisch kurz erwacht, dann aber verblutet sein.

Man blieb vorläufig skeptisch, und Ärzte waren oft selbst ratlos, wenn es darum ging, den Eintritt des Todes untrüglich zu bestätigen. So riet der Arzt A. C. Mayer im »Journal der praktischen Heilkunde« zu folgendem: »Mann sollte eine Partie Muskeln eines Gliedes mit der Hand umfassen und stark zusammenpressen. Ist noch ein hoher Grad von Reizbarkeit vorhanden, so soll man die Muskeln Zittern und beim stärkeren Pressen ein Zucken des Gliedes fühlen.« Diese schon recht fragwürdige Methode ergänzt er noch durch einen weiteren höchst eigenwilligen Test: An Hand und Fuß soll ein Kreuzschnitt vorgenommen und die Glieder unter Wasser gehalten werden; entwickeln sich daraus Luftblasen, so sei das ein untrügliches Zeichen für die beginnende Verwesung des Körpers.

Wie verbreitet die Sorge, lebendig begraben zu werden, selbst um die Jahrhundertwende noch war, läßt folgende Episode erahnen: Ein tödlich getroffener Offizier, von Placzek als »geistig hervorragend« beschrieben, rang ihm das Zugeständnis ab, post mortem die Pulsadern zu öffnen: sicher ist sicher! Zur gleichen Zeit fand man in vielen Leichenhallen Klingelzüge; mehrfach konnten zu Bewußtsein gelangte Scheintote auf diese Weise den Wärter herbeirufen. Seit der Entdeckung der Elektrizität am Ende des vorigen Jahrhunderts waren Eifrige nimmermüde, diese epochenmachende Erkenntnis auch den Scheintoten zugute kommen zu lassen. Geschäftstüchtige Erfinder konstruierten deshalb »elektrische Läuteapparate«, die – im Grabe aufgestellt – bei der kleinsten Bewegung des »Leichnams« sofort Alarm schlagen sollten.

Es sind auch aus unserem Jahrhundert verbürgte Fälle bekannt, in denen für tot gehaltene Personen tatsächlich noch am Leben waren. Im Oktober 1919 wurde beispielsweise im Berliner Tiergarten eine leblose Frau gefunden und von einem Arzt für tot erklärt; er hatte sogar den Beginn der Leichenstarre festgestellt. Sie wurde daraufhin ordnungsgemäß in die Leichenhalle überführt. Erst am nächsten Morgen fiel einem Kriminalbeamten, der wegen der Identifizierung ins Leichenschauhaus gekommen war, auf, daß die Frau noch am Leben war. Umgehend wurden Wiederbelebungsversuche unternommen – die Frau lebte daraufhin noch zwei Jahrzente. Sie hatte größere Mengen Schlaftabletten zu sich genommen und war, wegen der kalten Außentemperatur stark unterkühlt, in einem todesähnlichen Zustand gewesen.

Die moderne Gerichtsmedizin hat inzwischen technisierte Lebensproben bereitgestellt. Bei der Röntgenprobe zum Beispiel ergibt die Auswertung einer Röntgenaufnahme des Brustkorbes Randkonturen des Herzschattens, die auf noch vorhandene Herztätigkeit hinweisen. Die Fluoresceinprobe ist eine Injektion von Fluorescein-Natrium, die mit Wasser verdünnt in die Blutadern gespritzt wird. Dabei färben sich nach etwa einer halben Stunden Augenbindehäute und Schleimhäute gelb. Bei lebendem Organismus vergeht diese Färbung aber nach gewisser Zeit. Schließlich läßt eine Elektrokardiographie den Schluß zu, ob Herzaktionsströme noch vorhanden sind. Diese Proben haben jedoch den Nachteil, daß sie sich eigentlich nur stationär durchführen lassen und auf »freiem Feld« nicht anwendbar sind. Frühere Jahrhunderte hatten es da schwerer.

Während Zachias im 16. Jahrhundert nur die einsetzende Fäul-nis eines Körpers als sicheres Todeszeichen gelten ließ, hatte man seit dem beginnenden 18. Jahrhundert schon die Toten-starre im Blick. Sie war erstmals von dem Belgier Pierre Nysten systematisch untersucht worden. Seiner Meinung nach be-gann sie am Kiefer und im Nacken, setzte sich von hier über Hals und Arme bis zu den Beinen fest. Nach drei bis vier Ta-gen, so seine Angabe, löst sie sich dann wieder in gleicher Rei-henfolge. Es begann eine rege Forschertätigkeit zu diesem Pro-blem, nun, da ein Anfang getan und das Feld den Medizinern eröffnet war. Sie stellten fest, daß die von Nysten pauschal ab-gegebenen Regeln in vielen Fällen nicht ganz zutreffen, gewis-ser Ergänzungen und Einschränkungen bedürfen. Doch der Bann war gebrochen. Ehe daraus für die praktische Anwen-dung bei der Aufklärung von Verbrechen konkrete Ergebnisse vorlagen, dauerte es noch Jahrzehnte. Die erhoffte Anwen-dung war klar: Rückschluß über den Zeitpunkt des eingetrete-nen Todes und damit der Tatzeit.

Mit noch längerfristigen Totenerscheinungen befaßte sich Johann Ludwig Casper, der aufgrund seiner Beobachtungen Mitte des 19. Jahrhunderts die erste forensische Faustregel der Leichenfäulnis aufschrieb: Verwesung an der Luft nach einer Woche, im Wasser nach zwei und im Erdgrab nach acht Wo-chen. Auch hier dauerte es, bis man diese Daten weiter zu veri-fizieren wußte. So weiß man heute, daß der Grad der Fäulnis von Wasserleichen stets von der Wassertemperatur und der Saugfähigkeit der Haut abhängt. Immerhin hat diese Casper-sche Regel aber bis heute Gültigkeit behalten.

Noch bevor Totenflecken auftreten; kann man inzwischen mit sogenannten »supravitalen Reaktionen« eine nähere Ein-grenzung der Todeszeit vornehmen. Darunter versteht man das biologische Verhalten von Zellen und Gewebe nach Eintritt des Todes, der die Sauerstoffzufuhr beendet. Die Zellen, die besonders viel Sauerstoff benötigen, sterben sofort ab, wäh-rend unempfindlichere den Tod des Organismus länger zu überleben imstande sind. Diese zwischen Individualtod und endgültigem Zelltod liegende Zeitspanne bezeichnet man als »intermediäres Leben«, das erst Tage nach dem Tod endet.

Unter anderem kann man Atropin in die Augen träufeln, die

typische Reaktion der Pupillenerweiterung ist bis vier Stunden nach dem Tod wahrnehmbar. Auch die mechanische Erregbarkeit – beispielsweise das Beklopfen der Oberschenkel mit einem Reflexhammer – läßt sich bis zu zwei Stunden nach dem Tod feststellen. Elektrische Reizungen der Gesichtsmuskulatur können in verschiedenen Regionen bis zu acht Stunden erhalten bleiben. Auch die Eintrocknung und Abkühlung von Körperregionen dient als Zeitskala: Die Vertrocknung der Hornhaut setzt bei offenem Auge nach etwa einer Stunde ein, eine spürbare Abkühlung des Gesichts, der Hände und Füße läßt sich eine bis zwei Stunden nach dem Tod spüren.

Eindeutige Todeszeichen, die erst im fortgeschrittenen Stadium auftreten, sind dann Totenflecken und Totenstarre. Die Totenflecken nehmen an den seitlichen Halspartien ihren Ausgangspunkt – schon eine knappe Dreiviertelstunde nach dem Tod. Die Totenstarre beginnt in der Herzmuskulatur und im Zwerchfell nach etwa einer bis zwei Stunden; von hier setzt sie sich über Kiefer und Halsregion in den gesamten Körper fest. Die Lösung beginnt nicht vor 48 Stunden und ist in der Regel nach 72 bis 96 Stunden völlig beendet.

Zu den späten Leichenveränderungen gehört die Fäulnis, die frühestens zwei Tage nach dem Tod eintritt, und die Fettwachsbildung, eine chemische Umwandlung des Organismus, die erst ein bis zwei Monate nach dem Tod beginnt. Die Gerichtsmediziner können an der weiteren Umbildung der Gliedmaßen und der gesamten Leiche auch später noch abschätzen, wie viele Jahre seit dem Tod vergangen sind.

Und Vera Brühne schweigt . . .

Als am 20. April 1960 Dr. Otto Praun und seine Lebensgefährtin Elfriede Kloo in der Villa des Arztes tot aufgefunden wurden, dachte zuerst einmal niemand an Mord. Sie lag in der häuslichen Kellerbar, er wurde im Hausflur gefunden. Wie es schien, hatte Praun zuerst seine Freundin, dann sich selbst erschossen – durch einen etwas verunglückten Mundschuß in den Unterkieferbereich. Aufgrund der bei beiden Toten von den Polizeibeamten noch festgestellten Leichenstarre legten sie die Tatzeit auf die Nacht vom 15. zum 16. April fest. Weder die ermittelnde Polizei noch der Staatsanwalt ordneten eine Obduktion an; die Leichen wurden zum Begräbnis freigegeben.

Rund ein halbes Jahr danach war der Fall allerdings noch immer nicht abgeschlossen, er begann vielmehr erst jetzt seine wahre Dimension anzunehmen. Unterdessen trieb vor allem der Sohn des Toten, Dr. Günther Praun, die Ermittlungen voran. Er stellte sich von Anfang an gegen die Selbstmordthese der Polizei. Als dann bei der Testamentseröffnung seines Vaters herauskam, daß ein Großteil des Besitzes, namentlich eine 70 000 Quadratmeter große »Ranch« an der spanischen Costa Brava, der »verflossenen« Freundin, Vera Brühne, zugedacht war, geriet sie schnell in den Verdacht, zumindest als Anstifterin für diese Tat verantwortlich gewesen zu sein. Dazu mußte aber erst einmal eindeutig nachgewiesen werden, daß Praun tatsächlich ermordet worden war.

Die weiteren Ermittlungen wurden einem neuen Team übergeben.

Offenbar beleidigt von solchen Anschuldigungen, ließ Vera Brühne über ihren Rechtsanwalt eine Exhumierung beantragen. Ende Oktober wurde die schon verwesende Leiche von Otto Praun in das Institut für Gerichtsmedizin nach München gebracht. Als Obduzenten fungierten Privatdozent Dr. Spann, der heutige Leiter des Instituts, und Dr. Hirth; zu ihrem großen Erstaunen fanden sie bei der gründlich vorgenommenen Sektion zuerst einmal, daß Praun zwei Einschußstellen im Kopf hatte: neben dem Schuß im Unterkiefer einen weiteren über dem rechten Ohr. Trotz der schon fortgeschrittenen Verwesung konnten einige Gewebe- und Hautfetzen um die Einschußwunden sichergestellt werden. Im Labor wurden sie umgehend auf Schmauchspuren untersucht, um dadurch Aufschluß über die Entfernungen gewinnen zu können, aus denen die beiden Schüsse abgefeuert wurden. Die Spektralanalyse der Hautstücke ließ keinen Zweifel: Der Ohrschuß war ein Nahschuß, aber die den Unterkiefer durchbohrende Wunde war von einem Schuß aus größerer Distanz abgefeuert worden. Die Selbstmordthese brach damit augenblicklich in sich zusammen.

Sofort wurde die Exhumierung der sterblichen Überreste von Elfriede Kloo veranlaßt. Bei ihr gab es Probleme; zwar war sie äußerlich in noch ganz gut erhaltenem Zustand, aber die sogenannte Fettwachsbildung war bei ihr schon weit fortgeschritten. Das hieß, eine Obduktion war nicht sofort möglich, weil die Leiche sonst zerbröckelt wäre. Um das zu verhindern, mußte sie vier Wochen ausgetrocknet werden – bis sie hart wie Glas war. Dann erst konnten die Gerichtsmediziner zu Werke gehen. Zwar schienen sie nur die bekannten Tatsachen zu bestätigen – Elfriede Kloo starb an einem Genickschuß und hatte dabei viel Blut verloren –, doch waren die anfangs für wenig bedeutsam gehaltenen Zusatzinformationen, die das Gutachten enthielt, von größter Wichtigkeit. Das aber sollte sich erst Jahre später herausstellen . . .

Es galt nun, den Mörder zu finden. Natürlich konzentrierten sich die Nachforschungen auf Vera Brühne und ihren jetzigen Freund, den siebenundvierzigjährigen Schlosser Johann Ferbach aus Köln. Wie die Kripo jetzt herausfand, war Praun kurz vor seinem Tod entschlossen, sein Testament zu ändern und die Brühne zu enterben. Sein ehemals ihr vermachtes Gut im sonnigen Spanien wollte er verkaufen. Sollte hier das Motiv der Mordtat liegen? Wollte Vera Brühne ihren ehemaligen Liebhaber an der Änderung des Testaments hindern, indem sie ihn und eine lästige Zeugin aus dem Weg schaffte oder schaffen ließ? Doch Vera Brühne und ihr Freund hatten für die Nacht vom 15. zum 16. April ein einwandfreies Alibi.

Nicht aber für den Abend des 14. April! Es dauerte nicht lange, und die Kriminalpolizei hatte das komplizierte Alibi der Vera Brühne für diesen Abend geknackt. Was, wenn die Tat schon einen Tag früher ausgeführt worden wäre? Auch einige andere Indizien sprachen dafür: Seit diesem Abend hatte beispielsweise niemand mehr die beiden Toten gesehen.

Es war wieder einmal ausschließlich Aufgabe der Gerichtsmedizin, Licht in das Dunkel dieser Frage zu bringen. Dreh- und Angelpunkt war die Leichenstarre der aufgefundenen Toten. Beide Kripobeamten sagten gleichlautend aus, daß die Leichen bei ihrer Auffindung in der Villa noch totenstarr waren. War es möglich, daß die Totenstarre in diesem Fall länger als die sonst angenommenen 48 bis 60 Stunden angedauert hatte?

Nur so konnte eine Tatzeit vom 14. April auch von den Sachverständigen akzeptiert werden.

Als im April 1962 der Prozeß gegen Vera Brühne und Johann Ferbach eröffnet wurde, ahnte wohl noch niemand, welche Wellen der Fall noch schlagen würde, andererseits, wie fruchtbringend er für die Gerichtsmedizin werden sollte. Wie zu befürchten war, leugneten die beiden eine Gemeinschaftstat auf das entschiedenste. Die von der Staatsanwaltschaft herbeigebrachten Kronzeugen konnten dabei nicht viel ausrichten; Brühnes Tochter, der sich die Mutter anvertraut haben sollte, wurde von der Verteidigung ebenso unglaubwürdig gemacht wie der von Ferbach angeblich ins Vertrauen gezogenen Mithäftling, der als Gauner sowieso keinen guten Stand bei Gericht hatte.

Immer wieder dieselbe Frage an die Gutachter: Kann eine Tatzeit des 14. April plausibel sein? Dazu war der Chef des Münchner Instituts, Professor Wolfgang Laves, zitiert worden, der als Spezialist für Leichenstarre internationales Ansehen genoß.

Seine Ausführungen waren eindeutig. Im Fall von Dr. Praun müßten sich die Kripoleute – wie in anderen Punkten auch – geirrt haben. Im Fall der Elfriede Praun jedoch wäre eine Leichenstarre auch nach so langer Zeit noch im Bereich des Möglichen. Sie sei schlank gewesen, habe sehr viel Blut verloren und sei im Keller auf dem kalten Zement gelegen. Diese Faktoren zusammen könnten eine verlängerte Leichenstarre bis zum fünften Tag verursacht haben.

Aufgrund dieser Ausführungen wurde das Mordduo Brühne-Ferbach zu lebenslänglicher Haft verurteilt. Aber doch: Irgendwie war das gerichtsmedizinische Gutachten nicht voll überzeugend. Sicher, man hatte das Urteil eines der erfahrensten Experten auf diesem Gebiet, aber sein Urteil basierte letztlich nicht auf exakt nachweisbaren Schlußfolgerungen. Wie in solchen Sensationsprozessen oft üblich, spornte das Kollegen und vor allem wissenschaftliche Konkurrenten an, diese Beweisführung als falsch zu überführen und sich dadurch selbst in Szene zu setzen. Wer wollte es ihnen verübeln? Dieser Umstand führte immerhin dazu, daß dem Problem der Leichenstarre im Wetteifer der Institute wichtige Geheimnisse entrissen wurden, die bislang unentdeckt geblieben waren. Die Neugier war geweckt.

In Tübingen untersuchte Professor Hans Joachim Mallach an fast 300 Leichen, wie sich die Starre im Lauf der Zeit nach dem Tod veränderte. Prinzipiell fand er nichts Neues, bestätigte das alte Wissen. Professor Balduin Forster hingegen profilierte sich zusehends mit neuen Ergebnissen – und galt bald als der schärfste Widersacher von Laves. Er konnte mit einer mathematischen Formel aufwarten, mit der sich die Leichenstarre erstaunlich genau errechnen ließ, wenn man auch Todeszeit und Raumtemperatur kannte. Forster hatte ganz richtig herausgefunden, daß auch Körpermaße dabei eine Rolle spielen, da der Gerichtsmediziner den Grad der Starre an den Beinen mißt, vor allem der Umfang der Oberschenkel und die Länge des Unterschenkels. Beide Wissenschaftler, Mallach und Forster, schrieben Anfang der siebziger Jahre Gutachten zum Fall Brühne-Ferbach, in denen sie unabhängig voneinander die Meinung vertraten, daß aufgrund ihrer Forschungsergebnisse eine Tatzeit wie die vom Gericht angenommene ausgeschlossen sei. Hatte sich der inzwischen emeritierte Professor Laves tatsächlich geirrt, waren Brühne–Ferbach einem Justizirrtum zum Opfer gefallen?

Nun betrat Wolfgang Spann wieder die Bühne des Geschehens. Er war inzwischen Professor geworden und über Freiburg als Ordinarius nach München zurückgekehrt. Hier begann er ein umfangreiches, mehrjähriges Forschungsprogramm zum Thema Totenstarre, in das fast alle dafür in Frage kommenden Leichen integriert wurden – und das waren in diesem größten Institut Deutschlands wahrlich nicht wenige. Und immer wurde der Grad der Starre von Muskeln mit der Tatzeit verglichen.

Am Ende der dreijährigen Arbeit an mehreren hundert Leichen war die von Laves vorgebrachte Meinung voll rehabilitiert, denn Spann konnte mit seinen Mitarbeitern nachweisen, daß über die bisher bekannten Faktoren hinaus ein weiterer Aspekt von einschneidender Wichtigkeit ist: die Todesursache! Am schnellsten löst sich die Totenstarre, wenn der Tod nach langer, chronischer Krankheit eintritt. Am längsten dauert sie bei plötzlichen Todesarten an: bei Schädel-Hirn-Verletzungen, wie sie Elfriede Kloo erlitten hat! Nach Spanns Urteil war es nun sogar äußerst wahrscheinlich, daß Elfriede Kloo auch nach fünf Tagen noch teilweise starr war.

Trotz dieser neuen wissenschaftlichen Erkenntnis wurde Vera Brühne zu Weihnachten 1979 nach achtzehnjähriger Haft begnadigt. Ihr früherer Gefährte Ferbach starb schon während der Haft an Herzversagen. Er hat das Geheimnis mit ins Grab genommen – aber auch Vera Brühne ist bisher nicht zu einem Geständnis zu bewegen gewesen, obwohl sie ja für die Tat gebüßt hat und nichts mehr zu befürchten hätte. Doch Vera Brühne schweigt noch immer.

KAPITEL 12

Ein wissenschaftlicher Krieg
um die Schuldfrage:
Der Halsmann-Prozeß

Es gibt nichts Trügerischeres als eine offenkundige Tatsache.
Sherlock Holmes in Conan Doyle:
Das Geheimnis von Bascombe Valley

Montag beginnt der zweite Prozeß Halsmann.
Ein angekündigter wissenschaftlicher Krieg um die
Schuldfrage

Mit dieser Schlagzeile machte die angesehene Wiener Tages-
zeitung »Neue Freie Presse« am 7. September 1929 auf die
zweite Phase des schwebenden Verfahrens um den Tod des
Zahnarztes Morduch Max Halsmann aus Riga aufmerksam,
der fast auf den Tag genau ein Jahr zuvor ums Leben gekommen war . . .

Wanderung mit tödlichem Ausgang

Es war an einem sonnigen Tag, dem 10. September 1928, als
zwei Männer eiligen Schrittes talabwärts an der Dominikushütte in den Zillertaler Alpen vorbeikamen. Zwei junge Mädchen, Marie Rauch und Marie Ossana, die gerade vor der Hütte
saßen und ein kleines Mittagessen zu sich nahmen, belustigten
sich über die beiden – einen älteren Herrn, der voranschritt
und den Rucksack trug, und einen eher schmächtigen, wenig
attraktiven jungen Mann mit entblößtem Oberkörper, einen
Gummimantel über den Arm geworfen.

»Haben es ja ziemlich eilig, die beiden Herren!« juxte die
eine Marie zur anderen; sie hatten Urlaub, waren in ausgelas-
sener Stimmung und haben dieser Szene letztlich überhaupt
keine Bedeutung beigemessen. Was sie nicht wissen konnten:
Einer der beiden Männer sollte in weniger als 15 Minuten tot
am Ufer des Wildbaches liegen – und sie selbst in die Aufklärung der Geschehnisse dieser Viertelstunde wesentlich verstrickt sein. Die Rekonstruktion der Ereignisse erfolgte ausschließlich anhand von Indizien und gerichtsmedizinischen
Gutachen, die zu ausgesprochen scharf geführten Kontrover-
sen Anlaß gaben.

Wie gesagt: Von allen den Dingen, die da kommen sollten,
ahnten die beiden jungen Frauen noch nichts. Als sie sich etwas mehr als zehn Minuten nach dieser Episode von ihren
Plätzen erhoben und den Wanderweg fortsetzten, hatten sie
die Begegnung längst vergessen. Nichtsahnend näherten sie

sich dem Tatort: Ihr Weg führte sie am Ufer des mächtigen Zamserbaches entlang, auf einem zwar oft schroff zum Ufer abfallenden, aber nichtsdestoweniger leicht begehbaren Saumweg. Mitten in ihr Scherzen und Lachen hinein platzte ein erschütterndes Bild: Sieben bis acht Meter unter ihnen, am Rande des Baches, lag, mit dem Gesicht nach unten, jener ältere Herr, den Rucksack noch um den Rücken geschnallt – bewegungslos. In den seichten Gewässern des Ufers liegend, war sogar sein Gesicht vom Wasser umspült. Soweit sie sehen konnten, hatte er eine große klaffende Wunde am Hinterkopf. Hangaufwärts sahen sie den Spazierstock – neben einem faustgroßen Blutfleck. Vom jungen Begleiter fehlte jegliche Spur.

Kurz darauf tauchte in der etwas mehr als einen Kilometer entfernten Wesendlialpe jener junge Mann auf; es war der Student Philipp Halsmann, der atemlos und außer sich der Sennerin Marianne Hofer berichtete, sein Vater sei abgestürzt. Sie holte daraufhin sofort ihren Bruder, den einundzwanzigjährigen Hirten Riederer, der sich in der Nähe der Hütte aufhielt. Mit ihm machte sich Halsmann auf den Rückweg. Unterdessen erzählte er, er habe seinen Vater nach dem Unfall aus dem Bach gezogen und glaube, daß er noch am Leben sei. Dort angekommen wunderte sich Riederer, denn wie die beiden Frauen sah er den Alten mit dem Kopf »bis zu den Ohren« im Wasser liegen und dachte dabei: »Der Sohn hat das Herausziehen aber schlecht besorgt.« Es war klar, daß der Verunglückte in dieser Stellung auf jeden Fall ertrunken sein mußte.

Riederer nahm dem Toten den Rucksack und das Fernglas ab und zog ihn dann zusammen mit Philipp Halsmann aus dem Wasser an die Uferböschung. Während sich der Sohn neben dem Toten auf einem Stein niederließ, rannte Riederer zur Dominikushütte hinauf. Auf dem Weg begegnete er den von dort aufgebrochenen Bergsteigern Nettermann und Schneider; aufgeregt berichtete er ihnen von dem Vorfall. Als sie an den Tatort kamen, fanden sie den jungen Halsmann, noch immer auf dem Stein sitzend, sichtlich verzweifelt. Auf die drängenden Fragen der beiden Bergsteiger schilderte er die letzten Minuten im Leben seines Vaters: Er sei hinter dem Vater gegangen und habe plötzlich einen lauten Schrei gehört. Einzelheiten habe er bei der Schnelligkeit und der Aufregung nicht wahrgenommen. Er sei sofort zur Absturzstelle geeilt, aber da habe der Vater schon am Bachrand gelegen.

An diesem Punkt begann die Angelegenheit schon irgendwie mysteriös zu werden. Denn während Nettermann unzweifelhaft an dieser Schilderung festhielt, die er vor Gericht mit der Bemerkung quittierte: »Ich erinnere mich genau, wie er das sagte, daran ist nichts zu rütteln«, gab sein Weggenosse Schneider – ebenso eindeutig – eine andere Version zum besten. Er gab an, Halsmann habe ihm, während Nettermann zu der Leiche abstieg, also nur wenige Minuten nach diesem Gespräch, mitgeteilt, er sei vor (!) dem Vater gegangen, hätte daher das Geschehen nicht direkt verfolgen können, weil es sich hinter seinem Rücken abgespielt hätte.

Was war nun wahr? Hatte Halsmann einmal gelogen oder einer der Zeugen? Oder hatte Halsmann vielleicht noch unter Schockeinwirkung zwei unterschiedliche Darstellungen gegeben? Die Frage lag nahe, ob überhaupt eine der beiden Aussagen der Wahrheit entsprach – oder ob beide erfunden waren.

Beide Bergsteiger wußten zumindest übereinstimmend die gleiche Stelle anzugeben, die ihnen Halsmann als Absturzstelle offenbarte. Tatsächlich war dort am Rand des Weges von einem Stein ein Stück herausgebrochen, die Böschung fiel hier in etwa vierzigprozentigem Gefälle zum Bachufer ab. Halsmann bat die beiden, die Leiche seines Vaters heraufzuschaffen. Schneider lehnte das ab, ihm graute schon vor dem Anblick von oben. Der mit einem Bergseil ausgerüstete Nettermann wollte dem Wunsch Halsmanns nachkommen. Er stieg den Geröllkegel hinunter und wollte den Leichnam gerade heben, als ihm in den Sinn kam, daß er vielleicht besser daran täte, ihn an der vorgefundenen Stelle zu belassen. So rief er Halsmann hinauf, er wäre zu schwer. Als Nettermann die Umgebung inspizierte, fiel ihm eine Brieftasche auf, die aufgeklappt auf einem aus dem Wasser ragenden Stein lag. Zusammen mit dem Fernglas gab er sie in den blutbesudelten Rucksack und brachte diesen zu Halsmann.

Es ist müßig, darüber zu diskutieren, aber wahrscheinlich hätte der Fall einen anderen Verlauf genommen, wäre da nicht ein Hund als erfolgreicher, wenngleich unbeabsichtigter Fährtensucher aufgetaucht. Er näherte sich mit seinem neugierigen

Herrn, dem Besitzer der Dominikushütte, den der Hirte Riederer von den Geschehnissen unterrichtet hatte. Trotz seines Gipsbeines, das ihm nur ein mühsames Gehen am Krückstock erlaubte, war er heruntergekommen, um das sensationelle Geschehen mit eigenen Augen zu verfolgen. Fast zehn Meter von dem von Halsmann als Absturzstelle deklarierten Wegstück begann sein Hund plötzlich zu scharren und zu schnuppern und dann ganz kläglich zu heulen. Zuerst dachten alle, er wittere die Leiche, doch bei näherem Hinsehen bemerkte Eder Blutflecken und kleine rote Klümpchen auf einzelnen, im Boden eingelagerten Steinen. Hier war das Erdreich sichtlich aufgewühlt – so, als ob jemand mit Schuhen darüber gescharrt hätte.

Als Eder mit seinem Krückstock darin herumstocherte, kam ein reichlich mit Blut durchtränkter Boden zum Vorschein. Eder und Nettermann begannen, die Umgebung sorgfältiger zu untersuchen; nun merkten sie, daß die zur Bachseite hin angrenzenden Erlenbüsche ebenfalls mit Blut bespritzt waren; und das hohe Gras ließ eine Schleifspur erkennen. War man hier einem Verbrechen auf der Spur? Eder suchte nach einer Tatwaffe; er dachte ursprünglich an ein Schießeisen. Er fand jedoch nur einen faustgroßen Stein, der unter dem niedergelegten Gras der Schleifspur verborgen lag und reichlich Blutspuren aufwies. Bei genauerer Betrachtung konnte man daran einige kurze, abgequetschte Haare kleben sehen.

Daß hier eine Bluttat verübt worden war, erschien nun völlig klar. Man verständigte die Polizei.

Zwei Gendarmen trafen spät abends auf der Wesendlialpe ein, vernahmen noch die Zeugen und sicherten die ersten Spuren.

Erst am nächsten Nachmittag traf die Gerichtskommission aus Innsbruck ein. Leider stand ihre Tätigkeit unter keinem guten Stern: Ein mehrstündiger starker Gewitterregen hatte eingesetzt, bevor sie den Tatort erreicht hatten. Zwar hatten die Polizisten den Stein sichergestellt und versucht, die Blutspuren mit Planen, so gut es eben ging, vor den herabstürzenden Wassermassen zu schützen, doch sonst waren alle Spuren – Schuhabdrücke und andere vielleicht wichtige Hinweise auf dem Boden – weggeschwemmt worden.

Dr. Fritz und Dr. Vonbun, Mitarbeiter am Institut für Gerichtsmedizin in Innsbruck, nahmen die provisorische Leichenöffnung in der fensterlosen Scheune der Alphütte vor, die Bedingungen waren denkbar ungünstig. Doch ihr Urteil war eindeutig und klar: Max Halsmann, Zahnarzt aus Riga, war durch zahlreiche Hiebe und Schläge umgekommen. Von einem Absturzunglück konnte keine Rede sein!

Neben einer Anzahl von kleineren Wunden, die über den ganzen Kopf verstreut lagen, war vor allem eine große Wunde in der Mitte der Stirn zu sehen sowie zwei Gruppen von Wunden innerhalb des Haarwuchses, einmal oben hinter dem rechten, einmal hinter dem linken Ohr. In allen Wunden fand man kleinste Steinkörnchen und Steinbröckelchen. Selbstverständlich wurde auch der Stein mit den Blutspuren und Haaren im Laboratorium der Universität einer genauen Untersuchung unterzogen. Die Haare, das konnte man nach der mikroskopisch-chemischen Analyse eindeutig sagen, waren mit denjenigen von Halsmann indentisch; das Blut erwies sich als menschlichen Ursprungs, mehr konnte man dazu nicht sagen. In den zwanziger Jahren fehlte noch der eindeutige Nachweis von Blutgruppen, der erst später für die Gerichtsmedizin eröffnet wurde. Immerhin hielten es die Mediziner in ihrem Gutachten für unbestreitbar, daß zumindest ein Teil der Wunden von diesem Stein herrührte.

Die Gutachter vermuteten weiter, daß der Täter wohl angenommen habe, die Leiche würde durch den reißenden Bach weiter talabwärts geschwemmt; das verhinderte jedoch die Tümpelbildung am Ufer des Baches.

Daraufhin wurde Philipp Halsmann, Student der Technischen Hochschule in Dresden, in Untersuchungshaft genommen. Man bezichtigte ihn des Vatermordes! Ehe der endgültige Richterspruch gefällt wurde, war er einem einjährigen Martyrium ausgesetzt, in dessen Verlauf besonders der Wiederaufnahmeprozeß eine starke politische Bedeutung erhielt.

In der ersten Schwurgerichtsverhandlung blieb Halsmann junior bei der zuerst gegebenen Darstellung der Vorfälle; seine Originalaussage: »Zur Zeit des Unfalles hatte ich vor meinem Vater, der noch etwas rascher ging als ich, einen Vorsprung von sechs bis acht Metern. Auf einmal hörte ich hinter mir, als ich genau an der Stelle war, an der man später Blutspuren gefunden hat, einen leisen Schrei. Ich drehte mich um. Da stand mein Vater auf der . . . bezeichneten Stelle, schräg rückwärts nach hinten geneigt, am Weg. Ich sehe dieses Bild heute noch wie auf einer photographischen Platte fixiert vor mir. Den Absturz selbst konnte ich nicht beobachten, weil mir von meinem Standpunkt aus der Einblick in die Kurve nicht möglich war . . . Als ich den Schrei gehört hatte, lief ich zur Unfallstelle zurück, schaute hinunter und sah meinen Vater unten im Bach liegen. Ich weiß nicht mehr, wie er lag, mir ist aber erinnerlich, daß er mit dem Gesicht nach unten gelegen ist. Ich eilte über den Abhang hinunter zu ihm und versuchte ihn aus dem Wasser herauszuziehen. Er war mir aber zu schwer, und da er noch atmete, hob ich sein Gesicht aus dem Wasser und legte es so, daß Mund und Nase aus dem Bach heraußen waren. Wenn der Zeuge Riederer richtig gesehen hat, daß mein Vater, als er zu ihm kam, mit dem Gesicht im Wasser lag, so dürfte das so zu erklären sein, daß er in seinen Todeszuckungen wieder von dem Stein, auf den ich seinen Kopf gelegt hatte, herunterfiel.«

Auf die Frage, wie er sich die Blutspuren erkläre, antwortete er: »Ich kann mich nicht mehr daran erinnern, wie es war, ich kann nur aus logischen Schlußfolgerungen heraus eine Darstellung geben.« Er gab an, sie müßten wohl durch die Griffe seiner blutigen Hände herrühren, als er den Abhang wieder hinaufkletterte. Außerdem habe er dabei plötzlich starkes Nasenbluten bekommen – wie stets bei Hitze, körperlicher Anstrengung und Aufregung. Außerdem habe er die Vorfälle dieses Tages gänzlich aus seinem Gedächtnis verdrängt, könne sich nur auf logische Rekonstruktionen verlassen.

Sein Anwalt Dr. Preßburger führte die Verteidigung in diesem ersten Prozeß dahingehend, die Ereignisse als Unfall darzustellen. Die Anklage aber lautete auf Mord, die damals nach österreichischem Recht auch Totschlag implizierte. Ihr wurde mit neun zu drei Stimmen von den Geschworenen beigepflichtet und Halsmann zu zehn Jahren schweren Kerkers verurteilt.

Der zweite Akt des Dramas begann, und mit ihm die eigentlichen Verwirrungen im Fall Halsmann. Dr. Preßburger gab sich mit dem Urteil nicht zufrieden und stützte sich bei seinem Antrag auf Wiederaufnahme des Verfahrens ausgerechnet auf das gerichtsmedizinische Gutachten, dem er wenig Überzeugungskraft bescheinigte. In allen Schriften der Verteidigung wurde von nun an betont, es handle sich laut Gutachten um drei große Wunden und es sei darin bestätigt worden, daß letztlich kein Beweis dafür vorlege, ob ein Mensch von einem bewegten Stein getroffen wird oder sich selbst gegen den ruhenden Gegenstand bewege wie im Fallen auf einen ruhenden Stein.

Tatsächlich war es so, daß im Gutachten an einer Stelle von »drei großen und mehreren kleinen Wunden« die Rede war, im weiteren aber spezifiziert, daß sich die großen aus einer Vielzahl von kleinen Wunden zusammensetzten. Bei nur drei Wunden wäre aber ein Sturz weitaus wahrscheinlicher gewesen als bei einer Vielzahl von kleinen Wunden. Eine einzige unvorsichtige Formulierung hat die Verteidigung also sofort ausgenutzt!

Was den Vorwurf der mangelnden Beweiskraft betrifft, mag man den noch jungen Gerichtsmedizinern bei Abfassung ihres Gutachtens weiter vorwerfen, sie hätten es zu knapp gefaßt. Denn tatsächlich fand sich eine entsprechende Bemerkung im Text, allerdings haben die beiden vor Gericht in der mündlichen Verhandlung ausführlich dargelegt, wieso sie trotz allem sicher waren, daß die Verletzungen nicht von einem Sturz herrühren konnten. Dem Mediziner stehen dafür meist andere, sekundäre Erscheinungen zur Verfügung, die dann doch einen eindeutigen Schluß zulassen. Anhand der Wundverläufe war zum Beispiel im Fall Halsmann klar, daß hier eine große Zahl von Hieben auf dem Kopf gelandet war; um die Wundränder hatte die rauhe Oberfläche des Steins kleine Ritzer an der Schädeldecke verursacht. Da diese Kratzer ganz parallel liefen, stand fest, daß sie nicht von einem Sturz herrühren konnten – bei dem sie in mehrere Richtungen zeigen müßten –, sondern daß mindestens mit acht Hieben auf diese Stelle eingeschlagen worden war, vielleicht aber auch noch öfter.

Jedem Gerichtsmediziner war nach dieser Obduktion klar: Die Verletzungen konnten unmöglich von einem Sturz stammen. Abgesehen davon, ein Abrutschen oder Abrollen über die von Philipp Halsmann angegebene Stelle hätte möglicherweise überhaupt keine äußeren Wunden ergeben. Diese Zusatzbemerkungen wurden jedoch, wie bei einer mündlichen Verhandlung üblich, so gut wie nicht protokolliert, lagen also nicht schwarz auf weiß vor. Auch daraus schlug die Verteidigung Kapital: Sie bezeichnete das Gutachten in seiner Gesamtheit als »dunkel«. Allen Einwänden zum Trotz kam die Verteidigung damit zum ersten Etappenziel: zur Wiederaufnahme des Prozesses.

Das Gericht hob das erste Urteil auf, entsprach jedoch nicht der Forderung der Verteidigung, den zweiten Prozeß nach Wien zu verlegen. Anscheinend erhoffte sich die Verteidigung dadurch ein strafmilderndes Urteil. Wenig vorteilhaft äußerte sich Professor Karl Meixner, zu dieser Zeit Institutsleiter der Gerichtsmedizin in Innsbruck, über die Wiener Gerichtsbarkeit dieser Zeit: »Die Freisprüche geständiger Täter durch Wiener Geschworene haben eine gewisse traurige Berühmtheit erlangt und schon öfter die Frage ausgelöst, ob man das Schwurgericht in seiner alten Form noch beibehalten soll . . . überdies scheint es mir bedenklich, in Fällen, in denen die Örtlichkeit eine solche Rolle spielt, Menschen, die mit ihr vertraut sind, als Richter auszuschließen und durch andere zu ersetzen, die vielleicht niemals in ähnlichem Gelände waren.«

Für den zweiten Innsbrucker Prozeß, der am 9. Oktober 1929 begann, wurden zwei neue Gutachter bestellt, neben Meixner auch sein Wiener Kollege Professor Anton Werkgartner. Mehr als 50 Zeugen waren vorgeladen, um die Hintergründe der Vater-Sohn-Beziehung, um die Persönlichkeit und mögliche Täterschaft Philipp Halsmanns zu durchleuchten.

Das beim Wiederaufnahmeverfahren gestellte Obergutachten kam zum gleichen Ergebnis, ergänzte nur einige Einzelheiten, deren Interpretation beim ersten Gutachten zu irrigen Annahmen verleitet hatte. Gottlob hatten die beiden ersten Gutachter den Kopf und die harte Hirnhaut Halsmanns aufbewahrt, so daß eine genaue Nachuntersuchung der Kopfverletzungen möglich war. Wie Meixner schrieb, war der Halsmann-Fall vom Gerichtsmedizinischen her nicht schwierig, ja »vielmehr ein Schulfall«. Seinen beiden Institutsmitgliedern attestierte er saubere Arbeit. In seinem nach Abschluß des Verfahrens publizierten ausführlichen Resümee der Akte Halsmann nimmt Meixner noch einmal Stellung: »Der Vater Halsmann war, sowohl als er die dichtgedrängten Verletzungen hinten oben vom rechten Ohr wie die im Bereiche des linken Ohres empfing, regungslos auf dem Boden gelegen. Das ist Voraussetzung dafür, daß ein und dieselbe Stelle so oft getroffen wird. Die Verletzungen setzen aber wenigstens zwei Stellungen voraus, und zwar muß der Kopf einmal links, einmal rechts aufgelegen sein. Daß der Vater Halsmann innerhalb der kurzen Zeit, in der die Tat sich abgespielt haben muß, zwischen den einzelnen Angriffen seine Lage oder Stellung selbst geändert hat, war gar nicht zu erwägen. Wohl aber war es möglich, daß der Täter, der den Erschlagenen zum Bach hinabbeförderte, noch einmal . . . Lebenszeichen an ihm wahrgenommen . . . und nun erneut nach einem Stein gegriffen und auf den Sterbenden losgeschlagen hat. Dieser Vorgang wiederholt sich bei Tötungen dieser Art immer wieder.

Daß man nur einen blutigen Stein mit Haaren entdeckt hat, ist nicht verwunderlich. Ein oder mehrere andere können ins Wasser geworfen, können sonstwie verborgen geblieben sein. Hat man doch auch die Brille des Getöteten nicht gefunden.«

Während die Verteidigung noch nach Gründen forschte, wie sie einen Unfall trotzdem plausibel machen, zumindest aber das gerichtsmedizinische Gutachten ins Wanken bringen könnte, erhielt sie in Professor Erismann, seines Zeichens Psychologe an der Innsbrucker Universität, überraschend einen gewichtigen Fürsprecher. Mit seinem schriftlichen Plädoyer, einer Eingabe an das Gericht, gab er dem Fall die entscheidende Wendung für die nächste Runde.

Erismann ging dabei von der Voraussetzung aus, daß Halsmann erschlagen wurde, was nach Lage der Dinge inzwischen auch von niemandem ernstlich bezweifelt werden konnte. Er griff die vom Verteidiger Dr. Preßburger im Schlußwort salopp hingeworfene Frage auf, ob möglicherweise ein Dritter die Tat habe begehen können – um diesen ominösen Unsichtbaren drehte sich in der Folge praktisch alles.

Mit dieser seitenlangen Stellungnahme griff er insofern in das Verfahren ein, als er, vielleicht unwissentlich, vielleicht auch ohne es zu wollen, der Verteidigung damit eine schlagkräftige, wissenschaftlich legitimierte Argumentation lieferte und eine völlig neue Strategie eröffnete. Seiner expliziten Meinung nach war Halsmann seinem Vater nicht um acht, sondern um weit mehr Meter voraus. Im Gebüsch lauerte der unheimliche Dritte, erschlug den Vater hinterrücks mit jenem Stein, warf ihn den Bach hinunter. Anschließend sollte er nach dieser Darstellung schnell die Blutspuren verscharrt haben, um daraufhin zum Bach hinabzusteigen und den Erschlagenen zu berauben. Weil er aber die Schritte des zurückeilenden Sohnes hörte, mußte er sein Vorhaben aufgeben, ließ die Brieftasche fallen und lief davon. Dem Jungen war inzwischen aufgefallen, daß ihn der Vater nicht einholte; er wartete etwas, eilte dann zurück und sah den Vater im Bach liegen. Das provozierte, laut Erismann, in ihm sofort den Gedanken: abgestürzt! – er spann den Gedanken rückwärts, stellte sich das Bild des abstürzenden Vaters vor und glaubte von nun an, diese Szene wirklich gesehen zu haben. Ein augenblicklich heißdiskutiertes Schlagwort fand Eingang in die Auseinandersetzung, das Schlagwort von der »positiven Erinnerungslücke«.

Die gerichtsmedizinischen Gutachter hatten da ihre Einwände. Ihrer Meinung nach war es beispielsweise unmöglich, daß der Unbekannte im Tosen des Baches die nahenden Schritte des Sohnes hätte vernehmen können; sie bezweifelten auch, daß der zurückeilende Sohn den Vater zufällig talaufwärts habe im Bach liegen sehen können, da die Sicht dorthin sehr ungünstig war. Da müßte man schon wissen, daß da jemand liegt, gezielt in die Tiefe schauen.

Längst hatte der Fall überregionales, beinahe hysterisches Interesse entfacht, wurde sogar über die Grenzen Österreichs hinaus diskutiert. In Pressemeldungen sprach man »von einem Sturm der Intelligenz, der sich orkanartig fortpflanzte, über Tirol, Österreich und Deutschland hinaus.« Warum? Weil der Halsmann-Fall inzwischen zu einem Politikum geworden war, ihm prinzipielle Bedeutung beigemessen wurde, weit über die Tatsache eines einfachen Schuldspruchs hinaus.

Wie der Name Halsmann schon vermuten läßt, war die Familie jüdischer Abstammung; in einer Zeit des öffentlich ausgetragenen Antisemitismus der politischen Rechten und der entsprechenden Gegenströmung von links erhielt der Prozeß eine weitreichend politische Dimension. Halsmann wurde von einem Großteil der Öffentlichkeit heftig angegriffen; es fanden Protestkundgebungen bereits vor der Urteilsverkündung statt. Linksgesinnte Intellektuelle hingegen bezogen ebenso eindeutig die andere Stellung, wollten Halsmann als Opfer eines staatlichen Sabotageaktes sehen. Einige Presseorgane bemächtigten sich des Falles und beschuldigten sogar die Sachverständigen, unter dem Druck der Öffentlichkeit ihre Gutachten zumindest entsprechend zu frisieren, warfen den Behörden absichtlich schlampig geführte Nachforschungen und den Geschworenen Beeinflussung durch die überwiegend voreingenommene öffentliche Meinung vor.

In der Anwaltskanzlei von Dr. Peßler, der nun die Verteidigung übernahm, meldete sich sogar ein Mann, der bereit war, für 5 000 Schilling – damals wirklich viel Geld – den Mord auf sich zu nehmen und sich verfolgen zu lassen. Er hatte schon einen ausgeklügelten Plan: Er wollte einen Selbstmord vortäuschen, sich in einen Bach stürzen und seine Kleider am Ufer zurücklassen. Er verpflichtete sich, in dem Hotel, in dem er die Nacht vor seinem angeblichen Selbstmord übernachten würde, einen Brief zu hinterlassen, in dem genau dargestellt wird, wie sich der Mord an Halsmann abgespielt hat. Preßler übergab die Angelegenheit den Behörden.

Die »Neue Freie Presse« in Wien machte den Mordfall Halsmann beinahe zu »ihrer« Sache, berichtete täglich und auf der ersten Seite über den Prozeßverlauf. Sie publizierte das Urteil von Halsmann wohlgesonnenen Persönlichkeiten wie dem Wiener Staranwalt Dr. Ernst Ruzicka: In einem langen Artikel veröffentlichte er eine weitere Variante: Der alte Halsmann sei wirklich abgestürzt, bis in den Bach, habe sich dabei eine geringfügige Verletzung mit Bewußtlosigkeit zugezogen. Während der Sohn um Hilfe eilte, erholte sich der Vater, stieg den Abhang hinauf. Während er dort noch etwas benommen saß, wurde er überfallen, ermordet, ausgeraubt und anschließend vom Mörder wieder hinabgestoßen.

So war die Stimmung angeheizt, noch bevor es in die zweite Verhandlung ging. Der Schwurgerichtssaal des Innsbrucker Landesgerichts erwies sich als viel zu klein, die zahllosen Neugierigen aufzunehmen. Schon um acht Uhr früh versammelten sich die ersten Menschengruppen, das Gebäude wimmelte von starkem Gendarmerieaufgebot.

Gleich zu Prozeßbeginn erklärte die Verteidigung, sie habe die Behauptung, es hätte sich um einen Unfall handeln können, aufgegeben; für sie liege nun die höchst begründete Vermutung eines Raubmordes vor. Bei dem von ihr weiter beantragten Lokalaugenschein sollten Fallexperimente mit einer Puppe unternommen werden. Als Versuchsleiter schlug man Professor Erismann vor!

Als nun Halsmann in der Verhandlung von Dr. Peßler nochmals nach seinen Eindrücken befragt wurde, meine er: »Plötzlich vernahm ich einen leisen, aber deutlichen Aufschrei. Ich drehte mich um, und es war mir, als ob ich meinen Vater abstürzen sehe.« Auch Halsmann hatte sich offensichtlich an die neue Variante zu halten. Die Verteidigung erörterte umgehend die Frage, ob Philipp Halsmann möglicherweise nicht den Vater, sondern den fremden Täter gesehen und ihn irrtümlicherweise – aufgrund seiner Kurzsichtigkeit – für den Vater gehalten habe. Auf die Entfernung befragt, die er vom abstürzenden Vater entfernt war, gab er ausweichende Antwort, wollte sich nicht mehr genau daran erinnern.

Schon am ersten Tag verschärfte sich die Situation zwischen Verteidigung und Sachverständigen. Hofrat Meixner erbat sich das Wort und beschuldigte den Verteidiger Dr. Peßler, Mitglieder der Innsbrucker Medizinischen Fakultät beschimpft zu haben, und behauptete, die Professoren würden durch das Verhalten der Verteidiger als Lumpen dastehen. Diese Beschuldigung quittierte die Verteidigung nach einem länger hin- und herwogenden Wortgefecht mit dem Satz: »Ich fasse das als einen Kriegszustand auf und werde daraus meine Konsequenzen ziehen. Wenn uns solche Schwierigkeiten gemacht werden, wenn wir an der Art der Voruntersuchung Kritik üben, kann vor diesem Schwurgericht nicht weiter verhandelt werden.« Tumulte erhoben sich im Gerichtssaal, die erst nach Minuten wieder unter Kontrolle gebracht werden konnten; sie zeigten, wie explosiv geladen die allgemeine Stimmung war.

Von weit her kamen gutgemeinte Briefe und Diagnosen. So meldete sich ein Assistenzarzt von der Heidelberger Universität, ein gewisser Dr. Heilbronn, der aus seinem Urlaubsort Bad

Gastein telegrafisch mitteilte, der im gleichen Ort weilende Gerichtschemiker Dr. Bein habe dort öffentlich erklärt: Nach seinen jahrelangen Erfahrungen könne Halsmann unmöglich der Mörder sein, weil an seiner Kleidung keine Blutspritzer gefunden worden waren. In einem anderen, anonymen Schreiben wies sich der Autor als wahrer Mörder aus. Doch auch diese Spur führte ins Leere.

Am zehnten Tag der Gerichtsverhandlung kamen dann die Gerichtsmediziner zu Wort. Meixner wollte seinen Vortrag mit Lichtbildern illustrieren. Man mußte deshalb die Nachmittagssitzung auf sechs Uhr verschieben, auf die einbrechende Dämmerung warten; das Innsbrucker Institut stellte den Projektor. In bestechender Manier, klar und einsichtig, legte Meixner noch einmal alle Fakten dar, schilderte die Kopfverletzungen, ging auf die Frage ein, ob ein Unfall möglich war oder nicht, gab Aufschluß über den blutigen Stein. Er berichtete auch, wie sich die Gutachter die Tatsache erklärten, daß offensichtlich zu zwei verschiedenen Zeiten, vielleicht sogar an zwei verschiedenen Orten, auf Halsmann eingeschlagen wurde.

Die häufigste Ursache dafür, daß ein Täter noch einmal auf sein Opfer loszuschlagen beginnt, ist der Umstand, daß er an ihm noch Lebensäußerungen wahrnimmt. Auch schwere Schädel- und Hirnwunden töten nicht sofort. Durch die mikroskopische Untersuchung wurde festgestellt, daß im Bereiche der großen Stirnwunde kleinste Blufgefäße dicht mit weißen Blutkörperchen erfüllt waren. Daraus geht hervor, daß Halsmann noch einige, wenn auch kurze Zeit gelebt hat.« Im folgenden gab Meixner eine genaue Rekonstruktion der Geschehnisse, wie sie sich nach Meinung der gerichtsmedizinischen Untersuchungskommisson abgespielt haben müßten. Sie waren im wesentlichen eine Kopie der schon früher gegebenen Darstellung.

Doch die Geschworenen nahmen ihre Aufgabe sehr genau, sie wußten, was auf dem Spiel stand, und wollten sich hier in keinem Fall zu einem falschen Urteil verleiten lassen. Auf ihren Wunsch hin wurde ihnen im Beratungszimmer – unter Ausschluß der Öffentlichkeit – der konservierte Kopf Halsmanns in einer Porzellanschüssel vorgeführt. Noch einmal demonstrierte Meixner am Corpus delicti, was vom gerichtsmedizinischen Standpunkt aus zu der Sache zu sagen war. (Bis auf den heutigen Tag dient dieser präparierte Schädel für die jungen Gerichtsmediziner der Innsbrucker Universität, wo er im gerichtsmedizinischen Museum in einer wohlverschlossenen Glasurne erhalten ist, als Anschauungsmittel und zu Lehrzwecken.)

Im weiteren Verlauf der Verhandlung konzentrierte sich alles auf die Frage, ob Halsmann an einer »positiven Erinnerungslücke« leiden könnte oder nicht. Während der gerichtliche Psychiater Professor Gamper aus Prag in seinem Urteil hierzu veneinend Stellung nahm, warf ihm die Verteidigung vor, nicht unbefangen zu sein. Außerdem hielt sie den gerichtlichen Psychiater sowieso nicht für geeignet, darüber Stellung zu nehmen, da Halsmann erwiesenermaßen nicht psychisch krank sei. Sie forderte das Gutachten eines Psychologen – natürlich Professor Erismanns.

Der sich daraus entwickelnde Zwist zwischen Erismann und Gamper ließ Beleidigungen nicht aus und dauerte über zwei Jahre. Er wurde in schriftlicher, also öffentlicher Form auch über das angesehene gerichtsmedizinische Organ »Beiträge zur gerichtlichen Medizin« geführt. Sogar der Meister selbst, Professor Sigmund Freud, mit dessen Lehre man diese Frage zu beantworten suchte, äußerte sich zu diesem Fall in einem Zeitungsartikel. Denn amüsanterweise haben beide Parteien ihren Standpunkt mit dem Hinweis auf die Freudsche Theorie zu belegen versucht.

Wie eine Bombe platzte am 18. Oktober die Meldung in den Gerichtssaal, der Staatsanwalt habe einen Mann namens Franz Platzer in Untersuchungshaft genommen und würde insgeheim gegen ihn ermitteln. Am Beginn der Sitzung erhob sich deshalb der Staatsanwalt und gab eine öffentliche Erklärung ab:

»Franz Platzer hat, als er sich in Wien in Untersuchungshaft befand, ein Schreiben an die Gendarmerie in Mayrhofen mit dem Inhalt gerichtet, daß ihn ein Wilderer am 1. September, also einen Tag nach der Ermordung Halsmanns, gebeten habe, ihm zur Flucht über die Grenze behilflich zu sein und zu diesem Zwecke Kleider zu borgen. Der Wilderer habe ein blutbeflecktes Hemd getragen. Der Mann versprach nach den Angaben Platzers, ihm einige hundert Schilling für diese Hilfe zu bezahlen. In dem Brief bat Platzer das Gendarmeriekommando, ihm zu seinem Recht zu verhelfen, da er bisher weder seine Kleider noch das Geld erhalten habe. Platzer wurde umgehend nach Innsbruck eingeliefert und dort einem Verhör unterzogen. In die Enge getrieben, gab er zu, diesen Brief auf Veranlassung einer ihm unbekannten Person geschrieben zu haben; für die Abfassung dieser ganz erfundenen Daten hat man ihm die ungeheuerliche Summe von 8 000 Schilling versprochen und sogar schon eine kleine Anzahlung geleistet.«

Diese Aussage brachte wieder viel Aufregung in den Gerichtssaal, der Fall Platzer beschäftigte die Anwesenden mehrere Stunden. Schließlich wurde die Sache zu den Akten gelegt. Es blieb auf immer ein Geheimnis, wer Platzer dazu angestiftet hatte, diese fingierte Begegnung postalisch niederzuschreiben.

Mit Riesenschritten näherte sich der Prozeß dem Ende und Höhepunkt: der Urteilsverkündung.

In seinem Schlußplädoyer nahm der Staatsanwalt Dr. Hohenleitner mehrfach Bezug auf die verschiedenen gerichtsmedizinischen Gutachten; er verwies besonders auf die von Professor Gamper niedergeschriebene Auffassung, daß die »positive Erinnerungslücke« mit einem Ausfall des Gedächtnisses denkbar unwahrscheinlich sei. Viel einfacher als die Gedächtnislücke sei die Erklärung, die die Anklage gab – nämlich, daß Philipp Halsmann der Täter war und sich auf diese Weise nur der gerechten Bestrafung entziehen wollte. Außerdem gebe es, so der Staatsanwalt, viel bessere Stellen für einen Raubmord, an denen das Opfer mit einem Stoß direkt in den Bach befördert werden könnte. Das merkwürdig gespaltene Sohn-Vater-Verhältnis, das durch die Zeugenvernehmungen deutlich geworden war, das aufbrausende Temperament der beiden und das nachgewiesene Zerwürfnis am Tag der Tat seien Hinweis genug auf die wahre Täterschaft. Dem hatte die Verteidigung mit ihrem Plädoyer nicht allzuviel entgegenzusetzen, auch wenn Dr. Peßler versuchte, sich noch einmal für die Theorie des unbekannten Dritten stark zu machen.

Am 20. Oktober betraten die Geschworenen nach mehr als zweistündiger Beratung wieder den Sitzungssaal. Unter atemloser Stille verkündete der Obmann das Urteil: Mit sieben zu fünf Stimmen wird Philipp Halsmann für schuldig befunden, seinen Vater erschlagen zu haben. Nach einer weiteren Beratung wurde das Strafmaß verkündet: vier Jahre schweren Kerkers unter Einrechnung der Untersuchungshaft. Halsmann jr. brach in Tränen aus und erlitt einen hysterischen Anfall.

Die große Menschenmenge, die auf der Straße vor dem Gerichtsgebäude auf das Urteil wartete, nahm den Schuldspruch hingegen mit Bravorufen auf. Im Laufe des Abends hatte sich auch der große Hof des gegenüberliegenden Hauptpostgebäudes mit Menschenmassen gefüllt. Starkes Polizeiaufgebot mußte ihn räumen.

Die Gerichtsmedizin im öffentlichen Spannungsfeld

Die Gerichtsmedizin ist nicht mit der sonst üblichen wissenschaftlichen Tätigkeit zu vergleichen. Mit ihr in engem Zusammenhang steht das öffentliche Interesse, dem der Gerichtsmediziner dank seiner Verwicklung in die Aufklärung sensationeller Mord- und Unglücksfälle beinahe tagtäglich ausgesetzt ist. Gegen diese massive Beeinflussung von außen ist er als Mensch nicht notgedrungen abgesichert. Öffentlicher Druck ist für ihn wie für jeden eine psychische Belastung, die er zu bestehen hat. Im Zuge seiner ausführlichen Schrift »Lehren aus dem Halsmann-Prozeß« schrieb Karl Meixner darüber: »Die reichliche Mühe und der reichliche Verdruß, mit welchen die Arbeit des Gerichtsarztes verbunden sind, bringen es überdies mit sich, daß er gegen jede Art von Aufsehen unempfänglich wird. Menschen aber, die zum erstenmal in eine solche Sache geraten, erliegen häufig der Sensation. Das ist eine Gefahr für sie selbst, noch mehr aber für die Rechtspflege, wenn sie da Einfluß nehmen.«

Dieser Beruf fordert deshalb eine starke Persönlichkeit: Sie erleichtert aber auch, als Sachverständiger vor Gericht die wesentlichen Fakten pointiert, auch dem Laien verständlich vorzulegen und kraft seiner Kompetenz souverän zu vertreten – Eigenschaften, die den guten Rechtsmediziner heute wie früher auszeichnen. So ist der Gerichtsmediziner weit über die wissenschaftliche Fähigkeit hinaus gefordert. Seine Begabung, sich im Feld öffentlicher Strukturen korrekt und eindeutig zu artikulieren, wird in Gerichtsverhandlungen jeden Tag aufs neue geschult und getestet. Fälle wie der eben geschilderte oder der Vergiftungsprozeß Besnard sind beredte Beispiele von Gefahren, die sich daraus ergeben. Im Kreuzfeuer der Verteidigung, im Rampenlicht der Öffentlichkeit ist der Ort, an dem er seinen wissenschaftlichen Ruf belegen muß.

Der Gerichtsmediziner, der heute als Sachverständiger letztlich die Verantwortung einer richterlichen Entscheidung mitträgt und damit das Schicksal von Menschen beeinflußt, ist deshalb aber besonders verpflichtet, dem Anspruch nachzukommen, als »Detektiv im weißen Kittel« die Spuren der Wahrheit aufzudecken – seien sie noch so verborgen, noch so winzig – und sie unabhängig von öffentlichen Forderungen zu vertreten.

Bildquellen:
Sammlung Menningen: 1, 13 (oben)
Privatarchiv der Autorin: 2, 6, 7 (beide Fotos), 10, 11, 15, 16
Stern-Foto: Schutzumschlag (Ihrt), 14 (Meyer-Andersen)
Bildarchiv Preußischer Kulturbesitz: 3, 4, 5
Madame Tussaud's Archives (Foto: D. Southern): 8, 9
dpa: 12, 13 (unten)